新编学生国学丛书

史记

胡怀琛 选注

卢福咸 校订

中国文史出版社

图书在版编目（CIP）数据

史记/胡怀琛选注；卢福咸校订.——北京：
中国文史出版社，2019.11
（新编学生国学丛书/缪天绶等主编）
ISBN 978-7-5205-1838-3

Ⅰ.①史… Ⅱ.①胡… ②卢… Ⅲ.①中国历史－古代史－纪传体 ②《史记》－注释 Ⅳ.①K204.2

中国版本图书馆CIP数据核字(2019)第278190号

责任编辑：金　硕

出版发行：**中国文史出版社**
社　　址：北京市海淀区西八里庄路69号院　　邮　　编：100142
电　　话：010－81136606　81136602　81136603　81136605（发行部）
传　　真：010－81136655
印　　厂：北京温林源印刷有限公司
经　　销：全国新华书店
开　　本：880mm×1230mm　1/32
印　　张：10.25
字　　数：216千字
版　　次：2020年2月北京第1版
印　　次：2020年2月第1次印刷
定　　价：42.80元

总　　序

冯天瑜

作为汉字古典词，“国学”本谓周朝设于王城及诸侯国都的贵族学校，以与地方性、基层性的“乡校”“私学”相对应。隋唐以降实行科举制，朝廷设“国子监”，又称“国子学”，简称“国学”，有朝廷主持的国家学术之意。

时至近代，随着西学东渐的展开，与来自西洋的“西学”相比配，在汉字文化圈又有特指本国固有学术文化的“国学”一名出现。如江户幕府时期（1601—1867）的日本人，自18世纪起，把流行的学问归为三类：汉学（从中国传入）、兰学（从欧美传入，19世纪扩称洋学）、国学（从《古事记》《日本书纪》发展而来的日本固有学术）。19世纪末、20世纪初，中国留日学生与入日政治流亡者，以及活动于上海等地的学人，采借日本已经沿用百余年的“国学”一名，用指中国固有的学术文化。1902年梁启超（1873—1929）撰文，以“国学”与“外学”对应，强调二者的互动共济，梁氏曰：“今日欲使外学之真精神普及于祖国，则当转输之任者，必邃于国学，然后能收其效。”（《论中国学术思想变迁之大势》）1905年国粹派在上海创办《国粹学报》，公示“发明国学，保存国粹”宗旨。这里的“国学”意为“国粹之学”。该刊发表章太炎（1869—1936）、刘师培（1884—1920）、陈去病（1874—1933）等人的经学、史学、诸子学、文字训诂方面文章，以资激励汉人的民族精神与文化自信。从此，中国人开始在“中国固有学术文化”意义上使用“国学”一词，为“国故之学”的简称。所谓“国故”，指中国传统的学术文化之故实，此前清人多有用例，如魏源（1794—1857）认为，学者不应迷恋词章，学问要从“讨朝章、讨国故始”（《圣武记》卷一一），这“讨国故”的学问，也就是后来所谓之国学。

经清末民初诸学者（章太炎、梁启超、罗振玉、王国维、刘师培、黄侃、陈寅恪等）阐发和研究，国学所涉领域大定为：小学、经学、史学、诸子、文学，约与现代人文学的文、史、哲相当而又加以综汇，突现了中国固有学术整体性特征，可与现代学校的分科教学相得益彰、彼此促进，故自 20 世纪初叶以来，“国学”在中国于起伏跌宕间运行百年，多以偏师出现，而时下又恰逢勃兴之际。

中国学术素有“文、史、哲不分家”的传统，中国学术的优势与缺陷皆与此传统相关。百年来的中国学校教育仿效近代西方学术体制，高度分科化，利弊互见。其利是促进分科之学的发展，其弊是强为分割知识。为克服破碎大道之弊，有人主张打通文、史、哲壁垒，于是便有综汇中国人文学的“国学”之创设，并编纂教材，进于学校教育、家庭教育、社会教育，其先导性教材结集，为 20 世纪 20 年代至 30 年代原商务印书馆由王云五策划并担任主编的《万有文库》之子系《学生国学文库》。所收均为四部重要著作。略举大凡：经部如诗、礼、春秋，史部如史、汉、五代，子部如庄、孟、荀、韩，并皆刊入；文辞则上溯汉、魏，下迄近代，诗歌则陶、谢、李、杜，均有单本，词则多采五代、两宋。丛书凡60册，已然囊括了“国学”之精粹。其鲜明之特色是选注者掺入了对原著的体味，经史诸书选辑各篇，以表见其书、其作家之思想精神、文学技术、历史脉络者为准。其无关宏旨者，概从删削、剔抉。选注者中不乏叶圣陶、茅盾、邹韬奋、傅东华这样的学界翘楚。他们对传统国学了然于胸，于选注自然是举重若轻，驾轻就熟。这样一份业经选注者消化、反刍的国学精神食粮自然更便于国学入门者吸收。

这样一套曾在20世纪初在传播传统文化、普及国学知识方面起到重要的作用的丛书即便今天来看也是历久弥新。中国文史出版社因应时势，邀约深谙国学之行家里手于原辑适当删减、合并、校勘，以30册300余万言，易名《新编学生国学丛书》呈献当今学子。诸书均分段落，作标点，繁难字加注音，以便省览。诸书原均有注释，古籍异释纷如，原已采其较长者，现做适当取舍、增删。诸书较为繁难、多音多义之字，均注现代汉语拼音，以便讽颂。诸书卷首，均有选注者序，述作者生平、本书概要、参考书举要等，凡所以示读者研究门径者，不厌其详，现一仍其旧。

这样一套入门的国学读物，读者苟能熟读而较之，冥默而求之，国学之精要自然神会。

是为序。

校订说明

丛书原名《学生国学文库》，为 20 世纪二三十年代商务印书馆王云五主编《万有文库》之子系，现易名《新编学生国学丛书》，奉献给广大国学爱好者。

原丛书共 60 种，考虑到难易程度、四部平衡、篇幅等因素，在广泛征求专家意见基础上，现删减为 34 种 30 册。

基本保留了原书的篇章结构。因应时势有极少量的删节。

原文部分，均选用通用、权威版本全文校核，参以校订者己见做了必要的校核和改订。为阅读的通顺、便利，未一一标注版本出处。

注释根据原文的结构分别采用段后注、文后注，以便读者省览。原注作了适当增删，基本上保持原文字风格，之乎者也等虚词适当剔除，增删力求通畅、易懂，避免枝蔓。典实、注引做了力所能及的查证，但因才学的有限疏漏可能在所难免。

原书为繁体竖排，现转简体横排。简化按通行规则，但考虑到作为国学读物，普及小学知识亦在情理之中，故而保留了少量通假字、繁体字、异体字，一般都出注说明。或许亦可增加读者的阅读兴趣和扩大知识面。

生僻、多音字作相应注音，原反切、同音、魏妥玛注音，均统一改现代汉语拼音。

国学读物校订，工作浩繁，往往顾此失彼，多有不当处，还望读者指正。

绪 言

凡是研究国学的人，没一个不要读《史记》的。我也以为《史记》是必读之书。但是有个先决的问题，就是怎样读法。当它是史读，还当它是文读?

我们读《史记》之目的不同，那么读法也当然两样。我现在先说一说《史记》的内容，然后再决定怎样读法。

《史记》，是二千年前汉武帝时司马迁写的。司马迁为什么写《史记》？在他的小传和他的自序中说得很明白。读者可以参看，我这里不多说。现在单说《史记》。《史记》是司马迁记黄帝以来至汉武帝时的事。内容包括：（1）本纪十二卷，（2）年表十卷，（3）书八卷，（4）世家三十卷，（5）列传七十卷，总共一百三十卷。

在《史记》以前，没有这样大部的史书，也没有纪、表、书、传等体例。这都是司马迁的首创。《史记》的材料，大抵是从古史中取来的。如：《尚书》《国语》《国策》《世本》，以及汉初时的《楚汉春秋》，都是《史记》材料的来源。最后的事，也有的是司马迁亲见的。

司马迁以他创作的能力，将收集到的许多零碎的资料编撰成一部完整的《史记》。

汉和汉以前将史书照体例分，共有六家，而《史记》居其一。哪六家？就是：（1）《尚书》，（2）《春秋》，（3）《左传》，（4）《国语》，（5）《史记》，（6）《汉书》。前四家，皆在《史记》之前，体例不及《史记》完备。《汉书》就是跟着《史记》做的，体例和《史记》大同小异。不过，《史记》是历朝的通史，《汉书》是一代的专史。这是《史》《汉》的大分别。后来史书虽多，然皆不能出《史》《汉》的范围以外；而后人说的《二十四史》，就以《史记》为第一部。这可见它在史学史上的位置。

然而拿真正史学的眼光看起来，《史记》的缺点，实在不少。今举数例如下：

（1）记载失真。《史记》只顾文章做得好，不注意审查事实。例如：《老子传》《屈原传》，所叙事迹，很多不准确。《越王勾践世家》中的庄生，《留侯世家》中的四皓，事迹都不在情理之中 。清儒早已辨定其不足信。又如：屈原在《渔父》中所说的渔夫，多半是屈原的寓言，未必真有其人；而司马迁把他写入传里，放在“顷襄王怒而迁之”之下，接着说“乃作《怀沙》之赋”，好像是真有其人了。又，《儒林列传》云：“自孔子卒后，七十子之徒，散游诸侯：大者为师、傅、卿、相，小者友教士大夫，或隐居而不见。故子路居卫，子张居陈，澹台子羽居楚，子夏居西河，子贡终于齐。”然子路死在孔子之前，今云：“孔子卒后，子路居卫。”岂非只顾行文利便，毫不管事实对不对了。

（2）自相矛盾。《史记》所记的事，和他书不同的地方很多。就是自相矛盾的地方也有。例如《佞幸传序》云："高祖有籍孺，孝惠有闳孺。"而《朱建传》又云："孝惠有籍闳孺。"是并两人为一人了。又如《韩非传》云："作《孤愤》《五蠹》《内外储》《说林》《说难》十余万言……人或传其书至秦，秦皇见《孤愤》《五蠹》之书。"而《自序》云："韩非囚秦，著《说难》《孤愤》。"到底是先著《说难》《孤愤》，而后被囚于秦，还是被囚于秦，而后著《说难》《孤愤》，两处必有一误。如此自相矛盾的地方很多。

（3）体例不当。拿新史学的眼光看起来，体例固然不对；就是拿旧史学的眼光看，不对的地方也很多。例如：为项羽作本纪，为陈涉作世家，而不为楚怀王孙心立传。又如：八书之中，有《河渠》而无《舆地》，记《封禅》而略《艺文》。又如：邹阳与鲁仲连合传，贾谊与屈原合传。这样的体例，都不对。

（4）次序错乱。例如：《司马相如传》，不宜在《西南夷传》之下；《匈奴传》何得在《李广传》《卫霍传》之间。赵翼说：他是做一篇，录一篇，做完之后，没有整理过。这话是对的。

这都是它本身的缺点。至于传写错误，后人增补等弊，尚不在内。所以我们看《史记》，当先考订审查一番，而后可以信其所说。

《史记》虽有上述的缺点和不足之处，但它仍保留了大量的史料，有其不可替代的价值。切不可因这些毛病，而忽略其价值。

再说它的文学价值。中国一切的古书，无论是哲学，还是史学，都带有文学的意味。一般的读者，也往往丢了实质不论，单拿文学的优劣，定它价值的高低。况司马迁作《史记》，格外的在文学上用功夫。如《伯夷列传》《屈原列传》，空言比事实多。其他列传，也只图文章做得好，事实的真假、轻重，反放在第二步。而后来所谓文人，没一个不熟读《史记》的。如韩退之、欧阳永叔、归震川、方望溪，他们的文章，都是从《史记》里化出来的。于是从韩退之起，直到清末止，《史记》就变成了治文学的人必读之书。

现在治文学的方法，虽然和前人略有不同，但大概是不至于两样。所以现在欲治中国文学，《史记》仍为必读之书。

《史记》在文学上的特点有三，现在列举如下：

（1）富于情感。司马迁本是个富于感情的人，他的遭遇又不好，他作《史记》，就是借着古人来发他自己的牢骚。列传中的第一篇《伯夷传》，说许多“怨耶！非耶！”的话，完全是牢骚话，和“史”是不相干的。此外就是记项羽而称本纪，记陈涉而称世家，及替刺客、游侠作传，全是凭感情的冲动，而不受理智的裁制。拿史学的眼光看，算不好；拿文学的眼光看，却正是好。因为文学是重感情的，自己要怎样说，就怎样说，不愿受束缚。司马迁作《史记》，全是凭着自己的意思说话，所以他的文章里充满了感情。

（2）善于描写。司马迁写一个人，往往活画出一个人的神情态度来。例如：《项羽本纪》云："秦始皇帝游会稽，渡浙江。梁与籍俱观。籍曰：'彼可取而代也。'"《高祖本纪》云："高祖常繇咸阳，纵观，观秦皇帝，喟然太息曰：'嗟乎！大丈夫当如此也。'"二人同是看见秦始皇，同是羡慕，却是二人说的话，口气不同。项羽的话，不能移给高帝；高帝的话，也不能移给项羽。又如：《陈涉世家》，叙陈涉微时的朋友，入涉宫中，见宫室华美，说："客曰'夥颐！涉之为王沉沉者。'"也能逼肖粗莽人的口吻。至于"夥"字，为楚人的方言，"夥"，就是说多，司马迁用"夥颐"二字，无非是要保存那人本来的面目。这就是司马迁写生的本领。其他描写好的地方很多，不及遍举了。

（3）趋于自然。司马迁的《史记》，可算是当时的白话文。不讲究锻炼装饰，只是白描。而用字也喜用通俗的字。例如：《尚书》"平章百姓"，"平"解作"便"，《史记·五帝本纪》，采用《尚书》，老实改作"便章百姓"，便是一个例。如上文所引"夥颐"二句，也是一个例。又如《高祖本纪》："是时雷电晦冥，太公往视，则见蛟龙于其上。"《汉书》反而改"蛟"为"交"。《太史公自序》："小子何敢让焉。"《汉书》反而改"让"为"攘"。这可见《汉书》喜用古字，也就是《史记》比《汉书》为通俗。《汉书》是矫揉造作的，《史记》是自然的。

《史记》既有了这三种特色，就可以知道它在文学史上的位置，与在史学史上的位置同样高。我们拿它当史看，也可拿它当文看。故我以为《史记》这部书，有点像是现在的历史小说。

以前史家，把它当历史课本看；而文人，把它当所谓古文看。以前文人选《史记》，只选几篇空言多事实少的列传，如《伯夷列传》《屈原列传》之类；而且注意几篇全是空言的表序、传赞，如《秦楚之际月表序》《留侯世家赞》之类。这就可见他们读《史记》的眼光是怎样了。我以为像他们拿《史记》当古文读，不如拿《史记》当历史小说读。

我们既知道《史记》是必须读了，又知道怎样读了，那就可以读《史记》了。但是，《史记》也不容易读。有下面所说的各种情形：

（1）卷数太多，不容易卒读。就是以前的文人，也没有几个能读完的。虽然有《史记精华录》一类的节本，但是弃取不能十分得当。这是读《史记》的第一个障碍。

（2）有后人增补的，将坏作品混在好作品里。司马迁的《史记》，本来在汉朝就缺少十篇，只有目录而无文，是后来褚少孙替他补足的。这十篇就是：①《景帝本纪》，②《武帝本纪》，③《汉兴以来将相名臣年表》，④《礼书》，⑤《乐书》，⑥《律书》，⑦《三王世家》，⑧《蒯成侯传》，⑨《日者列传》，⑩《龟策列传》。褚少孙的文章，自然不及司马迁，而其中《龟策列传》尤坏。除了褚少孙所补的十篇之外，其他篇中也有褚少孙加入的话。例如：《陈涉世家》，有少孙引的贾谊《过秦论》，放在后面。除此之外，更有魏、晋间人加入的话。例如：《秦始皇本纪》末，有“明帝十七年十月”云云；《司马相如传赞》有“扬雄以为靡丽之赋，劝一讽百”云云。司马迁何以知道有汉明帝及扬雄？这分明是晋、魏间人胡乱加入的了。这许多芜杂的话，不把他尽数删去，就遮蔽了司马迁的本来面目。这就是读《史记》的第二个障碍。

（3）传写错误很多。例如：《外戚世家》：“其为主人入山作炭，寒卧岸下百余人。”“寒”字，《汉书》作“暮”字。《太平御览》火部，引《史记》，也作“暮”字。“寒”字是传写的错误。又如《孙子吴起传》：“此子三者，皆出吾下，而位居吾上，何也？”《后汉书·朱浮传》引此，“子”字在“三者”二字之下，作“此三者，子皆居吾下”。《通鉴·周纪》同。《吕氏春秋·执一篇》，作：“三者子皆不吾若也。”今“子”字在“三者”二字之上，也是传写的错误。如此一类的错误很多。这是读《史记》的第三个障碍。

（4）注家的错误，也不能免。我们读到本文不能明白的地方，全靠拿前人的注解来做工具。但是，著名的注家，也有错误。例如《孟子荀卿列传》：“然则要归必止乎仁义、节俭、君臣、上下、六亲之施，始也滥耳。”按：

"滥"，本作"泛滥"之"滥"解。就是说："邹衍在前头虽然说些泛滥的话，到后来还是归到仁义节俭。"这样解，本是很通的。而司马贞的《索隐》，以为"滥"是"滥觞"之"滥"。说："邹衍所说的仁义、节俭等，为后来的滥觞。"这样解，反不通了。又如《屈原传》："濯淖污泥之中。"司马贞的《索隐》说："濯音浊。"是当洗濯之濯解。然上文说濯，下文说淖，说污泥，讲不通。王念孙说："濯字当读直教反。作污浊解。濯、淖、污、泥，四字是一个意思。"如此解，就好得多。像这样的误注，也很不少。这是读《史记》的第四个障碍。

（5）难句缺乏注解。古人的注解，大约偏重于事实，而略于文法。遇到特别结构的子句，往往就没有注明。例如《留侯世家》，于张良刺秦始皇不中之下，接着说："秦皇大怒，大索天下，求贼甚急，为张良故也。"照寻常文法说，但云："秦皇大怒，大索天下，求贼甚急。"便可以了。下文"为张良故也"五字，好像是衍文。却不知这是司马迁的特别句法。他的意思是说："始皇大怒，甚至于大索天下，以求刺客。闹得全天下的人不安，都是为着张良一人的缘故。"这样解，不但不觉得有衍文，而且觉得意思更深。像这样的句子也很多。但以前注解的人，多不留意，从没有详细说明的。这是读《史记》的第五个障碍。

（6）句子没有点断，也往往使读者发生困难。这不独是《史记》，一切的古书，大都如此。在《史记》中，例如

《孟尝君传》："此雌雄之国也势不两立为雄雄者得天下矣。"（照原书不断句）这几句本不难解。就是说："此雌雄之国也，势不两立为雄，雄者得天下矣。"因为原文没有断句，后人不知断句之法，看见两个"雄"字，放在一起，就疑是多了一个"雄"字，要将这"雄"字删去。读作："此雌雄之国也，势不两立，为雄者得天下矣。"如此读，不但"雄"字可以删去一个，就是"为"字，也用不着了。绝不是司马迁的本意。又如《项羽本纪》："虏王离涉间不降楚自烧杀。"（照原书不断句）这一段，可以有两样的断句法。（甲）"虏王离、涉间，不降楚，自烧杀"。（乙）"虏王离；涉间不降楚，自烧杀"。两样的断句法，在标点上，虽然相差不多，在事实上，就相差得远了。照甲种解释，就是说："两人皆被虏，皆不降楚，皆自烧杀。"照乙种解释，就是说："王离被虏；涉间不曾被虏，也不肯降楚，就自己烧杀了。"两种解释，虽然都可以说得通，但是照乙种解释为长。因为被虏了去，不见得能够自由行动。被虏不降而被杀，是有的；被虏不降而自烧杀，恐怕是没有的。所以照乙种解释为长。但是很容易弄错。这就是原书没断句的弊病。如此一类的地方，也很多。这是读《史记》的第六个障碍。

现在，本书就是想竭力免去这六种障碍，帮助青年去读《史记》。虽然不敢说能完全免掉，但是比较起来要好得多了。

至于读者读了这选本之后，再要一读《史记》全文，无妨自己去读。（除了表以外，都可以略读一读）今再介绍几种读《史记》的工具如下：（最要者，书名上加◎为记，次要者加○为记。）

◎裴骃《史记集解》

◎司马贞《史记索隐》

◎张守节《史记正义》（现在通行本《史记》，是以上三种注解合刊的。）

方苞《史记补注》（在《望溪全集》内。所补的很少。）

◎梁玉绳《史记志疑》（单行本。多校订事实及字句。）

○崔适《史记探源》（单行本。辨别真伪。）

赵翼《二十二史札记》（一部分说《史记》。商榷体例，并辨别真伪。）

王鸣盛《十七史商榷》（一部分说《史记》。）

钱大昕《二十二史考异》（一部分说《史记》。考订文字异同。）

◎王念孙《读书杂志》（一部分说《史记》。全是校正字句。）

○刘知几《史通》（内有说《史记》的地方。专论体例。）

附编辑标点凡例。

（1）《史记》多取材于《国策》，《汉书》又多取材于《史记》。故《史记》和《国策》《汉书》，相同的地方很多。丛书内，另有《国策》《汉书》两种；凡是重复的，这里选了，那里就不选；那里选了，这里就不选。

（2）本书原拟每篇皆录全文，中间不加删节。继因《史记》中多冗沓之文，如《老庄申韩传》中引韩非《说难》，《李斯传》中引《谏逐客书》，《秦始皇本纪》后面引贾谊《过秦论》。这些都已独立成篇了，放在这里，觉得太长，容易使读者厌倦。又如《曹相国世家》前面，叙曹参战绩，连篇累牍，毫无意味；《项羽本纪》和《高帝本纪》所叙的事，也有相同的地方。如此一类的冗沓之文，一律删去，以归明净。

（3）原书中字句讹误的地方，编者已根据《史记志疑》《读书杂志》等书，校订了一番，但亦参以己意；遇着它们的话，编者不以为然的，就不采取其说了。

（4）再说到断句，原拟凡是可以断句的地方，就断，取多断短句；然《史记》中有许多地方，在文法上虽然可以断句，而文气实在没有完。倘然勉强点断了，便要完全失去了原说话人的精神。所以编者遇着需要时，还是采取断长句。

（5）原拟两个以上相连的名词，都用顿号分开，以期清晰。但是一望而知是几个名词的，如父、子，兄、弟，犬、马、牛、羊等，加了顿号，反像多此一举，所以也酌量情形，非遇必须时，一概省去。

目　录

秦始皇本纪[1]

秦始皇帝者，秦庄襄王[2]子也。庄襄王为秦质子[3]于赵，见吕不韦[4]姬，悦而取之，生始皇。以秦昭王四十八年正月生于邯郸[5]。及生，名为政[6]，姓赵氏[7]。年十三岁，庄襄王死，政代立为秦王。

当是之时，秦地已并巴、蜀、汉中，越宛有郢，置南郡矣[8]；北收上郡以东，有河东、太原、上党郡[9]；东至荥阳，灭二周，置三川郡[10]。吕不韦为相，封十万户，号曰文信侯。招致宾客游士[11]，欲以并天下。李斯[12]为舍人。蒙骜、王齮、麃公[13]等为将军。王年少，初即位，委国事大臣。

二十六年，齐王建与其相后胜[14]，发兵守其西界，不通秦。秦使将军王贲从燕南攻齐，得齐王建[15]。

秦初并天下，令丞相、御史曰："异日韩王纳地效玺，请为藩臣。已而倍约，与赵、魏合从畔秦。故兴兵诛之，虏其王。寡人以为善，庶几息兵革。赵王使其相李牧来约盟，故归其质子。已而倍盟，反我太原[16]，故兴兵诛之，得其王。赵公子嘉，乃自立为代王，故举兵击灭之。魏王始约服入秦，已而与韩、赵谋袭秦，秦兵吏诛，遂破之。荆王[17]献青阳以西，已而畔约，击我南郡[18]，故发兵诛，得其王，遂定〔其〕荆地。燕王昏乱，其太子丹乃阴令荆轲为贼[19]，兵吏诛，灭其国。齐王用后胜计，绝秦使，欲为乱，兵吏诛，虏其王，平齐地。寡人以眇眇之身，兴兵诛暴乱，赖宗庙之灵，六王咸伏其辜[20]，天下大定。今名号不更[21]，无以称成功，传后世。其议帝号。”

丞相绾[22]、御史大夫劫[23]、廷尉斯等皆曰：“昔者五帝[24]，地方千里，其外侯服夷服[25]。诸侯或朝或否，天子不能制。今陛下兴义兵，诛残贼，平定天下，海内为郡县，法令由一统，自上古以来未尝有，五帝所不及。臣等谨与博士议曰：古有天皇，有地皇，有泰皇。泰皇最贵。臣等昧死上尊号，王为‘泰皇’，命为‘制’，令为‘诏’，天子自称曰‘朕’[26]。”

王曰：“去‘泰’，著‘皇’，采上古‘帝’位号，号曰‘皇帝’。他如议。”制曰：“可。”

追尊庄襄王为太上皇。制曰：“朕闻太古有号毋谥，中古有号，死而以行为谥。如此，则子议父，臣议君也，甚无谓，朕弗取焉。自今已来，除谥法。朕为始皇帝。后世以计数，二世三世至于万世，传之无穷。”

丞相绾等言：“诸侯初破，燕、齐、荆地远，不为置王，毋以填[27]之。请立诸子，唯上幸许。”始皇下其议于群臣，群臣皆以为便。廷尉李斯议曰：“周文、武所封子弟同姓甚众，然后属疏远，相攻击如仇雠，诸侯更相诛伐，周天子弗能禁止。今海内赖陛下神灵一统，皆为郡县，诸子功臣以公赋税重赏赐之，甚足易制。天下无异意，则安宁之术也。置诸侯不便。”始皇曰：“天下共苦战斗不休，以有侯王。赖宗庙，天下初定，又复立国，是树兵也，而求其宁息，岂不难哉！廷尉议是。”

分天下以为三十六郡[28]，郡置守、尉、监[29]。更名民曰“黔首[30]”。大酺[31]。收天下兵[32]，聚之咸阳[33]，销以为钟镰[34]，金人十二，重各千石，置廷宫中。一法度、衡、石、丈尺。车同轨。书同文字。

二十八年，始皇东行郡县，上邹峄山[35]。立石，与鲁诸儒生议，刻石颂秦德，议封禅望祭山川[36]之事。乃遂上泰山[37]，立石，封，祠祀。下，风雨暴至，休于树下，因封其树为五大夫[38]。禅梁父[39]。刻所立石。

于是乃并勃海以东[40]，过黄、腄[41]，穷成山[42]，登之罘[43]，立石颂秦德焉而去。南登琅邪[44]，大乐之，留三月。乃徙黔首三万户琅邪台下[45]，复十二岁[46]。作琅邪台，立石刻，颂秦德，明得意。

乃抚东土，至于琅邪。列侯武城侯王离、列侯通武侯王贲、伦侯建成侯赵亥、伦侯昌武侯成、伦侯武信侯冯毋择、丞相隗林、丞相王绾、卿李斯、卿王戊、五大夫赵婴、五大夫杨樛[47]从，与议于海上。

既已，齐人徐市[48]等上书，言海中有三神山，名曰蓬莱、方丈、瀛洲，仙人居之。请得斋戒，与童男女求之。于是遣徐市发童男女数千人，入海求仙人。

始皇还，过彭城[49]，斋戒祷祠，欲出周鼎泗水[50]。使千人没水求之，弗得。乃西南渡淮水[51]，之衡山[52]、南郡[53]。浮江[54]，至湘山祠[55]。逢大风，几不得渡[56]。上问博士曰："湘君何神？"博士对曰："闻之，尧女，舜之妻，而葬此[57]。"于是始皇大怒，使刑徒[58]三千人皆伐湘山树，赭[59]其山。上自南郡由武关[60]归。

二十九年，始皇东游。至阳武博狼沙[61]中，为盗所惊。求弗得，乃令天下大索十日。登之罘，刻石。

三十一年十二月，更名腊曰"嘉平"[62]。赐黔首，里六石米，二羊[63]。

始皇为微行[64]咸阳，与武士四人俱，夜出逢盗兰池[65]，见窘，武士击杀盗，关中[66]大索二十日。米石千六百。

三十二年，始皇之碣石，使燕人卢生求羡门、高誓[67]。刻碣石门。坏城郭，决通堤防。

因使韩终、侯公、石生[68]求仙人不死之药。始皇巡北边，从上郡入。燕人卢生使入海还，以鬼神事，因奏录图书[69]，曰“亡秦者胡也”[70]。始皇乃使将军蒙恬发兵三十万人，北击胡[71]，略取河南地[72]。

三十四年，适[73]治狱吏不直者，筑长城及南越地[74]。

始皇置酒咸阳宫，博士七十人前为寿。仆射[75]周青臣进颂曰：“他时秦地不过千里，赖陛下神灵明圣，平定海内，放逐蛮夷，日月所照，莫不宾服。以诸侯为郡县，人人自安乐，无战争之患，传之万世。自上古不及陛下威德。”始皇悦。博士齐人淳于越进曰：“臣闻殷周之王千余岁，封子弟功臣，自为枝辅。今陛下有海内，而子弟为匹夫，卒有田常、六卿之臣[76]，无辅拂，何以相救哉？事不师古而能长久者，非所闻也。今青臣又面谀以重陛下之过，非忠臣。”始皇下其议。丞相李斯曰：“五帝不相复，三代不相袭，各以治，非其相反，时变异也。今陛下创大业，建万世之功，固非愚儒所知。且越言乃三代之事，何足法也？异时诸侯并争，厚招游学。今天下已定，法令出一，百姓当家则力农工，士则学习法令辟禁[77]。今诸生不师今而学古，以非当世，惑乱黔首。丞相臣斯昧死言：古者天下散乱，莫之能一，是以诸侯并作，语皆道古以害今，饰虚言以乱实，人善其所私学，以非上之所建立。今皇帝并有天下，别黑白而定一尊。私学而相与非法教，人闻令下，则各以其学议之。入则心非，出则巷议，夸主以为名[78]，异取以为高[79]，率群下以造谤。如此弗禁，则主势降乎上，党与成乎下。禁之便。臣请史官非秦记皆烧之。非博士官所职，天下敢有藏《诗》《书》、百家语者，悉诣守、尉杂烧之。有敢偶语《诗》《书》者弃市。以古非今者族。吏见知不举者与同罪。令下三十日不烧，黥为城旦[80]。所不去者，医药、卜筮、种树之书。若欲有学法令，以吏为师。”制曰：“可。”

三十五年，除道，道九原[81]，抵云阳[82]，堑山堙谷，直通之[83]。于是始皇以为咸阳人多，先王之宫廷小，吾闻周文王都丰[84]，武王都镐[85]，丰镐之间，帝王之都也。乃营作朝宫渭南上林苑中[86]。先作前殿阿房[87]，东西五百步，南北五十丈，上可以坐万人，下可以建五丈旗。周驰为阁道，自殿下直抵南山。表南山之颠以为阙。为复道，自阿房渡渭，属之咸阳，以象天极阁道绝汉抵营室也[88]。阿房宫未成；成，欲更择令名名之。作宫阿房[89]，故天下谓之阿房宫。隐宫徒刑者[90]七十余万人，乃分作阿房宫，或作丽山[91]。发北山石椁，乃写蜀、荆地材皆至。关中计宫三百，关外四百余。于是立石东海上朐[92]界中，以为秦东门。因徙三万家丽邑[93]，五万家云阳，皆复不事十岁。

卢生说始皇曰：“臣等求芝奇药仙者常弗遇，类物有害之者。方中，人主时为微行以辟恶鬼，恶鬼辟，真人至。人主所居而人臣知之，则害于神。真人者，入水不濡，入火不爇，陵云气，与天地久长。今上治天下，未能恬倓[94]。愿上所居宫，毋令人知，然后不死之药殆可得也。”于是始皇曰：“吾慕真人，自谓‘真人’不称‘朕’。”乃令咸阳之旁二百里内宫观二百七十复道甬道相连，帷帐钟鼓美人充之，各案署不移徙。行所幸，有言其处者，罪死。始皇帝幸梁山宫[95]，从山上见丞相车骑众，弗善也。中人[96]或告丞相，丞相后损车骑。始皇怒曰：“此中人泄吾语。”案问莫服。当是时，诏捕诸时在旁者，皆杀之。自是后莫知行之所在。听事，群臣受决事，悉于咸阳宫。

侯生、卢生相与谋曰：“始皇为人，天性刚戾自用，起诸侯，并天下，意得欲从，以为自古莫及己。专任狱吏，狱吏得亲幸。博士虽七十人，特备员弗用。丞相诸大臣皆受成事，倚辨于上。上乐以刑杀为威，天下畏罪持禄，莫敢尽忠。上不闻过而日骄，下慑伏谩欺以取容。秦法，不得兼方，不验，辄死。然候星气者至三百人，皆良士，畏忌讳谀，不敢端言其过。天下之事无小大皆决于上，上至以衡石量书[97]，日夜有呈，不中呈不得休息[98]。贪于权势至如此，未可为求仙药。”于是乃亡去。

始皇闻亡，乃大怒曰：“吾前收天下书不中用者尽去之。悉召文学方术士甚众，欲以兴太平，方士欲练以求奇药。今闻韩众去不报[99]，徐市等费以巨万计，终不得药，徒奸利相告日闻。卢生等吾尊赐之甚厚，今乃诽谤我，以重吾不德也。诸生在咸阳者，吾使人廉问，或为訞言以乱黔首。”于是使御史悉案问诸生，诸生传相告引，乃自除。犯禁者四百六十余人，皆坑之咸阳[100]，使天下知之，以惩后。益发谪徙边。

始皇长子扶苏谏曰：“天下初定，远方黔首未集，诸生皆诵法孔子，今上皆重法绳之，臣恐天下不安。唯上察之。”始皇怒，使扶苏北监蒙恬于上郡[101]。

三十六年，荧惑守心[102]。有坠星下东郡，至地为石，黔首或刻其石曰“始皇帝死而地分”。始皇闻之，遣御史逐问，莫服，尽取石旁居人诛之，因燔销其石。

始皇不乐，使博士为《仙真人诗》，及行所游天下，传令乐人歌弦之。

秋，使者从关东夜过华阴平舒道[103]，有人持璧遮使者曰：“为吾遗滈池君[104]。”因言曰：“今年祖龙死。”使者问其故，因忽不见，置其璧去。使者奉璧具以闻。始皇默然良久，曰：“山鬼固不过知一岁事也。”退言曰：“祖龙者，人之先也。”使御府视璧，乃二十八年行渡江所沉璧也。于是始皇卜之，卦得游徙吉[105]。迁北河榆中[106]三万家。拜爵一级。

三十七年十月癸丑，始皇出游。左丞相斯从，右丞相去疾守。少子胡亥爱慕请从，上许之。十一月，行至云梦[107]，望祀虞舜于九疑山[108]。浮江下，观籍柯，渡江渚[109]。过丹阳，至钱唐[110]。临浙江，水波恶，乃西百二十里从狭中渡[111]。上会稽，祭大禹[112]，望于南海，而立石刻，颂秦德。

还过吴[113]，从江乘渡[114]。并海上，北至琅邪。方士徐市等入海求神药，数岁不得，费多，恐谴，乃诈曰："蓬莱药可得，然常为大鲛鱼[115]所苦，故不得至，愿请善射与俱，见则以连弩射之。"始皇梦与海神战，如人状。问占梦博士，曰："水神不可见，以大鱼蛟龙为候。今上祷祠备谨，而有此恶神，当除去，而善神可致。"乃令入海者赍捕巨鱼具，而自以连弩候大鱼出射之。自琅邪北至荣成山[116]，弗见。至之罘，见巨鱼，射杀一鱼。遂并海西。至平原津[117]而病。

始皇恶言死，群臣莫敢言死事。上病益甚，乃为玺书赐公子扶苏曰："与丧会咸阳而葬。"书已封，在中车府令赵高行符玺事所，未授使者。七月丙寅，始皇崩于沙丘平台[118]。

丞相斯为上崩在外，恐诸公子及天下有变，乃秘之，不发丧。棺载辒凉车[119]中，故幸宦者参乘，所至上食。百官奏事如故，宦者辄从辒凉车中可其奏事。独子胡亥、赵高及所幸宦者五六人知上死。赵高故尝教胡亥书及狱律令法事，胡亥私幸之。高乃与公子胡亥、丞相斯阴谋破去始皇所封书赐公子扶苏者，而更诈为丞相斯受始皇遗诏沙丘，立子胡亥为太子。更为书赐公子扶苏、蒙恬，数以罪，赐死。语具在《李斯传》中[120]。行，遂从井陉抵九原[121]。会暑，上辒车臭，乃诏从官令车载一石鲍鱼，以乱其臭。

行从直道至咸阳，发丧。太子胡亥袭位，为二世皇帝。九月，葬始皇郦山。始皇初即位，穿治郦山，及并天下，天下徒送诣七十余万人，穿三泉，下铜而致椁，宫观百官奇器珍怪徙臧满之。令匠作机弩矢，有所穿近者辄射之。以水银为百川江河大海，机相灌输[122]，上具天文，下具地理。以人鱼膏为烛[123]，度不灭者久之。二世曰："先帝后宫非有子者，出焉不宜。"皆令从死，死者甚众。葬既已下，或言工匠为机，藏皆知之，藏重即泄。大事毕，已藏，闭中羡[124]，下外羡门，尽闭工匠藏者，无复出者。树草木以象山。

---

[1]《本纪》：帝王传称《本纪》。本者，系其本系。纪者，理也，统理众事，系之年月也。　[2]秦庄襄王：名子楚。　[3]质子：犹言以子为人质。　[4]吕不韦：阳翟大贾也。其姬，邯郸豪家女，善歌舞，隐其有娠而献于子楚。生子即秦始皇。　[5]邯郸：赵都也。今河北邯郸。　[6]政：应作"正"。惟通行本皆作"政"，故从之。　[7]姓赵氏：秦以其先造父封赵城，故姓赵氏。　[8]巴、蜀、汉中：各地秦皆取之，置为郡。越：秦取其他地，置为黔中郡。宛：秦取其地，置为南阳郡。郢：楚都也。今湖北江陵北。秦取其地，置南郡。详见下三十六郡注。[9]上郡、河东、太原、上党：见下三十六郡注。　[10]荥阳：河南荥泽境。二周：东周、西周也。秦取其地，置三川郡。详见下三十六郡注。　[11]游士：谓游说之士也。　[12]李斯：上蔡

人。曾相秦。详见本书《李斯列传》。　[13]蒙骜：齐人。王齮：亦作王龁，即王骑。麃：音 biāo。秦邑。公：犹称大夫。其人失其姓名，故称麃公。　[14]胜（shēng）：姓后，名升，齐相也。　[15]建：齐王名也。　[16]太原：见下三十六郡注。　[17]荆王：即楚王。　[18]南郡：见下三十六郡注。　[19]荆轲刺秦皇事，详见《刺客列传》。　[20]六王咸伏其辜：谓六国皆灭也。十七年得韩王安，十九年得赵王迁，二十年魏王假降，二十三年虏荆王负刍，二十五年得燕王喜，二十六年得齐王建。至是，六国皆灭。　[21]更（gēng）：改也。　[22]绾：姓王。　[23]劫：姓冯。　[24]五帝之说，各书不同。《史记》以黄帝、颛顼、帝喾、尧、舜为五帝。　[25]古者王畿方千里。其外方五百里，曰侯服。如此类推：侯、甸、男、采、卫、蛮、夷、镇、藩，共九服。服者，服事天子也。　[26]朕：我也。古者上下通用之。自秦始皇起专以为天子自称。汉因而不改，以后袭之。　[27]填："镇"之借字。　[28]三十六郡：一曰内史，陕西中部一带；二曰三川，河南黄河两岸各地；三曰河东，山西南部；四曰南阳，河南西南部及湖北北部；五曰南郡，湖北东部及南部；六曰九江，江苏、安徽江北一带，及江西境内之地；七曰鄣郡，江苏西南部，安徽东南部，及浙江西北部；八曰会稽，江苏东南部，及浙江东部、南部；九曰颍川，河南中部、南部；十曰砀郡，河南东部，山东西南部，及江苏西北，安徽东北部；十一曰泗水，江苏北部，及安徽东北部；十二曰薛郡，山东南部，及江苏西北部；十三曰东郡，河北南部，及山东西北部；十四曰琅琊，山东东南部；十五曰齐郡，山东东部，及东北部；十六曰上谷，河北西部，及中部；十七曰渔阳，北京附近各地；十八曰右北平，河北山海关至承德一带；十九曰辽西，河北东北部，及辽宁辽河以西之地；二十曰辽东，辽宁东南部；二十一曰代郡，山西东北部及河北蔚县附近一带；二十二曰巨鹿，河北西南部；二十三曰邯郸，河南北部及河北西南之一部；二十四曰上鹿，山西东南部；二十五曰太原，山西中部一带；二十六曰云中，山西长城外一带；二十七曰九原，内蒙古乌喇忒旗境；二十八曰雁门，山西西北部；二十九曰上郡，陕西北部；三十曰陇西，甘肃东部南；三十一曰北地，甘肃东北部；三十二曰汉中，陕西南部，及湖北西北部；三十三曰巴郡，四川东部；三十四曰蜀郡，四川中部；三十五曰黔中，湖南西半部；三十六曰长沙，湖南东半部，及广东一部。三十六郡，有先置者，有后置者，非皆统一天下后所置。 [29]守、尉、监：皆官名。守：治民。尉：典兵。监：监察各事。 [30]黔：黑色也。黔首：秦始称老百姓为黔首。 [31]酺（pú）：天子赐人民饮酒也。 [32]兵：古者以铜为兵。铜亦称金，故下文曰金人。 [33]咸阳：秦都。今陕西咸阳东渭水北岸。秦孝公始都咸阳。 [34]鐻（jù）：乐器。 [35]邹峄山：亦曰绎山，亦曰邹山。在山东邹城东南。或分为二山，非也。 [36]封禅：于泰山上筑土为坛以祭天，报天之功，曰封。于泰山下小山上除地为坛，报地之功，曰禅。除，修治。望：祭名。望祭山川：亦可作望于山川。谓在远处望而祭之。 [37]泰山：山名。古谓之东岳，为五岳之一。在今山东泰安北。 [38]五大夫：秦官名也。 [39]父：与“甫”通。梁父：山名。泰山之支阜，在山东新泰西。

[40]勃海：即渤海。今山东半岛及辽东半岛间之内海也。并勃海以东：犹言沿渤海而东。 [41]黄、腄：二县名。在山东近海一带。 [42]成山：山名。在山东荣成北海滨。 [43]之罘（fú）：山名。在山东福山东北。 [44]琅邪：又作“琅琊”。山名。在山东胶南。 [45]琅邪台：或云，海畔有山，形如台。或云，越王勾践，曾于此筑台。 [46]复：免其徭役也。复十二岁：谓免其徭役十二年也。 [47]樛：音jiū。 [48]徐市：本作徐芾。“芾”与“黻”同，音辐；后人因误作徐福。 [49]彭城：秦县名。今江苏徐州。 [50]欲出周鼎泗水：谓周鼎沉于泗水，而欲取出之也。泗水：在山东境。 [51]淮水：水名。古四渎之一。其源出河南桐柏山，东流入安徽，经江苏而合于运河。 [52]衡山：山名。古谓之南岳，为五岳之一。在湖南衡阳。 [53]南郡：见上三十六郡注。 [54]江：即长江。 [55]湘山祠：即祀湘君之祠也。（湘君详见下文）《正义》引《括地志》谓即黄陵庙，在湖南湘阴青草山上。山近湘水，故名湘山。庙在山南，故名湘山祠。 [56]几：读平声。几不得渡：谓几乎不能渡也。 [57]《列女传》云：“舜陟方，死于苍梧。二妃死于湘江之间。因葬焉。”按，舜妃葬于此，后人以为湘水之神。一曰湘君，二曰湘夫人。 [58]刑徒：谓受刑残废之人也。 [59]赭（zhě）：赤色也。此谓使山赤裸无草木也。 [60]武关：关名。在今陕西丹凤县东。 [61]阳武：地名。故城在河南原阳东南。狼，一作“浪”。博狼沙：在原阳南。 [62]更名腊曰“嘉平”：谓改腊月之名为嘉平月也。 [63]谓每里赐米六石，羊二头也。 [64]微行：微服外出。 [65]兰

池：或云宫名，或云池名。在咸阳。 [66]关中：秦之地号为关中。东出函谷关（在河南灵宝），以通周、韩，南出武关（在陕西商县），以通楚，西出大散关（陕西宝鸡南），以通蜀，北出萧关（在甘肃环西），以通西戎。故其地号关中。 [67]《正义》谓羡门为一人，高誓为一人，皆古仙人名。另说谓羡门高为古仙人。誓字属下文。 [68]韩终、侯公、石生：皆方士姓名。[69]图书：指谶讳图籍。犹今日之预言也。 [70]胡：指胡亥。始皇子。始皇不知，以为指北方胡人。 [71]胡：北方胡人，即匈奴。 [72]河南地：内蒙古鄂尔多斯。 [73]适：适戍也。犹言屯兵守边。 [74]南越地：今广东广西地。 [75]仆射（yè）：官名。 [76]卒（cù）：急也，忽也。田常：即陈恒。杀齐简公，立平公。其子孙篡齐。六卿：晋大夫韩、赵、魏、范、中行、知六氏。皆世为晋卿，故号六卿。后范、中行、知皆灭，韩、赵、魏三氏愈强，遂分晋国。 [77]辟（pì）禁：即不犯法之意。 [78]夸（kuā）：华言而无实也。夸主以为名：谓以大言欺君，而求名也。 [79]异取以为高：《李斯列传》作"异趣以为高"。 [80]黥：古之墨刑，在脸上刺字。为城旦：谓罚作苦工，昼伺寇虏，夜筑长城也。 [81]九原：见前三十六郡注。 [82]云阳：秦县名。在陕西淳化西北。[83]堑（qiàn）：陷也。堙：塞也。谓自九原至云阳，堑山，堙谷，治直道而通之也。 [84]丰：在陕西。 [85]镐（hào）：在陕西西安。 [86]渭：渭河也，渭南指陕西西安渭河南岸一带。上林苑：秦苑名，在陕西西安西。 [87]阿房：即阿房宫也。 [88]天极：犹言天文。阁道：星宿名。共六星。

营室：星名。绝：直度也。此句谓造复道，自阿房，渡渭，连咸阳。象天文阁道绝汉抵营室也。 [89]作宫阿房，《正义》云："此以其形名宫也。言其宫四阿旁广也。"按，《周礼》："四阿重屋。"四阿，若今四柱。 [90]隐宫徒刑者：谓受宫刑之人也。 [91]丽（lì）山，又作骊山，又作郦山。在陕西临潼东南。秦始皇死，葬于此。"作丽山"当为始皇作生圹也。 [92]上朐：秦县名。在江苏连云港。 [93]丽邑：又作骊邑。秦邑名。故城在陕西临潼东。 [94]恬：安也，静也。倓（tán）：安也，从人，炎声。 [95]梁山宫：宫名，在梁山上。山在陕西。 [96]中人：太监也。 [97]衡：秤杆；石：秤锤。以衡石量书，谓文之多，以秤称之也。 [98]呈：同"程"。中，读去声。谓日夜有一定之程期，不满不休息也。 [99]韩众，《正义》云："众音钟"。疑即上文之韩终。去不报：言不别而行也。 [100]坑：陷也。坑之咸阳：为咸阳掘土为坑以陷诸生也。 [101]蒙恬：秦将。见上三十六郡注。 [102]荧惑：星名。心：亦星名。 [103]华阴：陕西华阴。平舒道：在华阴西北。 [104]遗：同"馈"。滈池君：水神名。因居滈池而名也。 [105]谓巡游迁徙皆吉也。 [106]北河榆中：榆中，即榆林塞。皆内蒙古鄂尔多斯地。 [107]云梦：古泽薮名，今江汉平原湖泊群。 [108]九疑山：在湖南宁远，相传舜葬于此。 [109]籍柯：疑是地名。旧注皆云未详。江渚：即牛渚。在安徽当涂西北。其山下突入江处，谓之燕子矶。 [110]丹阳：安徽当涂。钱唐：在浙江杭州。 [111]浙江：水名，在浙江省。今称钱塘江。狭中：地名。旧注在余杭。《耆旧续闻》

谓“即今富阳县绝江而东，江流至此及狭，才一二百步”是也。[112]会稽：山名。在浙江绍兴。大禹：夏禹也。相传禹葬于会稽。　[113]吴：今江苏境。　[114]江乘：秦县名。故城在江苏句容北。　[115]鲛：即鲨鱼。　[116]荣成山：《正义》谓即成山。（成山见前）《志疑》谓“荣”系“劳”之误。劳成：二山名也。　[117]平原津：在山东平原。　[118]沙丘：殷离宫别馆名。在今河北广宗县西北。其地有沙丘宫。平台，沙丘宫中台也。　[119]辒凉（wēn liáng）：又作“辒辌”，卧车也。后人亦名丧车为“辒辌”。　[120]《李斯传》中“赐死”上有一“其”字。盖赵高所谓始皇书语，故云云。今言“赐死”，乃司马迁记事之文，不当有“其”字。　[121]抵：至也。九原：见前三十六郡注。　[122]机相灌输：《太平御览》引《史》作“机转相输，终而复始”。　[123]人鱼：鱼名。此谓以人鱼之脂膏制烛也。　[124]羡：谓冢中神道也。

项羽本纪

项籍者，下相[1]人也，字羽。初起时，年二十四。其季父项梁，梁父即楚将项燕，为秦将王翦所戮者也。项氏世世为楚将，封于项[2]，故姓项氏。

项籍少时，学书不成，去学剑，又不成。项梁怒之。籍曰："书足以记名姓而已，剑一人敌，不足学，学万人敌。"于是项梁乃教籍兵法，籍大喜，略知其意，又不肯竟学。

项梁尝有栎阳逮[3]，乃请蕲狱掾曹咎书抵栎阳狱掾司马欣，以故事得已[4]。项梁杀人，与籍避仇于吴中[5]。吴中贤士大夫皆出项梁下。每吴中有大繇役及丧，项梁尝为主办，阴以兵法部勒宾客及子弟，以是知其能。

秦始皇帝游会稽，渡浙江[6]，梁与籍俱观。籍曰："彼可取而代也。"梁掩其口，曰："毋妄言，族矣！"梁以此奇籍。籍长八尺余，力能扛[7]鼎，才气过人，虽吴中子弟，皆已惮籍矣。

秦二世元年七月，陈涉等起大泽中[8]。其九月，会稽守通[9]谓梁曰："江西皆反，此亦天亡秦之时也。吾闻先即制人，后则为人所制。吾欲发兵，使公及桓楚将。"是时桓楚亡在泽中。梁曰："桓楚亡，人莫知其处，独籍知之耳。"梁乃出，诫籍持剑居外待。梁复入，与守坐，曰："请召籍，使受命召桓楚。"守曰："诺。"梁召籍入。须臾，梁眴籍曰："可行矣！"于是籍遂拔剑斩守头。项梁持守头，佩其印绶。门下大惊，扰乱，籍所击杀数十百人，一府中皆慑伏[10]，莫敢起。梁乃召故所知豪吏，谕以所为起大事，遂举吴中兵。使人收下县，得精兵八千人。梁部署吴中豪杰为校尉、候、司马。有一人不得用，自言于梁，梁曰："前时某丧使公主某事，不能办，以此不任用公。"众乃皆伏。于是梁为会稽守，籍为裨将[11]，徇[12]下县。

广陵人召平于是为陈王[13]徇广陵[14]，未能下。闻陈王败走，秦兵又且至，乃渡江矫陈王命，拜梁为楚王上柱国。曰："江东已定，急引兵西击秦。"项梁乃以八千人渡江而西。闻陈婴已下东阳[15]，使使欲与连和俱西。陈婴者，故东阳令史，居县中，素信谨，称为长者。东阳少年杀其令，相聚数千人，欲置长，无适用，乃请陈婴。婴谢不能，遂强立婴为长，县中从者得二万人。少年欲立婴便为王，异军苍头特起。陈婴母谓婴曰："自我为汝家妇，未尝闻汝先古之有贵者。今暴得大名，不祥。不如有所属，事成犹得封侯，事败易以亡，非世所指名也。"婴乃不敢为王。谓其军吏曰："项氏世世将家，有名于楚。今欲举大事，将非其人，不可。我倚名族，亡秦必矣。"于是众从其言，以兵属项梁。项梁渡淮，黥布、蒲将军[16]亦以兵属焉。凡六七万人，军下邳[17]。

当是时，秦嘉已立景驹为楚王[18]，军彭城东[19]，欲距项梁。项梁谓军吏曰："陈王先首事，战不利，未闻所在。今秦嘉倍陈王而立景驹，逆无道。"乃进兵击秦嘉。秦嘉军败走，追之至胡陵[20]。嘉还战一日，嘉死，军降。景驹走死梁地。项梁已并秦嘉军，军胡陵，将引军而西。章邯军至栗[21]，项梁使别将朱鸡石、馀樊君与战。馀樊君死。朱鸡石军败，亡走胡陵。项梁乃引兵入薛[22]，诛鸡石。项梁前使项羽别攻襄城[23]，襄城坚守不下。已拔，皆坑之。还报项梁。项梁闻陈王定死，召诸别将会薛计事。此时沛公亦起沛，往焉。

居鄛[24]人范增，年七十，素居家，好奇计，往说[25]项梁曰："陈胜败固当[26]。夫秦灭六国，楚最无罪。自怀王入秦不反[27]，楚人怜之至今，故楚南公[28]曰'楚虽三户，亡秦必楚'也[29]。今陈胜首事，不立楚后而自立，其势不长。今君起江东，楚蜂起之将[30]皆争附君者，以君世世楚将，为能复立楚之后也。"于是项梁然其言，乃求楚怀王孙心[31]民间，为人牧羊，立以为楚怀王，从民所望也。陈婴为楚上柱国，封五县，与怀王都盱台[32]。项梁自号为武信君。

居数月，引兵攻亢父[33]，与齐田荣、司马龙且军，救东阿[34]，大破秦军于东阿。田荣即引兵归，逐其王假。

假亡走楚。假相田角亡走赵。角弟田间，故齐将居赵不敢归。田荣立田儋子市为齐王。

项梁已破东阿下军，遂追秦军。数使使趣[35]齐兵，欲与俱西。田荣曰："楚杀田假，赵杀田角、田间，乃发兵。"

项梁曰："田假为与国[36]之王，穷来从我，不忍杀之。"赵亦不杀田角、田间以市[37]于齐。齐遂不肯发兵助楚。

项梁使沛公[38]及项羽别攻城阳[39]，屠之。西破秦军濮阳[40]东，秦兵收入濮阳。沛公、项羽乃攻定陶[41]。定陶未下，去，西略地至雝丘[42]，大破秦军，斩李由[43]。还攻外黄[44]，外黄未下。

项梁起东阿，[西]北比至定陶，再破秦军，项羽等又斩李由，益轻秦，有骄色。

宋义[45]乃谏项梁曰："战胜而将骄卒惰者败。今卒少惰矣，秦兵日益，臣为君畏之。"项梁弗听。乃使宋义使于齐。道遇齐使者高陵君显[46]，曰："公将见武信君[47]乎？"曰："然。"曰："臣论武信君军必败。公徐行即免死，疾行则及祸。"秦果悉起兵益章邯[48]，击楚军，大破之定陶，项梁死。

沛公、项羽去外黄攻陈留[49]，陈留坚守不能下。沛公、项羽相与谋曰："今项梁军破，士卒恐。"乃与吕臣[50]军俱引兵而东。吕臣军彭城东，项羽军彭城西，沛公军砀[51]。

章邯已破项梁军，则以为楚地兵不足忧，乃渡河击赵，大破之。当此时，赵歇为王，陈余为将，张耳为相[52]，皆走入巨鹿城[53]。章邯令王离、涉间[54]围钜鹿，章邯军其南，筑甬道而输之粟。陈余为将，将卒数万人而军钜鹿之北，此所谓河北之军也。

楚兵已破于定陶，怀王恐，从盱台之彭城，并项羽、吕臣军自将之。以吕臣为司徒，以其父吕青为令尹。以沛公为砀郡长，封为武安侯，将砀郡兵。

初，宋义所遇齐使者高陵君显在楚军，见楚王曰："宋义论武信君之军必败，居数日，军果败。兵未战而先见败征[55]，此可谓知兵矣。"王召宋义与计事而大说之，因置以为上将军；项羽为鲁公[56]，为次将，范增为末将[57]，救赵。诸别将皆属宋义，号为卿子冠军[58]。

行至安阳[59]，留四十六日不进。项羽曰："吾闻秦军围赵王钜鹿，疾引兵渡河，楚击其外，赵应其内，破秦军必矣。"宋义曰："不然。夫搏牛之虻，不可以破虮虱[60]。今秦攻赵，战胜则兵罢[61]，我承其敝；不胜，则我引兵鼓行而西，必举秦矣。故不如先斗秦、赵。夫被坚执锐，义不如公；坐而运策，公不如义。"因下令军中曰："猛如虎，很如羊，贪如狼，强不可使者，皆斩之。"乃遣其子宋襄相齐，身送之至无盐[62]，饮酒高会。天寒大雨，士卒冻饥。项羽曰："将戮力而攻秦，久留不行。今岁饥民贫，士卒食芋菽，军无见粮[63]，乃饮酒高会，不引兵渡河因赵食，与赵并力攻秦，乃曰'承其敝'。夫以秦之强，攻新造之赵，其势必举赵。赵举而秦强，何敝之承！且国兵新破，王坐不安席，埽境内而专属于将军，国家安危，在此一举。今不恤士卒而徇其私，非社稷之臣。"项羽晨朝上将军宋义，即其帐中斩宋义头，出令军中曰："宋义与齐谋反楚，楚王阴令羽诛之。"当是时，诸将皆慑服，莫敢枝梧[64]。皆曰："首立楚者，将军家也。今将军诛乱。”乃相与共立羽为假上将军[65]。使人追宋义子，及之齐，杀之。使桓楚报命于怀王。怀王因使项羽为上将军，当阳君、蒲将军皆属项羽。

项羽已杀卿子冠军，威震楚国，名闻诸侯。乃遣当阳君、蒲将军将卒二万渡河[66]，救钜鹿。战少利，陈余复请兵。项羽乃悉引兵渡河，皆沉船，破釜甑，烧庐舍，持三日粮，以示士卒必死，无一还心。于是至则围王离，与秦军遇，九战，绝其甬道，大破之，杀苏角[67]，虏王离。涉间不降楚，自烧杀。当是时，楚兵冠诸侯。诸侯军救钜鹿下者十余壁[68]，莫敢纵兵。及楚击秦，诸将皆从壁上观[69]。楚战士无不一以当十，楚兵呼声动天，诸侯军无不人人惴恐。于是已破秦军，项羽召见诸侯将，入辕门[70]，无不膝行而前[71]，莫敢仰视。项羽由是始为诸侯上将军，诸侯皆属焉[72]。

章邯军棘原[73]，项羽军漳南[74]，相持未战。秦军数却，二世使人让章邯[75]。章邯恐，使长史欣请事[76]。至咸阳，留司马门[77]三日，赵高不见，有不信之心。长史欣恐，还走其军，不敢出故道，赵高果使人追之，不及。欣至军，报曰：“赵高用事于中，下无可为者。今战能胜，高必疾妒吾功；战不能胜，不免于死。愿将军孰计之。”陈余亦遗章邯书曰：“白起为秦将，南征鄢郢[78]，北阬马服[79]，攻城略地，不可胜计，而竟赐死。蒙恬为秦将，北逐戎人[80]，开榆中[81]地数千里，竟斩阳周[82]。何者？功多，秦不能尽封，因以法诛之。今将军为秦将三岁矣，所亡失以十万数，而诸侯并起滋益多。彼赵高素谀日久，今事急，亦恐二世诛之，故欲以法诛将军以塞责，使人更代将军以脱其祸。夫将军居外久，多内郤，有功亦诛，无功亦诛。且天之亡秦，无愚智皆知之。今将军内不能直谏，外为亡国将，孤特独立而欲常存，岂不哀哉！将军何不还兵与诸侯为从[83]，约共攻秦，分王其地，南面称孤[84]；此孰与身伏鈇质[85]，妻子为僇乎[86]？"

章邯狐疑[87]，阴使候始成[88]使项羽，欲约。约未成，项羽使蒲将军日夜引兵度三户[89]，军漳南，与秦战，再破之。项羽悉引兵击秦军汙水上[90]，大破之。章邯使人见项羽，欲约。项羽召军吏谋曰："粮少，欲听其约。"军吏皆曰："善。"项羽乃与期洹水南殷虚上[91]。

已盟，章邯见项羽而流涕，为言赵高。项羽乃立章邯为雍王，置楚军中。使长史欣为上将军，将秦军为前行。

到新安[92]。诸侯吏卒异时故繇使屯戍过秦中，秦中吏卒遇之多无状，及秦军降诸侯，诸侯吏卒乘胜多奴虏使之，轻折辱秦吏卒。秦吏卒多窃言曰："章将军等诈吾属降诸侯，今能入关破秦，大善；即不能，诸侯虏吾属而东，秦必尽诛吾父母妻子。"诸侯微闻其计，以告项羽。项羽乃召黥布、蒲将军计曰："秦吏卒尚众，其心不服，至关中不听，事必危，不如击杀之，而独与章邯、长史欣、都尉翳[93]入秦。"于是楚军夜击坑秦卒二十余万人新安城南。

行略定秦地。函谷关有兵守关，不得入。

又闻沛公已破咸阳，项羽大怒，使当阳君等击关。项羽遂入，至于戏西[94]。沛公军霸上[95]，未得与项羽相见。沛公左司马曹无伤使人言于项羽曰："沛公欲王关中，使子婴为相，珍宝尽有之。"项羽大怒，曰："旦日飨士卒，为击破沛公军！"当是时，项羽兵四十万，在新丰鸿门[96]；沛公兵十万，在霸上。范增说项羽曰："沛公居山东时，贪于财货，好美姬。今入关，财物无所取，妇女无所幸，此其志不在小。吾令人望其气，皆为龙虎，成五采，此天子气也。急击勿失。"

楚左尹项伯[97]者，项羽季父也，素善留侯张良。张良是时从沛公，项伯乃夜驰之沛公军，私见张良，具告以事，欲呼张良与俱去。曰："毋从俱死也[98]。"张良曰："臣为韩王送沛公，沛公今事有急，亡去不义，不可不语。"良乃入，具告沛公。沛公大惊，曰："为之奈何？"张良曰："谁为大王为此计者？"曰："鲰生[99]说我曰'距关，毋内[100]诸侯，秦地可尽王也'。故听之。"良曰："料大王士卒足以当[101]项王乎？"沛公默然，曰："固不如也，且为之奈何？"张良曰："请往谓项伯，言沛公不敢背项王也。"沛公曰："君安与项伯有故？"张良曰："秦时与臣游，项伯杀人，臣活之，今事有急，故幸来告良。"沛公曰："孰与君少长[102]？"良曰："长于臣。"沛公曰："君为我呼入，吾得兄事之。"张良出，要项伯。项伯即入见沛公。沛公奉卮酒[103]为寿，约为婚姻，曰："吾入关，秋毫不敢有所近，籍吏民，封府库，而待将军。所以遣将守关者，备他盗之出入与非常也。日夜望将军至，岂敢反乎！愿伯具言臣之不敢倍德也。”项伯许诺。谓沛公曰：“旦日[104]不可不蚤[105]自来谢项王。”沛公曰：“诺。”

于是项伯复夜去，至军中，具以沛公言报项王。因言曰：“沛公不先破关中，公岂敢入乎？今人有大功而击之，不义也，不如因善遇之。”项王许诺。

沛公旦日从百余骑来见项王，至鸿门，谢曰：“臣与将军戮力而攻秦，将军战河北，臣战河南，然不自意[106]能先入关破秦，得复见将军于此。今者有小人之言，令将军与臣有郤[107]。”项王曰：“此沛公左司马曹无伤言之；不然，籍何以至此。”项王即日因留沛公与饮。项王、项伯东向坐。亚父南向坐。亚父者，范增也[108]。沛公北向坐，张良西向侍。范增数目[109]项王，举所佩玉玦[110]以示之者三，项王默然不应。范增起，出召项庄[111]，谓曰：“君王[112]为人不忍，若[113]入前为寿，寿毕，请以剑舞，因击沛公于坐，杀之。不者[114]，若属皆且为所虏。”庄则入为寿，寿毕，曰：“君王与沛公饮，军中无以为乐，请以剑舞。”项王曰：“诺。”项庄拔剑起舞，项伯亦拔剑起舞，常以身翼蔽[115]沛公，庄不得击。

于是张良至军门，见樊哙[116]。樊哙曰：“今日之事何如？”良曰：“甚急。今者项庄拔剑舞，其意常在沛公也。”哙曰：“此迫矣，臣请入，与之同命。”哙即带剑拥盾[117]入军门。交戟之卫士欲止不内，樊哙侧其盾以撞[118]，卫士仆[119]地，哙遂入，披帷西向立，瞋[120]目视项王，头发上指，目眦[121]尽裂。项王按剑而跽[122]，曰："客何为者？"张良曰："沛公之参乘樊哙者也。"项王曰："壮士，赐之卮酒。"则与斗卮酒。哙拜谢，起，立而饮之。项王曰："赐之彘肩[123]。"则与一生彘肩。樊哙覆其盾于地，加彘肩上，拔剑切而啖[124]之。项王曰："壮士，能复饮乎？"樊哙曰："臣死且不避，卮酒安足辞！夫秦王有虎狼之心，杀人如不能举，刑人如恐不胜，天下皆叛之。怀王与诸将约曰'先破秦入咸阳者王之'。今沛公先破秦入咸阳，毫毛不敢有所近，封闭宫室，还军霸上，以待大王来。故遣将守关者，备他盗出入与非常也。劳苦而功高如此，未有封侯之赏，而听细说[125]，欲诛有功之人。此亡秦之续耳，窃为大王不取也。"项王未有以应，曰："坐。"樊哙从良坐。

坐须臾，沛公起如厕[126]，因招樊哙出。沛公已出，项王使都尉陈平[127]召沛公。沛公曰："今者出，未辞也，为之奈何？"樊哙曰："大行不顾细谨，大礼不辞小让。如今人方为刀俎，我为鱼肉，何辞为。"于是遂去。乃令张良留谢。良问曰："大王来何操[128]？"曰："我持白璧一双，欲献项王，玉斗一双，欲与亚父，会其怒，不敢献。公为我献之"张良曰："谨诺。"

当是时，项王军在鸿门下，沛公军在霸上，相去四十里。沛公则置车骑，脱身独骑，与樊哙、夏侯婴、靳强、纪信等四人持剑盾步走，从郦山下，道芷阳间行。沛公谓张良曰："从此道至吾军，不过二十里耳。度我至军中，公乃入。"

沛公已去，间至军中，张良入谢，曰："沛公不胜桮杓[129]，不能辞。谨使臣良奉白璧一双，再拜献大王足下；玉斗一双，再拜奉大将军足下。"项王曰："沛公安在？"良曰："闻大王有意督过之，脱身独去，已至军[130]矣。"项王则受璧，置之坐上。亚父受玉斗，置之地，拔剑撞而破之，曰："唉[131]！竖子[132]不足与谋。夺项王天下者，必沛公也。吾属今为之虏矣。"

沛公至军，立诛杀曹无伤。

居数日，项羽引兵西屠咸阳，杀秦降王子婴，烧秦宫室，火三月不灭；收其货宝妇女而东。

人或说项王曰："关中阻山河四塞[133]，地肥饶，可都以霸。"项王见秦宫室皆以烧残破，又心怀思欲东归，曰："富贵不归故乡，如衣绣夜行，谁知之者！"说者曰："人言'楚人沐猴而冠耳'，果然[134]。"项王闻之，烹说者。

项王使人致命怀王。怀王曰："如约。"乃尊怀王为义帝。项王欲自王，先王诸将相。谓曰："天下初发难时，假立诸侯后以伐秦。然身被坚执锐首事，暴露于野三年，灭秦定天下者，皆将相诸君与籍之力也。义帝虽无功，故当分其地而王之。"诸将皆曰："善。"乃分天下，立诸将为侯王[135]。

汉之元年四月，诸侯罢戏下，各就国[136]。项王出之国[137]，使人徙义帝，曰："古之帝者地方千里，必居上游。"乃使使徙义帝长沙郴县[138]。趣义帝行，其群臣稍稍背叛之，乃阴令衡山、临江王击杀之江中[139]。

春，汉王劫[140]五诸侯兵[141]，凡五十六万人，东伐楚。项王闻之，即令诸将击齐[142]，而自以精兵三万人南从鲁出胡陵[143]。

四月，汉皆已入彭城，收其货宝美人，日置酒高会。项王乃西从萧[144]，晨击汉军而东，至彭城，日中，大破汉军。汉军皆走，相随入穀、泗水[145]，杀汉卒十余万人。汉卒皆南走山，楚又追击至灵璧东睢水上[146]。汉军却，为楚所挤，多杀，汉卒十余万人皆入睢水，睢水为之不流。围汉王三匝。于是大风从西北而起，折木发屋，扬沙石，窈冥[147]昼晦，逢迎楚军。楚军大乱，坏散，而汉王乃得与数十骑遁去。欲过沛，收家室而西；楚亦使人追之沛，取汉王家：家皆亡，不与汉王相见。汉王道逢得孝惠、鲁元[148]，乃载行。楚骑追汉王，汉王急，推堕孝惠、鲁元车下，滕公[149]常下收载之。如是者三。曰："虽急不可以驱，奈何弃之？"于是遂得脱。求太公、吕后[150]不相遇。审食其[151]从太公、吕后间行，求汉王，反遇楚军。楚军遂与归，报项王，项王常置军中[152]。

是时吕后兄周吕侯[153]为汉将兵居下邑[154]，汉王间往从之，稍稍收其士卒。至荥阳[155]，诸败军皆会，萧何[156]亦发关中老弱未傅[157]悉诣[158]荥阳，复大振。

楚起于彭城，常乘胜逐北，与汉战荥阳南京、索[159]间，汉败楚，楚以故不能过荥阳而西。

项王之救彭城，追汉王至荥阳，田横[160]亦得收齐，立田荣子广为齐王。汉王之败彭城，诸侯皆复与楚而背汉。汉军荥阳，筑甬道属之河，以取敖仓粟[161]。汉之三年，项王数侵夺汉甬道，汉王食乏，恐，请和。割荥阳以西为汉。项王欲听之。历阳侯范增[162]曰："汉易与耳，今释弗取，后必悔之。"项王乃与范增急围荥阳。汉王患之，乃用陈平计，间项王。项王使者来，为太牢具[163]，举欲进之。见使者，详惊愕曰："吾以为亚父使者，乃反项王使者。"更持去，以恶食食项王使者。使者归报项王，项王乃疑范增与汉有私，稍夺之权。范增大怒，曰："天下事大定矣，君王自为之。愿赐骸骨归卒伍[164]。"项王许之。行未至彭城，疽[165]发背而死。

汉将纪信说汉王曰："事已急矣，请为王诳[166]楚为王[167]，王可以间出[168]。"于是汉王夜出女子荥阳东门，被甲二千人，楚兵四面击之。纪信乘黄屋车[169]，傅左纛[170]，曰："城中食尽，汉王降。"楚军皆呼万岁。汉王亦与数十骑从城西门出，走成皋[171]。项王见纪信，问："汉王安在？"曰："汉王已出矣。"项王烧杀纪信。

汉王使御史大夫周苛、枞[172]公、魏豹守荥阳。周苛、枞公谋曰："反国之王，难与守城。"乃共杀魏豹。楚下荥阳城，生得周苛。项王谓周苛曰：“为我将，我以公为上将军，封三万户。”周苛骂曰：“若不趣降汉，汉今虏若，若非汉敌也。”项王怒，烹周苛，并杀枞公。

汉王之出荥阳，南走宛、叶[173]，得九江王布[174]，行收兵，复入保成皋。汉之四年，项王进兵围成皋。汉王逃，独与滕公出成皋北门，渡河走修武[175]，从张耳、韩信[176]军。诸将稍稍得出成皋，从汉王。楚遂拔成皋，欲西。汉使兵距之巩[177]，令其不得西。

是时彭越[178]渡河击楚东阿，杀楚将军薛公。项王乃自东击彭越。汉王得淮阴侯[179]兵，欲渡河南。郑忠说汉王，乃止壁[180]河内。使刘贾将兵佐彭越，烧楚积聚。项王东击破之，走彭越[181]。汉王则引兵渡河，复取成皋，军广武[182]，就敖仓食。项王已定东海[183]来，西，与汉俱临广武而军，相守数月。

当此时，彭越数反梁地，绝楚粮食，项王患之。为高俎[184]，置太公其上，告汉王曰：“今不急下，吾烹太公。”汉王曰：“吾与项羽俱北面受命怀王，曰‘约为兄弟’，吾翁[185]即若翁，必欲烹而翁，则幸分我一杯羹。”项王怒，欲杀之。项伯曰：“天下事未可知，且为天下者不顾家，虽杀之无益，祇益祸耳。”项王从之。

楚汉久相持未决，丁壮苦军旅，老弱罢转漕。项王谓汉王曰：“天下匈匈数岁者，徒以吾两人耳，愿与汉王挑战决雌雄[186]，毋徒苦天下之民父子为也。”汉王笑谢曰：“吾宁斗智，不能斗力。”项王令壮士出挑战。汉有善骑射者楼烦，楚挑战三合，楼烦[187]辄射杀之。项王大怒，乃自被甲持戟挑战。楼烦欲射之，项王瞋目叱之，楼烦目不敢视，手不敢发，遂走还入壁，不敢复出。汉王使人间问之，乃项王也。汉王大惊。于是项王乃即汉王，相与临广武间而语。汉王数之，项王怒，欲一战。汉王不听，项王伏弩射中汉王。汉王伤，走入成皋。

项王闻淮阴侯已举河北，破齐、赵[188]，且欲击楚，乃使龙且[189]往击之。淮阴侯与战，骑将灌婴击之，大破楚军，杀龙且。韩信因自立为齐王。项王闻龙且军破，则恐，使盱台人武涉往说淮阴侯。淮阴侯弗听。

是时，彭越复反，下梁[190]地，绝楚粮。项王乃谓海春侯大司马曹咎等曰：“谨守成皋，则汉欲挑战，慎勿与战，毋令得东而已。我十五日必诛彭越，定梁地，复从将军。”乃东，行击陈留、外黄。

外黄不下。数日，已降，项王怒，悉令男子年十五已上诣城东，欲坑之。外黄令舍人儿年十三，往说项王曰：“彭越强[191]劫外黄，外黄恐，故且降，待大王。大王至，又皆坑之，百姓岂有归心？从此以东，梁地十余城皆恐，莫肯下矣。”项王然其言，乃赦外黄当坑者。东至睢阳[192]，闻之皆争下项王。

汉果数挑楚军战，楚军不出。使人辱之，五六日，大司马怒，渡兵汜水[193]。士卒半渡，汉击之，大破楚军，尽得楚国货赂。大司马咎、长史翳、塞王欣[194]皆自刭[195]汜水上。大司马咎者，故蕲狱掾，长史欣亦故栎阳狱吏，两人尝有德于项梁，是以项王信任之。当是时，项王在睢阳，闻海春侯[196]军败，则引兵还。汉军方围钟离昧[197]于荥阳东，项王至，汉军畏楚，尽走险阻。

是时，汉兵盛食多，项王兵罢食绝。汉遣陆贾说项王，请太公，项王弗听。汉王复使侯公往说项王，项王乃与汉约，中分天下，割鸿沟[198]以西者为汉，鸿沟而东者为楚。项王许之，即归汉王父母妻子。军皆呼万岁。汉王乃封侯公为平国君。匿弗肯复见。曰："此天下辩士，所居倾国，故号为平国君。"项王已约，乃引兵解而东归。

汉欲西归，张良、陈平说曰："汉有天下太半，而诸侯皆附之。楚兵罢食尽，此天亡楚之时也，不如因其机而遂取之。今释弗击，此所谓'养虎自遗患'也。"汉王听之。

汉五年，汉王乃追项王至阳夏[199]南。止军，与淮阴侯韩信、建成侯彭越期会而击楚军。至固陵[200]，而信、越之兵不会。楚击汉军，大破之。

汉王复入壁，深堑而自守。谓张子房[201]曰："诸侯不从约，为之奈何？"对曰："楚兵且破，信、越未有分地，其不至固宜。君王能与共分天下，今可立致也。即不能，事未可知也。君王能自陈以东傅海[202]，尽与韩信；睢阳以北至穀城[203]，以与彭越：使各自为战，则楚易败也。"汉王曰："善。"于是乃发使者告韩信、彭越曰："并力击楚。楚破，自陈以东傅海与齐王，睢阳以北至穀城与彭相国。"使者至，韩信、彭越皆报曰：

“请今进兵。”韩信乃从齐往，刘贾军从寿春并行，屠城父，至垓下[204]。大司马周殷叛楚，以舒屠六，举九江兵[205]，随刘贾、彭越皆会垓下，诣项王。

项王军壁垓下，兵少食尽，汉军及诸侯兵围之数重。夜闻汉军四面皆楚歌，项王乃大惊曰：“汉皆已得楚乎？是何楚人之多也！”项王则夜起，饮帐中。有美人名虞[206]，常幸从；骏马名骓，常骑之。于是项王乃悲歌慷慨，自为诗曰：“力拔山兮气盖世，时不利兮骓不逝。骓不逝兮可奈何，虞兮虞兮奈若何！”歌数阕[207]，美人和之。项王泣数行下，左右皆泣，莫能仰视。于是项王乃上马骑，麾下[208]壮士骑从者八百余人，直夜溃围[209]南出，驰走。

平明，汉军乃觉之，令骑将灌婴以五千骑追之。项王渡淮[210]，骑能属[211]者百余人耳。项王至阴陵[212]，迷失道，问一田父。田父绐[213]曰“左”。左，乃陷大泽中。以故汉追及之。项王乃复引兵而东，至东城[214]，乃有二十八骑。汉骑追者数千人。项王自度不得脱。谓其骑曰：“吾起兵至今八岁矣，身七十余战，所当者破，所击者服，未尝败北，遂霸有天下。然今卒困于此，此天之亡我，非战之罪也。今日固决死。愿为诸君快战，必三胜之。为诸君溃围，斩将，刈旗[215]，令诸君知天亡我，非战之罪也。”

乃分其骑以为四队，四向。汉军围之数重。项王谓其骑曰：“吾为公取彼一将。”令四面骑驰下，期山东为三处[216]。于是项王大呼驰下，汉军皆披靡[217]，遂斩汉一将。

是时，赤泉侯[218]为骑将，追项王，项王瞋目而叱之，赤泉侯人马俱惊，辟易[219]数里，与其骑会为三处。汉军不知项王所在，乃分军为三，复围之。项王乃驰，复斩汉一都尉，杀数十百人，复聚其骑，亡其两骑耳。乃谓其骑曰："何如？"骑皆伏曰："如大王言。"

于是项王乃欲东渡乌江[220]。乌江亭长舣[221]船待，谓项王曰："江东虽小，地方千里，众数十万人，亦足王也。愿大王急渡。今独臣有船，汉军至，无以渡。"项王笑曰："天之亡我，我何渡为！且籍与江东子弟八千人渡江而西，今无一人还，纵江东父兄怜而王我，我何面目见之？纵彼不言，籍独不愧于心乎？"乃谓亭长曰："吾知公长者。吾骑此马五岁，所当无敌，尝一日行千里，不忍杀之，以赐公。"乃令骑皆下马步行，持短兵接战。独籍所杀汉军数百人。项王身亦被十余创。顾见汉骑司马吕马童曰："若非吾故人乎？"马童面之[222]，指王翳曰："此项王也。"项王乃曰："吾闻汉购我头千金，邑万户，吾为若德。"乃自刎而死。

王翳取其头，余骑相蹂践争项王，相杀者数十人。最其后，郎中骑杨喜、骑司马吕马童、郎中吕胜、杨武各得其一体。五人共会其体，皆是。故分其地为五：封吕马童为中水侯，封王翳为杜衍侯，封杨喜为赤泉侯，封杨武为吴防侯，封吕胜为涅阳侯[223]。

项王已死，楚地皆降汉，独鲁不下。汉乃引天下兵欲屠之。为其守礼义，为主死节，乃持项王头视鲁，鲁父兄乃降。始，楚怀王初封项籍为鲁公，及其死，鲁最后下，故以鲁公礼葬项王穀城。汉王为发哀，泣之而去。

诸项氏枝属，汉王皆不诛。乃封项伯为射阳侯[224]。桃侯、平皋侯、玄武侯皆项氏，赐姓刘[225]。

太史公曰：吾闻之周生[226]曰“舜目盖重瞳子”，又闻项羽亦重瞳子。羽岂其苗裔邪？何兴之暴也！夫秦失其政，陈涉首难，豪杰蜂起，相与并争，不可胜数。然羽非有尺寸乘势，起陇亩之中，三年，遂将五诸侯[227]灭秦，分裂天下，而封王侯，政由羽出，号为“霸王”，位虽不终，近古以来未尝有也。及羽背关怀楚，放逐义帝而自立，怨王侯叛己，难矣。自矜功伐，奋其私智而不师古，谓霸王之业，欲以力征经营天下，五年卒亡其国，身死东城，尚不觉寤而不自责，过矣。乃引“天亡我，非用兵之罪也”，岂不谬哉！

---

[1]下相：秦县名。故城在江苏宿迁西。　[2]项：古项子国。汉置项县。故城在河南项城。　[3]栎（yuè）阳：古地名。故城在陕西临潼东北。逮（dài）：及也。此句谓项梁有罪相连及，为栎阳县所逮录也。　[4]蕲（qí）：秦县名。今安徽宿州。掾：古代属官之通称。此句谓梁请曹咎之书，与司马欣；因之其事得止息也。　[5]吴中：春秋时吴国都。今江苏苏州。[6]会稽、浙江：皆见《秦始皇本纪》注。　[7]扛（kánɡ）：

举也。　[8]陈涉：名胜。最初起兵反秦者。详见本书《陈涉世家》。大泽，即大泽乡，在湖北蕲春境内。　[9]通：殷通也。[10]慑：惧也。慑伏：谓慑于威势而屈服也。　[11]裨（pí）：小也。裨将：犹言偏将。　[12]徇：略也。凡言徇地，犹言略地。　[13]陈王：即陈涉。　[14]广陵：秦县名。故城在江苏扬州东北。　[15]东阳：秦县名。故城在安徽天长西北。[16]黥布：即英布。蒲将军：姓蒲，失其名。　[17]下邳：秦县名。故城在今江苏邳州西南。　[18]景驹：楚族。景氏：驹名。[19]彭城：秦县名，即江苏徐州。　[20]胡陵：在山东鱼台东南。　[21]章邯（hán）：秦将。栗：秦县名，在沛。沛，今江苏沛县。　[22]薛：地名。战国时孟尝君封邑。故城在山东滕州西南。　[23]襄城：秦县名。今河南襄城。　[24]居鄛（cháo）：今安徽巢湖。　[25]说（shuì）：游说也。[26]当：宜也。　[27]谓楚怀王受秦国之欺入秦而不返也。详见本书《屈原列传》。　[28]楚南公：楚国南方老人也。识兴废之数，著书十三篇。为阴阳家。　[29]户：户口。此二句谓楚虽灭亡，至于仅存三户；而亡秦者，犹必楚人也。又，三户为地名。项羽尝破秦将章邯军于此。后人遂谓“楚虽三户”二语，为预指此事。其说非是。　[30]蜂起之将：谓众人若蜂之飞起，言其多也。　[31]楚怀王孙心：名心，项梁立以为怀王也。[32]盱（xū）台：安徽盱台。　[33]亢父（gāng fǔ）：战国时齐邑。秦置县。故城在山东济宁南。　[34]东阿：山东阳谷。[35]趣：催促也。　[36]与国：相与交善，为与国。　[37]市：相贸易以利也。　[38]沛：秦县名。故城在江苏沛县东。沛公：

即汉高帝刘邦也。邦起兵于沛，众共立为沛公。 [39]城阳：在山东荷泽市东北。 [40]濮阳：今河南濮阳。 [41]定陶：今山东定陶。 [42]雝丘：河南杞县。 [43]李由：李斯之子。 [44]外黄：在河南杞县东。 [45]宋义：故楚令尹。从项梁伐秦。 [46]高陵：今陕西高陵。显：人名。 [47]武信君：即项梁。 [48]章邯：见前。 [49]陈留：秦县名。河南开封东南。 [50]吕臣：楚怀王将。 [51]砀（dàng）：秦县名。安徽砀山。 [52]赵歇：赵王歇也。此时陈余未入巨鹿城，故“陈余为将”四字为衍文。张耳：大梁人。初为赵相，后奔汉。与韩信共破赵，汉封为赵王。 [53]巨鹿：秦县名。在今河北平乡县西南平乡镇。 [54]王离、涉间：皆秦将。 [55]征：兆也。 [56]鲁公：楚怀王封羽为长安侯，号为鲁公。 [57]末将：最低级之将也。 [58]卿子：当时人相褒尊之词。犹言公子也。冠军：因宋义为上将军，故曰冠军。 [59]安阳：山东曹县东南之安阳城。 [60]谓虻之搏牛，本不拟破其上之蚁虱。以言志在大，不在小也。 [61]罢：音义皆同“疲”。 [62]无盐：战国时齐邑名。在山东东平东。 [63]见：同“现”。见粮：谓现存之粮。 [64]莫敢枝梧：无人敢抵拒也。 [65]假：摄也。未得怀王命而立之，故曰假上将军。 [66]当阳君：即英布。蒲将军：见前。河：谓漳水。源出今山西，经河南入河北，与卫河合。 [67]苏角：秦将。 [68]壁：军垒。 [69]从壁上观：谓在军垒上旁观。 [70]辕门：古者军行以车为阵。辕相向为门。故曰辕门。 [71]膝行：跪地而行，前来也。 [72]“诸侯”二字下，疑缺“将”字。《汉书》作“兵皆属焉”。[73]棘原：在河北平乡南。[74]漳：漳水，见前。漳南：漳水南。[75]二世：秦始皇死于沙丘，子胡亥立，是为二世。让：责也。[76]长史：官名。欣：司马欣。即尝为栎阳县掾，而免项梁之罪者。请事：议事也。[77]司马门：宫垣之内，兵卫所在，四面皆有司马主武事，故曰司马门。[78]鄢：楚地名。今湖北宜城。郢：楚都也。湖北江陵境。[79]马服：战国时赵地。赵封赵奢为马服君，因马服山以为号也。山在河北邯郸西北。[80]戎人：西方各族之总称。此云“北逐胡人”，是指在中国西北之匈奴。[81]榆中：又曰榆林塞。今内蒙古鄂尔多斯黄河北岸之地。蒙恬为秦侵胡，辟地数千里，累石为城，树榆为塞，故曰榆林塞。[82]阳周：秦县名。故城在陕西子长县。竟斩阳周：谓胡亥斩蒙恬于阳周。[83]从：音、义皆同“纵”。按，关东地形从长，苏秦相六国，号为合从。关西地形横长，张仪相秦，坏关东从，使与秦合，号为连横。此句“诸侯”二字，指关东诸侯，谓与合从而攻秦也。[84]孤：王侯之谦称。南面：古者人君之位向南也。此谓分割其地，南面称王也。[85]鈇（fū）：斧也。质：同“锧”。古行刑之具。以两斤相合，略如今铡刀。身伏鈇质：犹言被刑也。[86]僇：辱也。又通作“戮”，杀也。此句谓与其身被刑，而妻子为僇，不如攻秦而称王也。[87]狐疑：狐性善疑，故称人之怀疑不决者曰“狐疑”。[88]候：侦察。始成：人名。[89]三户：津峡名。在邺西三十里。邺，河南临漳。[90]汙水：在邺西。[91]洹（huán）水：源出河南林县隆虎山，经安阳，至内黄，入于卫。殷虚：殷故都也，即朝歌。故城在河南安阳。[92]新安：在河南渑池东。[93]欣：司马欣也。翳：董翳。[94]戏西：戏水之西。戏水在今陕西临潼东。[95]霸上：在陕西西安东。[96]新丰：在陕西临潼东北。鸿门：在新丰东十七里。其地曰项王营。[97]项伯：名缠，字伯，后封射阳侯。[98]从：系“徒”之误。谓空死而无成名也。《汉书·高祖纪》作“毋特俱死”。特，但也，空也。[99]鲰（zōu）生：小人也。《楚汉春秋》谓，鲰，姓也。[100]内：同“纳”。[101]当：敌也，俗言相当，犹言多少强弱相若也。[102]少长：此谓彼与汝，孰少孰长也。[103]卮（zhī）：酒器也。卮酒：谓一卮酒也。[104]旦日：明日也。[105]蚤：同“早”。[106]不自意：自己亦未料到。[107]郤：同“隙”。怨也。[108]亚：次也。父：音甫。亚父者，尊敬之为次父犹管仲为仲父也。[109]数（shuò）：频数也。目：以目光示意。[110]玦（jué）：玉佩也。半环曰“玦”。[111]项庄：项羽从弟。[112]君王：指项羽也。[113]若：汝也。[114]不者：不然也。犹言倘不如此。[115]翼蔽：遮护也。[116]樊哙：沛人。以屠狗为业，后从沛公伐秦。[117]盾：干也。俗谓之藤牌。战士用以随身自卫者。[118]撞（zhuàng）：击也。[119]仆（pū）：倒也。[120]瞋（chēng）：张目以视，怒也。[121]眦（zī）：目眶也。[122]跽（jì）：长跪也。[123]彘：猪之别名。[124]啖（dàn）：食也。[125]细说：谗言。[126]厕（cè）：今曰便所。[127]陈平：阳武人。少家贫，好读书。陈涉起事，平尝事项羽，为信武君。后事高帝，封曲逆侯。惠帝时为丞相。详见《陈丞相世家》。 [128]操：持也。此句谓大王此次持何礼物而来也。 [129]胜：读平声。桮：同“杯”。杓（sháo）：勺。器名。如羹匙之类。不胜桮杓：言不能多饮食也。 [130]军：军中也。 [131]唉：叹恨发声之词。 [132]竖子：骂人语。谓无用、平庸之人也。 [133]四塞：东函谷关，南武关，西散关（又称大散关），北萧关。[134]沐猴：猕猴也。言猕猴不耐久着冠带，以喻楚人性躁暴。果然：谓果如人言也。 [135]是时羽立沛公为汉王，王巴、蜀、汉中，都南郑（在陕西汉中），而三分关中之地。王秦降将：立章邯为雍王，司马欣为塞王，董翳为翟王。其他张耳、陈余、英布等，皆立为王。而项羽自立为西楚霸王，都彭城（江苏徐州）。 [136]戏：水名。见前。诸侯罢戏下各就国：言诸侯各受封邑号令讫，自戏下各就其所封之国也。 [137]之国：即就国也。“就国”二字见上文。 [138]徙：迁也。义帝：即项梁所立楚怀王孙心也。项羽入关，尊为义帝，至是，复迁之也。长沙：秦郡名（在湖南）。郴（chēn）县：秦县名，在长沙郡。[139]衡山王：吴芮也。临江王：共（gōng）敖也。皆项羽所立。至是，羽令二人杀义帝于途中。 [140]劫：劫夺也。另本作“部”。 [141]五诸侯之说，各家不同。《史记志疑》谓为：韩、魏、赵、齐、衡山，较可信。按，五诸侯，皆项羽所立。[142]齐：初，项羽立田都为齐王，其后数经叛乱；至是，田横收齐卒，拒项羽。 [143]胡陵：见前。 [144]萧：秦县名。故城在安徽萧县西北。 [145]縠、泗：二水名。皆在彭城。彭城，见前注。 [146]灵壁：在彭城。睢水：于彭城入泗水。

[147]冥（míng）：阴也。窈冥：阴暗也。[148]孝惠：汉惠帝也。高帝长子，名盈。鲁元：高帝女。封于鲁，故曰鲁；长女，故曰元。[149]滕：姓也。不详其名，故称滕公。[150]太公：高帝父也。或曰名执嘉，或曰名煓（与湍同音）。吕后：即吕雉。[151]审：姓也。食：音异；其：音基。审食其：沛人。[152]此句谓楚军以太公吕后归报项王，项王常置二人于军中也。[153]周吕侯：名泽。周吕，其封名。周吕者，言如周之吕尚也。[154]下邑：秦县名。故城在安徽砀山东。[155]荥阳：见《秦始皇本纪》注。[156]萧何：沛人。从汉高帝定天下。详见《萧相国世家》。[157]傅：古者二十而傅，三年耕，有一年储，故二十三年而后役之。未二十三为弱，过五十六为老。[158]诣：至也。[159]京：在荥阳西南。索：即荥阳。古为大索城。[160]田横：齐田荣之弟。后自立为齐王。高帝定天下，横与其徒五百人，皆自杀。[161]敖：山名，在河南郑州西北。秦置仓积粟于其上，故曰"敖仓"。[162]历阳：地名。范增为历阳侯。[163]太牢：谓牛、羊、豕也。具：设备也。[164]乞全身而归也。[165]疽：恶疮也。[166]诳（kuáng）：欺也。[167]为王：言冒为汉王也。[168]间：读去声。间出：谓乘空隙间隐蔽行动。[169]黄屋：天子车，以黄绘为里，曰黄屋车。[170]左纛：以氂牛尾所作之大旗，置于车衡之左者。天子乘舆之制也。[171]成皋：在今河南荥阳。[172]枞：音zòng。[173]宛：河南淮阳。叶：河南叶县。[174]九江王布：即英布也。项羽立为九江王。[175]修武：河南获嘉。[176]韩信：汉高帝

将也。详见《淮阴侯列传》。 [177]巩：秦县名。今河南巩县。 [178]彭越：初尝事项羽，后率兵归汉。 [179]淮阴侯：即韩信也。 [180]壁：军垒也。止壁：谓驻军于此，而不前进也。 [181]此句又是一事。即下文项羽击彭越事，误杂于此也。 [182]广武：山名。在河南荥阳东北。 [183]东海：山东、江苏沿海一带。 [184]俎（zǔ）：即刀砧板。置太公于俎上，示欲烹之也。 [185]翁：犹言父也。 [186]挑战：单身独战，不复须众也。决雌雄：犹言分胜败也。 [187]楼烦：《集解》引应劭言，楼烦，胡也。今云楼烦者，楼烦人之简称也。 [188]韩信破赵，非在是时。《汉书》无“赵”字。 [189]且：音jū。 [190]下梁：战国魏国地也。魏徙都大梁（今河南开封），故称梁。 [191]强：同强迫之“强”。 [192]睢阳：秦县名。故城在河南商丘南。 [193]氾（fàn）水：在河南氾水西境，北流入黄河。按，氾水，又作“汜水”。 [194]咎：曹咎也。翳：董翳也。欣：司马欣也。 [195]刭（jǐng）：以刀割也。 [196]海春侯：即曹咎。 [197]钟离眛：钟离，姓也。眛：名也。初为项羽将，羽亡，眛亡归韩信。 [198]鸿沟：秦始皇引河水以灌大梁，谓之鸿沟，即贾鲁河。在河南。 [199]阳夏（jiǎ）：河南太康。 [200]固陵：故城在河南太康。 [201]张子房：即张良也。详见《留侯世家》。 [202]陈：古陈国都。故城在河南。傅：著也。东傅海：犹言东至于海也。 [203]穀城：山名。在山东东阿东北。 [204]垓下：在安徽灵璧东南。 [205]舒：安徽舒城。六：安徽寿县西南。此谓以舒之众屠六也。九江：秦之九江郡。 [206]虞：或云姓虞氏。

[207]阕（què）：歌曲一首为一阕。 [208]麾下：犹言部下。 [209]溃围：破围也。 [210]淮：淮水也。源出今河南，东流经安徽江苏入海。 [211]属：相连续也。 [212]阴陵：秦县名。故城在安徽定远西北。 [213]绐（dài）：欺也，诳也。 [214]东城：秦县名。故城在安徽定远东南。 [215]刈（yì）：斩伐也。刈旗：犹言斩伐其旗也。 [216]期：约也。谓相约遇于山东也。为三处：分为三处，使汉军不知项羽所在也。 [217]披靡：溃散也。 [218]赤泉侯：杨喜也。见下文。 [219]辟易：犹言避开也。 [220]乌江：水名。在安徽和县东北。 [221]舣（jǐ）：使船靠岸也。 [222]面之：旧说，“面”字，作“背”字解。谓背项羽也。然谓“之”字指王翳，谓面王翳而与之言，亦通。 [223]涅：水名。涅阳：古县名。今河南邓县东北。 [224]项伯：名缠，字伯。射（yè）：水名。射阳：今江苏宝应一带。 [225]桃侯：名襄。平皋侯：名佗。玄武侯：未详。皆姓项氏。项羽之宗族也。至是，改姓为刘氏，从汉高帝姓也。桃、平皋：皆地名。 [226]周生：或曰，周时贤者；或曰，汉初人。周姓也。 [227]五诸侯者，此时山东诸侯，并起从楚伐秦，山东六国，除楚不计外，为齐、赵、韩、魏、燕，故云五诸侯。

高祖本纪

高祖，沛丰邑中阳里人，姓刘氏，字季[1]。父曰太公，母曰刘媪[2]。其先刘媪尝息大泽之陂[3]，梦与神遇。是时雷电晦冥，太公往视，则见蛟龙于其上。已而有身[4]，遂产高祖。

高祖为人，隆准[5]而龙颜，美须髯[6]，左股有七十二黑子[7]。仁而爱人，喜施，意豁如[8]也。常有大度，不事家人生产作业。及壮，试为吏，为泗水亭长[9]。廷中吏无所不狎侮。好酒及色。

常从王媪、武负贳酒[10]。醉卧，武负、王媪见其上常有龙，怪之。高祖每酤[11]留饮，酒雠数倍[12]。及见怪，岁竟，此两家常折券弃责[13]。

高祖常繇咸阳[14]，纵观[15]，观秦皇帝，喟然太息曰："嗟乎，大丈夫当如此也！"

单父人吕公[16]善沛令，避仇从之客[17]，因家沛焉。沛中豪桀吏闻令有重客，皆往贺。萧何为主吏，主进[18]，令诸大夫[19]曰："进不满千钱，坐之堂下。"高祖为亭长，素易[20]诸吏，乃绐[21]为谒曰"贺钱万"，实不持一钱。谒入，吕公大惊，起，迎之门。吕公者，好相人[22]，见高祖状貌，因重敬之，引入坐。萧何曰：“刘季固多大言，少成事。”高祖因狎侮诸客，遂坐上坐[23]，无所诎[24]。酒阑[25]，吕公因目固留高祖[26]。高祖竟酒，后[27]。吕公曰：“臣少好相人，相人多矣，无如季相，愿季自爱。臣有息女[28]，愿为季箕帚妾[29]。”酒罢，吕媪怒吕公曰：“公始常欲奇此女，与贵人。沛令善公，求之不与，何自妄许与刘季？”吕公曰：“此非儿女子所知也。”卒与刘季。吕公女乃吕后也，生孝惠帝、鲁元公主[30]。

高祖为亭长时，常告归之田。吕后与两子居田中耨[31]，有一老父过请饮，吕后因餔之[32]。老父相吕后曰：“夫人天下贵人。”令相两子，见孝惠，曰：“夫人所以贵者，乃此男也。”相鲁元，亦皆贵。老父已去，高祖适从旁舍来，吕后具言客有过，相我子母皆大贵。高祖问，曰：“未远。”乃追及，问老父。老父曰：“乡者[33]夫人婴儿皆似君，君相贵不可言。”高祖乃谢曰：“诚如父言，不敢忘德。”及高祖贵，遂不知老父处。

高祖为亭长，乃以竹皮为冠，令求盗之薛治之[34]，时时冠之[35]，及贵常冠，所谓“刘氏冠”乃是也。

高祖以亭长为县送徒郦山，徒多道亡[36]。自度比至皆亡之[37]，到丰西泽中，止饮，夜乃解纵所送徒。曰：“公等皆去，吾亦从此逝矣！”徒中壮士愿从者十余人。高祖被酒[38]，夜径泽中[39]，令一人行前。行前者还报曰：“前有大蛇当径，愿还。”高祖醉，曰：“壮士行，何畏！”乃前，拔剑击斩蛇。蛇遂分为两[40]，径开。行数里，醉，因卧。后人来至蛇所，有一老妪夜哭。人问何哭，妪曰："人杀吾子，故哭之。"人曰："妪子何为见杀？"妪曰："吾子，白帝子也，化为蛇，当道，今为赤帝子斩之，故哭。"人乃以妪为不诚，欲笞[41]之，妪因忽不见。后人至，高祖觉[42]。后人告高祖，高祖乃心独喜，自负[43]。诸从者日益畏之。

秦始皇帝常曰："东南有天子气。"于是因东游以厌之[44]。高祖即自疑，亡匿，隐于芒、砀[45]山泽岩石之间。吕后与人俱求，常得之。高祖怪问之。吕后曰："季所居上常有云气，故从往常得季。"高祖心喜。沛中子弟或闻之，多欲附者矣。

秦二世元年秋，陈胜等起蕲，至陈而王，号为"张楚"[46]。诸郡县皆多杀其长吏以应陈涉。沛令恐，欲以沛应涉。掾、主吏萧何、曹参[47]乃曰："君为秦吏，今欲背之，率沛子弟，恐不听。愿君召诸亡在外者，可得数百人，因劫众，众不敢不听。"乃令樊哙召刘季。刘季之众已数十百人矣。于是樊哙从刘季来。沛令后悔，恐其有变，乃闭城城守，欲诛萧、曹。萧、曹恐，窬城保刘季。刘季乃书帛射城上，谓沛父老曰："天下苦秦久矣。今父老虽为沛令守，诸侯并起，今屠沛。沛今共诛令，择子弟可立者立之，以应诸侯，则家室完。不然，父子俱屠，无为也。"父老乃率子弟共杀沛令，开城门迎刘季，欲以为沛令。刘季曰："天下方扰，诸侯并起，今置将不善，一败涂地[48]。吾非敢自爱，恐能薄[49]，不能完父兄子弟。此大事，愿更相推择可者。”萧、曹等皆文吏，自爱，恐事不就，后秦种族[50]其家，尽让刘季。诸父老皆曰：“平生所闻刘季诸珍怪，当贵，且卜筮之，莫如刘季最吉。”于是刘季数让。众莫敢为，乃立季为沛公。祠黄帝，祭蚩尤于沛庭，而衅鼓旗[51]，帜皆赤。由所杀蛇白帝子，杀者赤帝子，故上赤。于是少年豪吏，如萧、曹、樊哙等皆为收沛子弟二三千人，攻胡陵、方与[52]。还守丰。

令[53]沛公西略地入关。与诸将约，先入定关中者王之。当是时，秦兵强，常乘胜逐北，诸将莫利先入关。独项羽怨秦破项梁军，奋，愿与沛公西入关。怀王诸老将皆曰：“项羽为人僄悍猾贼。项羽尝攻襄城[54]，襄城无遗类，皆坑之，诸所过无不残灭。且楚数进取，前陈王[55]、项梁皆败。不如更遣长者扶义而西，告谕秦父兄。秦父兄苦其主久矣，今诚得长者往，毋侵暴，宜可下。今项羽僄悍，今不可遣。独沛公素宽大长者，可遣。”卒不许项羽，而遣沛公西略地，收陈王、项梁散卒。

汉元年十月，沛公兵遂先诸侯至霸上[56]。秦王子婴[57]素车白马，系颈以组，封皇帝玺符节[58]，降轵道旁[59]。

诸将或言诛秦王。沛公曰：“始怀王[60]遣我，固以能宽容；且人已服降，又杀之，不祥。”乃以秦王属吏[61]，遂西入咸阳。欲止宫休舍[62]，樊哙、张良[63]谏，乃封秦重宝财物府库，还军霸上。召诸县父老豪杰曰："父老苦秦苛法久矣，诽谤者族[64]，偶语者弃市[65]。吾与诸侯约，先入关者王之，吾当王关中[66]。与父老约，法三章耳：杀人者死，伤人及盗抵罪。余悉除去秦法。诸吏人皆案堵如故[67]。凡吾所以来，为父老除害，非有所侵暴，无恐！且吾所以还军霸上，待诸侯至而定约束耳。"乃使人与秦吏行县乡邑，告谕之。秦人大喜，争持牛羊酒食献飨军士。沛公又让不受，曰："仓粟多，非乏，不欲费人。"人又益喜，唯恐沛公不为秦王。

五年，高祖与诸侯兵共击楚军[68]，与项羽决胜垓下[69]。淮阴侯[70]将三十万自当之，孔将军居左，费将军居右[71]，皇帝在后，绛侯、柴将军在皇帝后[72]。项羽之卒可十万。淮阴先合，不利，却。孔将军、费将军纵[73]，楚兵不利，淮阴侯复乘之，大败垓下。项羽卒闻汉军之楚歌，以为汉尽得楚地，项羽乃败而走，是以兵大败。使骑将灌婴[74]追杀项羽东城[75]，斩首八万，遂略定楚地。

正月，诸侯及将相相与共请尊汉王为皇帝。汉王曰："吾闻帝贤者有也，空言虚语，非所守也，吾不敢当帝位。"群臣皆曰："大王起微细，诛暴逆，平定四海，有功者辄裂地而封为王侯。大王不尊号，皆疑不信。臣等以死守之。"汉王三让，不得已，曰："诸君必以为便，便国家。”甲午，乃即皇帝位汜水之阳[76]。

高祖置酒洛阳南宫[77]。高祖曰：“列侯诸将无敢隐朕[78]，皆言其情。吾所以有天下者何？项氏之所以失天下者何？”高起、王陵[79]对曰：“陛下慢而侮人，项羽仁而爱人。然陛下使人攻城略地，所降下者因以予[80]之，与天下同利也。项羽妒贤嫉能，有功者害之，贤者疑之，战胜而不予人功，得地而不予人利，此所以失天下也。”高祖曰：“公知其一，未知其二。夫运筹策帷帐之中，决胜于千里之外，吾不如子房[81]。镇国家，抚百姓，给馈饷，不绝粮道，吾不如萧何。连百万之军，战必胜，攻必取，吾不如韩信。此三者，皆人杰也，吾能用之，此吾所以取天下也。项羽有一范增而不能用，此其所以为我擒也。”

六年，高祖五日一朝[82]太公，如家人父子礼。太公家令说[83]太公曰：“天无二日，土无二王。今高祖虽子，人主也；太公虽父，人臣也。奈何令人主拜人臣！如此，则威重不行。”后高祖朝，太公拥彗[84]，迎门却行。高祖大惊，下扶太公。太公曰：“帝，人主也，奈何以我乱天下法！”于是高祖乃尊太公为太上皇。心善家令言，赐金五百斤。

九年，赵相贯高等事发觉，夷三族[85]。废赵王敖[86]为宣平侯。是岁，徙贵族楚昭、屈、景、怀、齐田氏关中[87]。未央宫成[88]，高祖大朝诸侯群臣，置酒未央前殿。高祖奉玉卮[89]，起为太上皇寿，曰："始大人常以臣无赖[90]，不能治产业，不如仲[91]力。今某之业所就孰与仲多？"殿上群臣皆呼万岁，大笑为乐。

十二年十月，高祖已击布[92]军会甀[93]。布走，令别将追之。高祖还归，过沛[94]，留。置酒沛宫[95]，悉召故人父老子弟纵酒，发沛中儿，得百二十人，教之歌。酒酣，高祖击筑[96]，自为歌诗曰："大风起兮云飞扬，威加海内兮归故乡，安得猛士兮守四方！"令儿皆和习之。高祖乃起舞，慷慨伤怀，泣数行下。谓沛父兄曰："游子悲故乡。吾虽都关中，万岁后，吾魂魄犹乐思沛。且朕自沛公以诛暴逆，遂有天下，其以沛为朕汤沐邑[97]，复其民，世世无有所与[98]。"沛父兄诸母故人日乐饮极驩，道旧故为笑乐。

十余日，高祖欲去，沛父兄固请留高祖。高祖曰："吾人众多，父兄不能给。"乃去。沛中空县皆之邑西献。高祖复留止，张[99]饮三日。沛父兄皆顿首曰："沛幸得复，丰未复，唯陛下哀怜之。"高祖曰："丰，吾所生长，极不忘尔，吾特为其以雍齿故反我为魏[100]。"沛父兄固请，乃并复丰，比沛[101]。于是拜沛侯刘濞[102]为吴王。

汉将别击布军洮水南北[103]，皆大破之。追得斩布鄱阳[104]。樊哙别将兵定代[105]，斩陈豨当城[106]。

高祖击布时，为流矢所中，行道病。病甚，吕后迎良医。医入见，高祖问医，医曰："病可治。"于是高祖嫚骂之曰："吾以布衣提三尺剑取天下，此非天命乎？命乃在天，虽扁鹊[107]何益！"遂不使治病，赐金五十斤罢之。已而吕后问："陛下百岁后，萧相国[108]即死，令谁代之？"上曰："曹参可。"问其次，上曰："王陵可。然陵少戆[109]，陈平[110]可以助之。陈平智有余，然难以独任。周勃[111]重厚少文，然安刘氏者必勃也，可令为太尉。"吕后复问其次，上曰："此后亦非而所知也。"卢绾与数千骑居塞下候伺，幸上病愈自入谢。

四月甲辰，高祖崩长乐宫。四日不发丧。吕后与审食其谋曰："诸将与帝为编户民[112]，今北面为臣，此常怏怏[113]，今乃事少主，非尽族是[114]，天下不安。"人或闻之，语郦将军[115]。郦将军往见审食其，曰："吾闻帝已崩，四日不发丧，欲诛诸将。诚如此，天下危矣。陈平、灌婴将十万守荥阳，樊哙、周勃将二十万定燕、代[116]，此闻帝崩，诸将皆诛，必连兵还乡[117]以攻关中。大臣内叛，诸侯外反，亡可翘足而待也。"审食其入言之，乃以丁未发丧，大赦天下。

卢绾闻高祖崩，遂亡入匈奴。

丙寅，葬。己巳，立太子，至太上皇庙。群臣皆曰："高祖起微细，拨乱世反之正，平定天下，为汉太祖。功最高，上尊号为高皇帝。"太子袭号为皇帝，孝惠帝也。令郡国诸侯各立高祖庙，以岁时祠。及孝惠五年，思高祖之悲乐沛，以沛宫为高祖原庙。高祖所教歌儿百二十人，皆令为吹乐。后有缺，辄补之。

高帝八男：长庶齐悼惠王肥；次孝惠，吕后子；次戚夫人子赵隐王如意；次代王恒，已立为孝文帝，薄太后子；次梁王恢，吕太后时徙为赵共王；次淮阳王友，吕太后时徙为赵幽王；次淮南厉王长；次燕王建。

太史公曰：夏之政忠。忠之敝，小人以野[118]，故殷人承之以敬。敬之敝，小人以鬼[119]，故周人承之以文。文之敝，小人以僿[120]，故救僿莫若以忠。三王[121]之道若循环，终而复始。周、秦之间，可谓文敝矣。秦政不改，反酷刑法，岂不缪乎[122]？故汉兴，承敝易变，使人不倦，得天统矣。朝以十月。车服黄屋左纛。葬长陵[123]。

---

[1]沛：郡名。即秦之泗水郡（在江苏北部，及安徽东北部），汉改为沛郡。丰：县名，属于沛。即江苏丰县。季：高祖字也。然《索隐》谓：高祖长兄名伯，次兄名仲，不见别名。则季亦是名也。即位后乃易名为邦耳。　[2]媪（ǎo）：老妇之称也。　[3]陂：堤类，所以防水者。　[4]有身：有孕也。　[5]隆：高也。准（zhǔn）：鼻也。　[6]须：同“鬚”。颊毛也。在颐曰须，在颊曰髯。　[7]黑子：黑点；黑斑。　[8]豁：豁达也。豁如：犹言豁然。　[9]亭长：秦法，十里一亭，十亭一乡。亭长，主亭之吏也。　[10]负：老母之称。贯

（shì）：赊也。　[11]酤（gū）：买酒也。　[12]雠：为“酬”之借字。雠数倍：谓高祖酬其数倍之值也。　[13]岁竟：一岁终也。折：摺也。券：犹今言账簿也。折券弃责：谓不责其偿还也。　[14]繇：役也。繇咸阳：役于咸阳也。　[15]纵观（guān）：任意游览也。　[16]单父：县名。吕公：史失其名，故但称吕公。　[17]从之客：谓从沛令而移居也。　[18]主进：主收入礼钱也。　[19]大夫：贵客之称也。　[20]易：轻视也。　[21]绐（dài）：欺也；诳也。　[22]相人：犹今言为人看相也。　[23]上坐：今作上座。　[24]诎（qū）：屈也。[25]阑：稀也。酒阑：谓饮酒者半罢半在也。　[26]目固留：以目示意，固留之也。此句谓吕公不敢对众人显言，故以目示意留高祖也。　[27]竟酒后：谓饮酒毕也。　[28]息女：谓所生之女也。　[29]箕帚：皆清扫用器具。此犹言执箕帚供洒扫之役也。　[30]孝惠：高祖子。鲁元公主：高祖女。详见《项羽本纪》注。　[31]耨（nòu）：锄田除草也。　[32]馆：施食。[33]乡者：犹言昔者。　[34]竹皮冠：以竹皮编制为冠也。求盗：其时亭有两卒，其一为亭父，掌开闭扫除；其一为求盗，掌逐捕盗贼。薛：县名。之薛治之：谓薛有作冠者，故令人往治之也。　[35]冠之：犹言着之也。　[36]徒：徒隶也。郦山：见《秦始皇本纪》注。道亡：中途逃亡。　[37]比（bǐ）：及也。此句谓自料及至其地，则徒逃亡已尽也。　[38]被酒：醉酒也。　[39]径：小道也。谓酒后放徒，夜行泽中，不敢由正路，而从小道。　[40]蛇遂分为两：谓蛇被斩，分为两段。[41]笞（chī）：鞭打。　[42]觉：醒也。　[43]自负：自视高也。　[44]厌：镇压也。　[45]芒、砀：二山名。在安徽砀山东南，与河南永城接界。　[46]陈胜：见《项羽本纪》。蕲（qí）：属沛郡。张：大也。张楚：犹言大楚。　[47]萧何：详见《萧相国世家》。曹参：详见《曹相国世家》。
[48]一败涂地：谓一朝破败，使肝脑涂地。　[49]能：才能也。能薄：高祖谦言才能薄弱也。　[50]种族：刑及其父母妻子，谓之种族。　[51]祠黄帝，祭蚩尤者，以黄帝善战，蚩尤好兵，故祠之祭之，求福祥也。沛庭：犹言沛署也。衅鼓：杀牲，以血涂鼓也。　[52]胡陵、方与：县名。均在山东鱼台东南。　[53]令：楚怀王之令。　[54]襄城：秦县名。今河南襄城。　[55]陈王：即陈涉也。　[56]霸上：在陕西西安东，接蓝田界。　[57]子婴：扶苏之子。赵高杀二世，立子婴。在位四十六日，沛公霸上，子婴降。后为项羽所杀。　[58]玺：帝王之印。符：用以发兵遣将的符节，以竹或玉为之；剖为二，各存其一，合之，以为征信者也。节：号令赏罚之节也。
[59]轵道：在陕西咸阳东北。　[60]怀王：楚怀王孙心也。详见《项羽本纪》注。　[61]属：交付也。　[62]休：息也。止宫休舍：言欲居止宫殿中也。　[63]张良：详见《留侯世家》。
[64]诽：非议也。谤：毁也。族：诛及其父母妻子也。　[65]偶语：相对而语也。弃市：谓刑人于市，与众共弃之地。
[66]关中：秦之地号为关中。详见《秦始皇本纪》注。
[67]案：次第也。堵：墙堵也。案堵如故：谓勿动也。　[68]楚军：项羽之军也。　[69]垓下：见《项羽本纪》注。　[70]淮阴侯：即韩信。详见《淮阴侯列传》。　[71]孔将军：蓼侯孔

熙。费将军：费侯陈贺也。二人皆韩信将。 [72]绛侯：周勃也。沛人。从高帝定天下，封绛侯。后平诸吕，有功于汉。详见下文。 [73]纵：纵其兵也。 [74]灌婴：睢阳人。从高帝定天下，封颍阴侯。后与周勃平诸吕，立文帝，有功于汉。

[75]东城：秦县名。故城在安徽定远东南。 [76]氾（fàn）水：山东曹县北，与定陶分界。非《项羽本纪》中曹咎渡氾水之氾水也。 [77]洛阳：河南洛阳。 [78]隐朕：犹俗言瞒我也。 [79]高起、王陵：皆汉高帝臣。 [80]予：同“与”。

[81]子房：张良也。 [82]朝（cháo）：谒见尊敬之人谓之朝。

[83]说（shuì）：以言语动人使从己也。 [84]彗（huì）：帚也，用以扫除者。拥彗、迎门：所以示恭敬也。 [85]初高帝之东垣，过柏人，赵相贯高等谋弑高帝。高帝心动，不留，其事遂发觉。夷：诛也。三族：父母，兄弟，妻子也。

[86]赵王敖：姓张，名敖。张耳之子也。按，张耳，故赵相；汉灭赵王歇，立张耳。 [87]昭、屈、景、怀：楚之贵族。田：齐之贵族。此句谓徙诸贵族于关中也。 [88]未央宫：在陕西西安西北。 [89]卮（zhì）：酒器也。 [90]赖：利也。无赖：犹言不能生利也。即不治生之意。 [91]仲：高帝之兄，名仲也。 [92]布：英布也。是时英布谋反，故高帝击之。

[93]会甀（zhuì）：会于甀也。安徽宿县故蕲城西有甀乡。

[94]沛：故城在江苏沛县东。 [95]沛宫：故地，在沛县东南。

[96]筑（zhú）：古乐器。形如琴，十三弦。鼓法，以竹尺击之。

[97]汤沐邑：古者天子之于诸侯，赐以汤沐之邑；使以其邑之所入，为汤沐之资，美其名曰斋戒而自洁清也。 [98]复其民：

谓免其人民徭役也。世世无有所与：谓永不与闻其事也。

[99]张：张帷帐也。 [100]雍齿：沛人。从高帝起兵，旋叛去，故高帝恨之。反我为魏：犹言为魏而叛我也。 [101]复丰，比沛：谓复丰如复沛也。 [102]濞，音 pī，水暴至声，此文中为人名。 [103]洮（táo）水：在江、淮间。

[104]鄱（pó）：秦鄱阳县，汉曰鄱阳。在江西鄱阳东。

[105]代：秦代郡。见《秦始皇本纪》三十六郡注。 [106]陈豨：宛句人。初事高帝，是时叛汉，自立为代王。当城：代之县名。 [107]扁鹊：古名医。 [108]萧相国：萧何也。

[109]王陵：见前。戆（zhuàng）：刚直也。 [110]陈平：详见《陈丞相世家》。 [111]周勃：见前注“绛侯”条。

[112]编户：谓平民编入户口册者。编户民：谓编户之民也。

[113]怏怏：不乐也。 [114]非尽族是：犹言非诛尽此辈也。

[115]郦将军：郦商也。 [116]燕：今河北。代：秦代郡。今山西与河北交界处。 [117]乡：同“向”。 [118]忠：质厚也。敝：同“弊”。野：少礼节也。 [119]鬼：言多威仪如事鬼神也。 [120]僿（sài）：细碎，无悃诚也。 [121]三王：谓三代之王，夏禹、商汤、周武王也。 [122]缪（miù）：错误也。 [123]长陵：山名。在今陕西咸阳东。

越王勾践世家[1]

越王勾践[2]，其先禹之苗裔，而夏后帝少康之庶子也[3]。封于会稽[4]，以奉守禹之祀。文身断发，披草莱而邑焉[5]。后二十余世，至于允常[6]。允常之时，与吴王阖庐[7]战而相怨伐[8]。允常卒，子勾践立，是为越王。

元年，吴王阖庐闻允常死，乃兴师伐越。越王勾践使死士挑战，三行，至吴陈，呼而自刭。吴师观之，越因袭击吴师，吴师败于檇李[9]，射伤吴王阖庐。阖庐且死，告其子夫差[10]曰："必毋忘越。"

三年，勾践闻吴王夫差日夜勒兵[11]，且以报越，越欲先吴未发往伐之。范蠡[12]谏曰："不可。臣闻兵者凶器也，战者逆德也，争者事之末也。阴谋逆德，好用凶器，试身于所末，上帝禁之，行者不利。"越王曰："吾已决之矣。"遂兴师。

吴王闻之，悉发精兵击越，败之夫椒[13]。越王乃以余兵五千人保栖于会稽[14]。吴王追而围之。越王谓范蠡曰："以不听子故至于此，为之奈何？"蠡对曰："持满者与天[15]，定倾者与人[16]，节事者以地[17]。卑辞厚礼以遗之，不许，而身与之市[18]。"勾践曰："诺。"

乃令大夫种[19]行成于吴[20]，膝行顿首曰："君王亡臣[21]勾践使陪臣[22]种敢告下执事：勾践请为臣，妻为妾。"吴王将许之。子胥[23]言于吴王曰："天以越赐吴，勿许也。"

种还，以报勾践。勾践欲杀妻子，燔[24]宝器，触战以死。种止勾践曰："夫吴太宰嚭[25]贪，可诱以利，请间行言之[26]。"于是勾践以美女宝器令种间献吴太宰嚭。嚭受，乃见大夫种于吴王。种顿首言曰："愿大王赦勾践之罪，尽入[27]其宝器。不幸不赦，勾践将尽杀其妻子，燔其宝器，悉五千人触战，必有当也。"嚭因说[28]吴王曰："越以服为臣，若将赦之，此国之利也。"吴王将许之。子胥进谏曰："今不灭越，后必悔之。勾践贤君，种、蠡良臣，若反国，将为乱。"吴王弗听，卒赦越，罢兵而归。

勾践之困会稽也，喟然叹曰："吾终于此乎？"种曰："汤系夏台[29]，文王囚羑里[30]，晋重耳奔翟[31]，齐小白奔莒[32]，其卒王霸。由是观之，何遽不为福乎？"

吴既赦越，越王勾践反国，乃苦身焦思，置胆于坐，坐卧即仰胆，饮食亦尝胆[33]也。曰："女忘会稽之耻邪[34]？"身自耕作，夫人自织，食不加肉，衣不重采[35]，折节下贤人，厚遇宾客，振贫吊死，与百姓同其劳。

欲使范蠡治国政，蠡对曰："兵甲之事，种不如蠡；填抚国家，亲附百姓，蠡不如种。"于是举国政属大夫种，而使范蠡与大夫柘稽行成[36]，为质于吴[37]。二岁，而吴归蠡。

勾践自会稽归七年，拊循其士民，欲用以报吴。大夫逢同[38]谏曰："国新流亡，今乃复殷给，缮饰备利，吴必惧，惧则难必至。且鸷鸟[39]之击也，必匿其形。今夫吴兵加齐、晋，怨深于楚、越，名高天下，实害周室，德少而功多，必淫自矜。为越计，莫若结齐，亲楚，附晋，以厚吴。吴之志广，必轻战。是我连其权，三国伐之，越承其弊，可克也[40]。"勾践曰："善。"

居二年，吴王将伐齐。子胥谏曰："未可。臣闻勾践食不重味[41]，与百姓同苦乐。此人不死，必为国患。吴有越，腹心之疾，齐与吴，疥癣[42]也。愿王释齐先越。"

吴王弗听，遂伐齐，败之艾陵[43]，虏齐高、国[44]以归。

让子胥。子胥曰："王毋喜！"王怒，子胥欲自杀，王闻而止之。

越大夫种曰："臣观吴王政骄矣，请试尝之贷粟，以卜其事[45]。"请贷，吴王欲与，子胥谏勿与，王遂与之，越乃私喜。子胥言曰："王不听谏，后三年吴其墟[46]乎！"太宰嚭闻之，乃数与子胥争越议，因谗子胥曰："伍员[47]貌忠而实忍人，其父兄不顾[48]，安能顾王？王前欲伐齐，员强谏，已而有功，用是反怨王。王不备伍员，员必为乱。"与逢同共谋，谗之王。王始不从，乃使子胥于齐，闻其托子于鲍氏，王乃大怒，曰："伍员果欺寡人，欲反！"使人赐子胥属镂剑[49]以自杀。子胥大笑曰："我令而父霸[50]，我又立若[51]，若初欲分吴国半予我，我不受，已，今若反以谗诛我。嗟乎，嗟乎，一人固不能独立！"报使者曰："必取吾眼置吴东门，以观越兵入也[52]！”于是吴任嚭政。

居三年，勾践召范蠡曰：“吴已杀子胥，导谀[53]者众，可乎？”对曰：“未可。”至明年春，吴王北会诸侯于黄池[54]，吴国精兵从王，惟独老弱与太子留守。勾践复问范蠡，蠡曰“可矣”。乃发习流[55]二千[人]，教士[56]四万人，君子[57]六千人，诸御[58]千人，伐吴。吴师败，遂杀吴太子。

吴告急于王，王方会诸侯于黄池，惧天下闻之，乃秘之。吴王已盟黄池，乃使人厚礼以请成于越[59]。越自度[60]亦未能灭吴，乃与吴平[61]。

其后四年，越复伐吴。吴士民罢[62]弊，轻锐尽死于齐、晋。而越大破吴，因而留围之三年。

吴师败，越遂复栖吴王于姑苏之山[63]。吴王使公孙雄[64]肉袒膝行[65]而前，请成越王曰：“孤臣夫差敢布腹心，异日尝得罪于会稽，夫差不敢逆命，得与君王成以归。今君王举玉趾而诛孤臣，孤臣惟命是听，意者亦欲如会稽之赦孤臣之罪乎？”勾践不忍，欲许之。范蠡曰：“会稽之事，天以越赐吴，吴不取。今天以吴赐越，越其可逆天乎？且夫君王蚤朝晏罢，非为吴邪？谋之二十二年，一旦而弃之，可乎？且夫天与弗取，反受其咎。‘伐柯者其则不远[66]’，君忘会稽之厄乎？”勾践曰：“吾欲听子言，吾不忍其使者。”范蠡乃鼓进兵曰：“王已属政于执事[67]，使者去，不者且得罪[68]。”吴使者泣而去。勾践怜之，乃使人谓吴王曰：“吾置王甬东，君百家[69]。”吴王谢曰：“吾老矣，不能事君王！”遂自杀。乃蔽其面，曰："吾无面以见子胥也！"越王乃葬吴王而诛太宰嚭。

勾践已平吴，乃以兵北渡淮[70]，与齐、晋诸侯会于徐州[71]，致贡于周。周元王使人赐勾践胙，命为伯[72]。勾践已去，渡淮南，以淮上地与楚，归吴所侵宋地于宋[73]，与鲁泗东方百里[74]。当是时，越兵横行于江、淮东[75]，诸侯毕贺，号称霸王。

范蠡遂去，自齐遗[76]大夫种书曰："蜚[77]鸟尽，良弓藏；狡兔死，走狗烹[78]。越王为人长颈鸟喙[79]，可与共患难，不可与共乐。子何不去？"种见书，称病不朝。人或谗种且作乱，越王乃赐种剑曰："子教寡人伐吴七术[80]，寡人用其三而败吴，其四在子，子为我从先王试之[81]。"种遂自杀。

勾践卒，子王鼫与立[82]。

于是越遂释齐而伐楚[83]。楚威王兴兵而伐之，大败越，杀王无强[84]，尽取故吴地至浙江[85]，北破齐于徐州。而越以此散，诸族子争立，或为王，或为君，滨于江南海上，服朝于楚。

后七世，至闽君摇，佐诸侯平秦。汉高帝复以摇为越王，以奉越后。东越，闽君，皆其后也[86]。

范蠡事越王勾践，既苦身戮力，与勾践深谋二十余年，竟灭吴，报会稽之耻，北渡兵于淮以临齐、晋，号令中国，以尊周室，勾践以霸，而范蠡称上将军。还反国，范蠡以为大名之下，难以久居，且勾践为人可与同患，难与处安，为书辞勾践曰："臣闻主忧臣劳，主辱臣死。昔者君王辱于会稽，所以不死，为此事也。今既以雪耻，臣请从会稽之诛。"勾践曰："孤将与子分国而有之。不然，将加诛于子[87]。"范蠡曰："君行令，臣行意。"乃装其轻宝珠玉，自与其私徒属乘舟浮海以行，终不反。于是勾践表会稽山以为范蠡奉邑[88]。

范蠡浮海出齐，变姓名，自谓鸱夷子皮[89]，耕于海畔，苦身戮力，父子治产。居无几何，致产数十万。

齐人闻其贤，以为相。范蠡喟然叹曰："居家则致千金，居官则至卿相，此布衣之极也。久受尊名，不祥。"乃归相印，尽散其财，以分与知友、乡党，而怀其重宝，间行[90]以去，止于陶[91]，以为此天下之中，交易有无之路通，为生可以致富矣。于是自谓陶朱公[92]。复约要父子耕畜，废居，候时转物，逐什一之利[93]。居无何，则致赀累巨万。天下称陶朱公。

朱公居陶，生少子。少子及壮，而朱公中男[94]杀人，囚于楚。朱公曰："杀人而死，职[95]也。然吾闻千金之子不死于市。"告其少子往视之。乃装黄金千溢[96]，置褐器[97]中，载以一牛车。且遣其少子，朱公长男固请欲行，朱公不听。长男曰："家有长子曰家督，今弟有罪，大人不遣，乃遣少弟，是吾不肖。"欲自杀。其母为言曰："今遣少子，未必能生中子也，而先空亡长男，奈何？"朱公不得已而遣长子，为一封书遗故所善庄生[98]。曰："至则进千金于庄生所，听其所为，慎无与争事。"长男既行，亦自私赍[99]数百金。

至楚，庄生家负郭，披藜藿到门，居甚贫。然长男发书进千金，如其父言。庄生曰："可疾去矣，慎毋留！即弟出，勿问所以然。"长男既去，不过庄生而私留，以其私赍献遗楚国贵人用事者。庄生虽居穷阎[100]，然以廉直闻于国，自楚王以下皆师尊之。及朱公进金，非有意受也，欲以成事后复归之以为信耳。故金至，谓其妇曰："此朱公之金。有如病不宿诫，后复归，勿动[101]。"而朱公长男不知其意，以为殊无短长也。

庄生间时入见楚王，言"某星宿某[102]，此则害于楚"。楚王素信庄生，曰："今为奈何？"庄生曰："独以德为可以除之。"楚王曰："生休矣，寡人将行之。"王乃使使者封三钱之府[103]。楚贵人惊告朱公长男曰："王且赦。"曰："何以也？"曰："每王且赦，常封三钱之府。昨暮王使使封之。"朱公长男以为赦，弟固当出也，重千金虚弃庄生[104]，无所为也。

乃复见庄生。庄生惊曰："若不去邪[105]？"长男曰："固未也。初为事弟，弟今议自赦，故辞生去。"庄生知其意欲复得其金，曰："若自入室取金。"长男即自入室取金持去，独自欢幸。

庄生羞为儿子所卖，乃入见楚王曰："臣前言某星事，王言欲以修德报之。今臣出，道路皆言陶之富人朱公之子杀人囚楚，其家多持金钱赂王左右，故王非能恤楚国而赦，乃以朱公子故也。”楚王大怒曰：“寡人虽不德耳，奈何以朱公之子故而施惠乎！”令论杀朱公子[106]，明日遂下赦令。朱公长男竟持其弟丧归。

至，其母及邑人尽哀之。唯朱公独笑，曰：“吾固知必杀其弟也！彼非不爱其弟，顾有所不能忍者也。是少与我俱，见苦，为生难，故重弃财。至如少弟者，生而见我富，乘坚驱良逐狡兔[107]，岂知财所从来，故轻弃之，非所惜吝。前日吾所为欲遣少子，固为其能弃财故也。而长者不能，故卒以杀其弟，事之理也，无足悲者。吾日夜固以望其丧之来也[108]。”故范蠡三徙，成名于天下，非苟去而已，所止必成名。卒老死于陶，故世传曰陶朱公。

太史公曰：禹之功大矣，渐九川[109]，定九州，至于今诸夏艾安。及苗裔勾践，苦身焦思，终灭强吴，北观兵中国，以尊周室，号称霸王。勾践可不谓贤哉！盖有禹之遗烈焉。范蠡三迁，皆有荣名，名垂后世。臣主若此，欲毋显得乎！

---

[1]世家：世，亦作“系”，记诸侯本系也。言其下及子孙，常有国也。　[2]越：春秋时越国也。都会稽山南（浙江绍兴东南）。勾践：越王名也。　[3]禹：夏禹也。苗裔：犹子孙也。后：君也。帝：称谓词。少康：帝相之子。庶子：非正妻所生之

子也。 [4]会稽：即会稽山南，故越城也。详见前。 [5]文身：身上刺花纹也。断发：不蓄发也。披草莱：以草为衣也。邑：犹言建都邑于此。案：越王勾践，为夏禹之后，其说不可信。盖因世传禹葬会稽而误也。 [6]允常：《吴越春秋》作元常。 [7]吴：春秋时吴国。周初，泰伯居吴，在江苏无锡梅里。子孙称王，国渐大。至是时，都江苏苏州。阖（hē）庐：吴王名也。庐，一作“闾”。 [8]伐：衍文。古书无“怨伐”两字相连成文者。 [9]槜（zuì）李：在浙江嘉兴。 [10]夫差（chāi）（？—前473）：春秋末吴国国君。 [11]勒兵：犹言治兵也。 [12]范蠡（lǐ）：越王勾践之臣也。 [13]夫椒：山名。在江苏太湖中。 [14]保栖于会稽：犹言退守会稽山而栖于其上也。 [15]与天：法天也。天道盈而不溢，故持满者当法天也。 [16]人道尚谦卑。言欲定倾危者，当谦卑也。 [17]《国语》“以”作“与”。今作“以”，义与“与”同。地能蕴藏万物，人生当节用以法地也。 [18]市：利也。身与之市：谓亲往事之，如市贾货易，而使之有利也。 [19]大夫：官名。种：人名。姓文，名种。或言大夫为姓，非也。 [20]成：平也。行成于吴：犹言求和于吴也。 [21]臣：勾践对于夫差之谦称。亡臣，犹言亡国之臣也。 [22]陪臣：古者诸大夫，对天子称陪臣。今勾践对夫差称臣，故文种称陪臣。 [23]子胥：姓伍，名员，字子胥。详见《伍子胥列传》。 [24]燔（fán）：烧也。 [25]太宰：官名。嚭（pǐ）：人名。 [26]间：读去声。间行：犹言微行。 [27]入：纳也。 [28]说（shuì）：游说。 [29]夏台：夏狱名。夏桀囚汤于夏台。其地在河南巩县西南。 [30]羑里：古地名。河南汤阴有牖城，或谓即羑里。商纣囚周文王于此。 [31]重耳：春秋时晋文公也。晋文公名重耳，献公次子。为献公嬖骊姬杀太子申生故，重耳出奔于翟，在外十九年。假秦之力以归晋。翟：同“狄”。北方之人也。[32]小白：春秋时齐桓公也。为公子时，名小白，尝出奔于莒。莒：国名。 [33]胆：指家畜之胆也，其味苦。尝胆：欲不忘苦也。 [34]女：同“汝”。邪：同“耶”。 [35]采：采色也。今作“彩”。 [36]柘稽：人名。《国语》作诸稽郢。按：《国语》《韩子》《越绝》《吴越》《春秋》皆谓勾践与范蠡亲身入臣于吴。此言使范蠡云云，与诸书不同。 [37]质：押也。[38]逢同：姓逢，名同。逢，《越绝书》作“冯”，《吴越春秋》作“扶”。 [39]鸷（zhì）鸟：鸟类之猛者。 [40]凡人所凭藉，而使用其能力者，曰“权”。连其权：谓使齐、楚、晋用力也。克：胜也。 [41]不重味：犹言食简单也。 [42]疥癣（jiè xuǎn）：皆皮肤病。此言齐对于吴的侵害，如皮肤病，相对上文腹心疾而言。 [43]艾陵：春秋时齐地名。在山东泰安南。 [44]高：高无丕也。国：国书也。 [45]卜：犹言试也。[46]墟：故城。此犹言吴将成废墟。 [47]伍员：伍子胥。[48]父兄不顾：谓伍子胥不顾其父与兄也。事见《伍子胥列传》。[49]属镂：剑名也。 [50]而：如今言“你的”。而父：你的父亲，即阖庐。 [51]若：如今言“你”。指夫差。 [52]子胥死，吴王乘以鸱夷，而投之江。此处不书，缺笔也。 [53]导谀：谄谀也。或作“道谀”。 [54]黄池：在河南封丘西南。[55]习流：谓流放之罪人，使之习战，任为卒伍也。“二千”下，脱一“人”字。应补。　　[56]教士：谓常所教练之兵也。[57]君子：谓王所见亲近，有志行者。或谓君所子养，有恩惠者。均通。　　[58]诸御：谓理事之官，在军有职掌者。[59]请成于越：求和于越也。　　[60]度（duó）：忖度也。[61]平：和也。　　[62]罢：同“疲”。　　[63]姑苏山：在江苏苏州西南，其上有姑苏台故址。　　[64]公孙雄：吴大夫。[65]肉袒：去上衣，露肢体，意谓归罪就刑戮也。膝行：跪地而行也。　　[66]伐柯者其则不远：语出《诗经》。柯：斧柄也。则：法也。此以用柯伐柯，比乘吴之自弊而伐吴也。　　[67]执事：范蠡自称也。　　[68]不者：犹言“不然”。得罪：或云范蠡自谓，我且为子得罪。或云：范蠡谓，使者苟不去，则将得罪于越。均通。　　[69]甬东：浙江舟山。按，为浙江沿海中小岛也。君百家：谓与之民百家，使为之君也。　　[70]淮：淮河也。[71]徐州：江苏与山东及安徽交界一带之地。　　[72]赐胙，颁祭余之肉也。周元王赐勾践胙，所以褒之也。　　[73]谓以吴所侵宋国之地，而还之于宋也。　　[74]谓以泗东方百里之地，与鲁也。　　[75]江、淮东：今江苏、安徽南部，以及浙江之地。[76]遗：同“馈”。　　[77]蜚：同“飞”。　　[78]此二句，比“敌国亡，谋臣诛”也。　　[79]喙（huì）：鸟嘴也。鸟喙：谓其嘴如鸟。　　[80]七术，《越绝书》云：“九术：一曰，尊天事鬼。二曰，重财帑以遗其君。三曰，遗敌粟稿，以空其邦。四曰，遗之好美，以荧其志。五曰，遗之巧臣，使起宫室高台，以尽其财，以疲其力。六曰，贵其谀臣，使臣之易伐。七曰，强其谏臣，使之自杀。八曰，邦家富而备器利。九曰，坚甲利兵，以承其弊。”按，九术中，多有似者，或并而为七术也。[81]此句谓为王试行其余四术。即暗言欲其死也。　[82]鼫与（shíyú）：即鹿郢。　[83]是时越王无强，兴师北伐齐，西伐楚，欲与中国争强。齐威王（《志疑》谓当作齐宣王）使人说越王，伐楚便。故越王舍齐而伐楚。　[84]勾践之子王鼫与经过四传而至王无强。　[85]故吴地：谓故吴地，今为越所有者也。浙江：水名。浙江之钱塘江。按吴地止于松江，浙江本越地。今言尽取故吴地至于浙江，故《志疑》非之。然《史记》原意谓，尽取故吴地，且及越原有地，直至于浙江也。亦通。　[86]闽：种族之名。福建省，古七闽之地也。摇：闽君之名也。东越：福建闽侯地。古为东越国。汉武帝尝立余善为东越王，旋灭之，并其地。按，东越、闽各有种。今言皆勾践后，误也。[87]句谓分国与子，而子不受也。子如不受，吾将加诛于子矣。[88]奉：同“俸”。奉邑：谓以其邑，供范蠡之俸也。按，蠡既去国，何用俸。故《国语》云：“乃环会稽三百里，以为范蠡之地。”不言奉邑。　[89]鸱夷：革囊也。或曰生牛皮也。吴王杀子胥，而盛以鸱夷，投之江。今范蠡以鸱夷子皮为号，自以为有罪也。　[90]间行：隐密私行也。　[91]陶：山东定陶。[92]朱公：亦蠡自称。蠡变姓名，止于陶，称朱公。故谓陶朱公。[93]要：读平声。约也。此谓父子相约。废居：谓勤劳。候时：犹言等待观察时机。“转物”句，犹言贩物以谋十分之一之利。[94]中：同“仲”。中男：犹言次子也。　[95]职：《尔雅》，职，常也。此言杀人而死，固常事也。　[96]溢（yì）：二十四两为溢。　[97]褐（hè）：毛布也。褐器：犹言布囊。

[98]庄生：据其时代，非庄周也；其行事，则似庄周。 [99]赍（jī）：持物与人。 [100]阎（yán）：里中门也。 [101]犹言："此是朱公之金。如我有疾病，不经宿而死，不能还朱公金；汝可诚后人归之，慎勿动也。" [102]宿：止也。某星宿某：言某星宿于某度也。 [103]三钱之府：按文意，楚王行赦前，每封三钱给楚之达官贵人。是为何意，待考。 [104]重：犹惜也。此句言，可惜千金，虚弃之于庄生也。 [105]邪：同"耶"。 [106]论：论其罪也。令论杀朱公子：谓下令，使论朱公子之罪，而杀之也。 [107]乘坚：乘坚车也。驱良：驱良马也。逐狡兔：谓行猎也。 [108]中男杀人，朱公求救于庄生事，《志疑》谓为不足信，后来好事者所加也。 [109]渐：有引进通导之意。渐九川：犹言导九川。

陈涉世家[1]

陈胜者，阳城[2]人也，字涉。吴广者，阳夏[3]人也，字叔。陈涉少时，尝与人佣耕[4]，辍耕之垄上，怅恨久之，曰："苟富贵，无相忘。"佣者笑而应曰："若为佣耕，何富贵也。"陈涉太息曰："嗟乎，燕雀安知鸿鹄之志哉！"

二世元年七月，发闾左适戍渔阳，九百人屯大泽乡[5]。陈胜、吴广皆次当行，为屯长。会天大雨，道不通，度已失期。失期，法皆斩。陈胜、吴广乃谋曰："今亡亦死，举大计亦死，等死，死国可乎？"陈胜曰："天下苦秦久矣。吾闻二世少子也，不当立，当立者乃公子扶苏。扶苏以数谏故，上使外将兵。今或闻无罪，二世杀之。百姓多闻其贤，未知其死也。项燕为楚将，数有功，爱士卒，楚人怜之。或以为死，或以为亡。今诚以吾众诈自称公子扶苏、项燕，为天下唱，宜多应者[6]。"吴广以为然。乃行卜[7]。

卜者知其指意，曰："足下事皆成，有功。然足下卜之鬼乎[8]？"陈胜、吴广喜，念鬼，曰："此教我先威众耳。"乃丹书帛[9]曰"陈胜王"，置人所罾鱼腹中[10]。卒买鱼亨[11]食，得鱼腹中书，固以怪之矣。又间令吴广之次[近]所旁丛祠中[12]，夜篝火[13]，狐鸣，呼曰："大楚兴，陈胜王。”卒皆夜惊恐。旦日，卒中往往语，皆指目陈胜。

吴广素爱人，士卒多为用者。将尉[14]醉，广故数言欲亡，忿恚尉[15]，令辱之，以激怒其众。尉果笞广。尉剑挺[16]，广起，夺而杀尉。陈胜佐之，并杀两尉。召令徒属曰："公等遇雨，皆已失期，失期当斩。藉第令毋斩[17]，而戍死者固十六七。且壮士不死即已，死即举大名耳，王侯将相宁有种乎！"徒属皆曰："敬受命。"乃诈称公子扶苏、项燕，从民欲也。袒右[18]，称大楚。为坛而盟，祭以尉首。陈胜自立为将军，吴广为都尉。

攻大泽乡，收而攻蕲[19]。蕲下，乃令符离[20]人葛婴将兵徇蕲以东。攻铚、酂、苦、柘、谯[21]皆下之。行收兵。比至陈[22]，车六七百乘，骑千余，卒数万人。攻陈，陈守令皆不在[23]，独守丞与战谯门中[24]。弗胜，守丞死，乃入据陈。数日，号令召三老、豪杰[25]，与皆来会计事。三老、豪杰皆曰："将军身被坚执锐，伐无道，诛暴秦，复立楚国之社稷，功宜为王。"陈涉乃立为王，号为张楚[26]。

当此时，诸郡县苦秦吏者，皆刑其长吏，杀之以应陈涉。乃以吴叔[27]为假王，监诸将以西击荥阳[28]。令陈人武臣、张耳、陈余徇赵地，令汝阴人邓宗徇九江郡[29]。当此时，楚兵数千人为聚者，不可胜数。

葛婴至东城[30]，立襄强为楚王。婴后闻陈王已立，因杀襄强，还报。至陈，陈王诛杀葛婴。陈王[31]令魏人周市北徇魏地。吴广围荥阳，李由为三川守[32]，守荥阳，吴叔弗能下。

陈王征国之豪杰与计，以上蔡人房君、蔡赐为上柱国[33]。

周文，陈之贤人也，尝为项燕军视日[34]，事春申君，自言习兵，陈王与之将军印，西击秦。行收兵至关，车千乘，卒数十万，至戏，军焉[35]。秦令少府章邯免郦山徒、人奴产子[36]生，悉发以击楚大军，尽败之。周文败，走出关，止次曹阳二三月[37]。章邯追败之，复走次渑池[38]十余日。章邯击，大破之。周文自刭，军遂不战。

武臣到邯郸，自立为赵王，陈余为大将军，张耳、召骚为左右丞相。陈王怒，捕系武臣等家室，欲诛之。柱国曰："秦未亡而诛赵王将相家属，此生一秦也[39]。不如因而立之。"陈王乃遣使者贺赵，而徙系武臣等家属宫中，而封耳[40]子张敖为成都君，趣赵兵亟入关。

赵王将相相与谋曰："王王赵，非楚意也。楚已诛秦，必加兵于赵。计莫如毋西兵，使使北徇燕地以自广也。赵南据大河，北有燕、代，楚虽胜秦，不敢制赵。若楚不胜秦，必重赵。赵乘秦之弊，可以得志于天下。"赵王以为然，因不西兵，而遣故上谷[41]卒史韩广将兵北徇燕地。燕故贵人豪杰谓韩广曰："楚已立王，赵又已立王。燕虽小，亦万乘之国也，愿将军立为燕王。"韩广曰："广母在赵，不可。"燕人曰："赵方西忧秦，南忧楚，其力不能禁我。且以楚之强，不敢害赵王将相之家，赵独安敢害将军之家。"韩广以为然，乃自立为燕王。居数月，赵奉燕王母及家属归之燕。

当此之时，诸将之徇地者，不可胜数。周市北徇地至狄[42]，狄人田儋杀狄令，自立为齐王，以齐反，击周市。市军散，还至魏地，欲立魏后故宁陵君咎[43]为魏王。时咎在陈王所，不得之魏，魏地已定，欲相与立周市为魏王，周市不肯。使者五反，陈王乃立宁陵君咎为魏王，遣之国。周市卒为相。

将军田臧等相与谋曰："周章军已破矣，秦兵旦暮至，我围荥阳城弗能下，秦军至，必大败。不如少遗[44]兵，足以守荥阳，悉精兵迎秦军。今假王骄，不知兵权，不可与计，非诛之，事恐败。"因相与矫王令以诛吴叔，献其首于陈王。陈王使使赐田臧楚令尹印，使为上将。田臧乃使诸将李归等守荥阳城，自以精兵西迎秦军于敖仓。与战，田臧死，军破。章邯进兵击李归等荥阳下，破之，李归等死。

阳城人邓说将兵居郯[45]，章邯别将击破之，邓说军散走陈。铚人伍徐[46]将兵居许[47]，章邯击破之。伍徐军皆散走陈。陈王诛邓说。

陈王初立时，陵人秦嘉、铚人董绁、符离人朱鸡石、取虑人郑布、徐人丁疾等皆特起[48]，将兵围东海守庆于郯[49]。陈王闻，乃使武平君畔[50]为将军，监郯下军。秦嘉不受命。嘉自立为大司马，恶属武平君。告军吏曰："武平君年少，不知兵事，勿听！"因矫以王命杀武平君畔。

章邯已破伍徐，击陈，柱国房君死。章邯又进兵击陈西张贺军。陈王出监战，军破，张贺死。

腊月，陈王之汝阴[51]，还至下城父[52]，其御庄贾杀以降秦。陈胜葬砀，谥曰隐王。

陈王故涓人[53]将军吕臣为仓头军[54]，起新阳，攻陈下之，杀庄贾，复以陈为楚。

初，陈王至陈，令铚人宋留将兵定南阳，入武关。留已徇南阳，闻陈王死，南阳复为秦。宋留不能入武关，乃东至新蔡[55]。遇秦军，宋留以军降秦。秦传留至咸阳，车裂留以徇。秦嘉等闻陈王军破出走，乃立景驹[56]为楚王，引兵之方与，欲击秦军定陶下。使公孙庆使齐王，欲与并力俱进。齐王曰："闻陈王战败，不知其死生，楚安得不请而立王。"公孙庆曰："齐不请楚而立王，楚何故请齐而立王！且楚首事，当令于天下。"田儋诛杀公孙庆。

秦左右校[57]复攻陈，下之。吕将军[58]走，收兵复聚。鄱盗[59]当阳君黥布之兵相收，复击秦左右校，破之青波[60]，复以陈为楚。会项梁立怀王孙心为楚王。

陈胜王凡六月。已为王，王陈。其故人尝与庸耕者闻之，之陈，扣宫门曰："吾欲见涉。"宫门令欲缚之。自辩数[61]，乃置。不肯为通[62]。陈王出，遮道而呼涉。陈王闻之，乃召见，载与俱归。入宫，见殿屋帷帐，客曰："夥颐！涉之为王沉沉者[63]！"楚人谓多为夥，故天下传之[64]。"夥涉"为王，由陈涉始[65]。

客出入愈益发舒，言陈王故情。或说陈王曰："客愚无知，颛妄言，轻威[66]。"陈王斩之。诸陈王故人皆自引去，由是无亲陈王者。

陈王以朱房为中正，胡武为司过，主司群臣。诸将徇地，至，令之不是者，系而罪之，以苛察为忠。其所不善者，弗下吏，辄自治之。陈王信用之。诸将以其故不亲附，此其所以败也。陈胜虽已死，其所置遣侯王将相竟亡秦，由涉首事也。高祖时为陈涉置守冢三十家砀[67]，至今血食。

---

[1]《陈涉世家》：按，涉立数月而死，无后。亦称世家者，史迁以其所遣王侯将相，竟灭秦，涉为首事故也。 [2]阳城：秦县名。故城在河南登封东南。 [3]阳夏：秦县名。故城在河南太康。 [4]佣：役也。佣耕：谓为人耕作而受雇直也。 [5]闾左：谓居闾里之左也。秦时，复除者居闾左。适：音zhé。适戍者，屯兵而守也。渔阳：秦郡名。详见《秦始皇本纪》三十六郡注。大泽乡：见《项羽本纪》注。此句谓：发居闾左者九百人，屯守于渔阳，路经大泽乡，而暂屯其地也。 [6]立二世，杀扶苏事，详见《秦始皇本纪》。项燕：项梁之父也。为秦将王翦所戮。见《项羽本纪》。唱：同“倡”。陈胜之意，欲假扶苏及项燕之名，以相号召也。 [7]行：先也；又往也。 [8]卜之鬼：默示胜、广，令假托鬼神，以威众也。 [9]丹：朱砂也。赤色。丹书帛：谓以朱砂书于帛上也。 [10]罾（zēng）：鱼具也。置其帛于人所捕之鱼腹中。 [11]亨：同“烹”。 [12]间：谓伺窃间隙，不欲使人知之也。之：至也。次：师所次舍处也。丛祠：神祠丛树也。此句谓令吴广至所次舍附近神祠中也。近：衍文。 [13]篝（gōu）：笼也，犹后世之灯笼。《汉书》作“构火”，恐非是。 [14]尉：官也。其尉将屯九百人，故称将尉。 [15]数（shù）：频数也。忿

（fèn）：恨也，怒也。恚（huì）：恨也，怒也。 [16]挺：拔也。尉剑拔，广因夺而杀尉。 [17]藉：假也。第：且也。此句犹云：况且，假使不斩。 [18]袒：裸露也。袒右：裸露右臂也。按，胜、广起兵，以裸露右臂为记。 [19]蕲（qī）：见《项羽本纪》注。 [20]符离：秦县名。今安徽宿县。 [21]铚（zhì）、酂（zàn）、苦、柘（zhè）、谯（qiáo），皆当时县名。在江苏、安徽间。 [22]陈：秦县名。 [23]秦三十六郡中，无陈郡。陈非郡名，是县名。县，不得有守，故"守"非官名。"守令"二字连读。则下文"皆"字是衍文。《志疑》谓，皆是人名，守令之名也。亦通。 [24]谯门者，陈县之城门，一名丽谯，故曰谯门。 [25]三老：秦制，乡官掌教化者，曰三老。 [26]张楚：欲张大楚国，故称张楚。 [27]吴叔：即吴广。 [28]荥阳：见《秦始皇本纪》注。 [29]九江郡：秦三十六郡之一。详见《秦始皇本纪》三十六郡注。 [30]东城：见《高帝本纪》注。 [31]陈王：即陈涉。 [32]李由：李斯子。三川：秦三十六郡之一。详见《秦始皇本纪》三十六郡注。 [33]房君：房邑君也。蔡：姓。赐：名。上柱国：楚之官名。 [34]视日：占时日吉凶也。 [35]戏：戏水也。其地古有戏亭。在陕西临潼东。 [36]奴产子：奴所生子也。 [37]曹阳：或云亭名，或云曹水之阳。二三月：据《志疑》改二三日。 [38]渑（miǎn）池：今河南渑池。 [39]生一秦：犹言"一秦未亡，而又多一秦也"。 [40]耳：张耳也。 [41]上谷：秦三十六郡之一。详见《秦始皇本纪》三十六郡注。 [42]狄：当时县名。在山东。 [43]宁陵：地名。在河南。咎：

魏诸公子，名咎。　　[44]遗：留也。　　[45]说（yuè）：用于人名。郯：《正义》《索隐》，皆疑郯字系“郏”字之误。　　[46]伍徐：《汉书》作“伍逢”。《读书杂志》谓，“徐”字系“徫”字之误。　　[47]许：本古国，汉于其地置为县。在河南许昌。　　[48]陵：县名。铚、符、离：皆见前。取虑：当时县名。　　[49]庆：东海守之名也。郯：东海之县名。　　[50]畔：名也。　　[51]汝阴：安徽阜阳。　　[52]下城父（fǔ）：聚名。在城父东。城父：河南宝丰。　　[53]涓人：主扫除者也。　　[54]仓头军：军皆着青帽，故云。　　[55]新蔡：秦县名。今河南新蔡。　　[56]景驹：楚之贤族，姓景，名驹。　　[57]左右校：谓左右校尉军也。　　[58]吕将军：谓吕臣。　　[59]鄱（pó）：初，英布居江中，为盗。陈涉之起也，布归番君吴芮。今谓之番盗者，谓布及其党羽也。　　[60]青波：地名。今何地，未详。　　[61]辩数（shù）：谓辩之频数也。　　[62]不肯为通：不为通报也。　　[63]夥颐：楚之俗语。楚人谓多为夥。颐：语助词。沉沉：宫室深远之貌。　　[64]“楚人谓‘多’为‘伙’故”为一句。说明上文也。“天下传之”又为一句。　　[65]“夥涉”为王，必当时人以“夥涉”为王之代名词。故云云。　　[66]颛：同“专”。轻威：谓客妄言，足以减陈涉之威也。　　[67]三十家：《汉书·高帝纪》，皆言十家。

萧相国世家

萧相国何者，沛丰[1]人也。以文无害[2]为沛主吏掾[3]。高祖为布衣时，何数以吏事护高祖。高祖为亭长，常左右之。高祖以吏繇咸阳，吏皆送奉钱三，何独以五[4]。秦御史监郡者与从事，常辨之。何乃给泗水卒史[5]，事第一。秦御史欲入言征何，何固请，得毋行。

及高祖起为沛公，何常为丞督事[6]。沛公至咸阳，诸将皆争走金帛财物之府分之，何独先入收秦丞相御史律令图书藏之。沛公为汉王，以何为丞相。项王与诸侯屠烧咸阳而去。汉王所以具知天下厄塞，户口多少，强弱之处，民所疾苦者，以何具得秦图书也。

何进言韩信[7]，汉王以信为大将军。语在《淮阴侯事》中[8]。

汉王引兵东定三秦[9]，何以丞相留收巴蜀[10]，填抚谕告，使给军食。

汉二年，汉王与诸侯击楚，何守关中，侍太子，治栎阳[11]。为法令约束，立宗庙社稷宫室县邑，辄奏上，可，许以从事；即不及奏上，辄以便宜施行，上来以闻。关中事计户口转漕给军，汉王数失军遁去，何常兴关中卒，辄补缺。上以此专属任何关中事。

汉三年，汉王与项羽相距京索之间[12]，上数使使劳苦丞相。鲍生谓丞相曰：“王暴衣露盖，数使使劳苦君者，有疑君心也。为君计，莫若遣君子孙昆弟能胜兵者悉诣军所，上必益信君。”于是何从其计，汉王大说[13]。

汉五年，既杀项羽，定天下，论功行封。群臣争功，岁余功不决。高祖以萧何功最盛，封为酂侯，所食邑多。功臣皆曰：“臣等身被坚执锐[14]，多者百余战，少者数十合，攻城略地，大小各有差。今萧何未尝有汗马之劳，徒持文墨议论，不战，顾反居臣等上，何也？”高帝曰：“诸君知猎乎？”曰：“知之。”“知猎狗乎？”曰：“知之。”高帝曰：“夫猎，追杀兽兔者狗也，而发踪[15]指示兽处者人也。今诸君徒能得走兽耳，功狗也。至如萧何，发踪指示，功人也。且诸君独以身随我，多者两三人。今萧何举宗[16]数十人皆随我，功不可忘也。”群臣皆莫敢言。列侯毕已受封，及奏位次，皆曰：“平阳侯曹参[17]身被七十创，攻城略地，功最多，宜第一。”上已挠[18]功臣，多封萧何，至位次未有以复难之，然心欲何第一。关内侯鄂君进曰：“群臣议皆误。夫曹参虽有野战略地之功，此特一时之事。夫上与楚相距五岁，常失军亡众，逃身遁者数矣。然萧何常从关中遣军补其处，非上所诏令召，而数万众会上之乏绝者数矣。夫汉与楚相守荥阳数年，军无见粮，萧何转漕关中，给食不乏。陛下虽数亡山东，萧何常全关中以待陛下，此万世之功也。今虽亡曹参等百数，何缺于汉？汉得之不必待以全。奈何欲以一旦之功而加万世之功哉！萧何第一，曹参次之。”高祖曰：“善。”于是乃令萧何第一，赐带剑履上殿，入朝不趋。上曰：“吾闻进贤受上赏。萧何功虽高，得鄂君乃益明。”于是因鄂君故所食关内侯邑封为安平侯。是日悉封何父子兄弟十余人，皆有食邑。乃益封何二千户，以帝尝繇咸阳时何送我独赢[19]奉钱二也。

汉十一年，陈豨[20]反，高祖自将，至邯郸。未罢，淮阴侯谋反关中，吕后用萧何计，诛淮阴侯，语在《淮阴》事中。

上已闻淮阴侯诛，使使拜丞相何为相国，益封五千户，令卒五百人一都尉为相国卫。诸君皆贺，召平独吊。召平者，故秦东陵侯。秦破，为布衣，贫，种瓜于长安城东，瓜美，故世俗谓之“东陵瓜”，从召平以为名也。召平谓相国曰：“祸自此始矣。上暴露于外而君守于中，非被矢石之事而益君封置卫者，以今者淮阴侯新反于中，疑君心矣。夫置卫卫君，非以宠君也。愿君让封勿受，悉以家私财佐军，则上心说。”相国从其计。高帝乃大喜。

汉十二年秋，黥布[21]反，上自将击之，数使使问相国何为。相国为上在军，乃拊循勉力百姓，悉以所有佐军，如陈豨时。客有说相国曰：“君灭族不久矣。夫君位为相国，功第一，可复加哉？然君初入关中，得百姓心十余年矣，皆附君，常复孳孳得民和，上所为数问君者，畏君倾动关中。今君胡不多买田地，贱贳贷以自污[22]。上心乃安。”于是相国从其计。上乃大说。

上罢布军归，民道遮行上书，言相国贱强买民田宅数千万。上至，相国谒。上笑曰："夫相国乃利民!"民所上书皆以与相国，曰："君自谢民。"相国因为民请曰："长安地狭，上林中多空地，弃，愿令民得入田，毋收稿为禽兽食[23]。"上大怒曰："相国多受贾人财物，乃为请吾苑！"乃下相国廷尉，械系之。数日，王卫尉侍，前问曰："相国何大罪，陛下系之暴也？"上曰："吾闻李斯相秦皇帝，有善归主，有恶自与。今相国多受贾竖金而为民请吾苑，以自媚于民，故系治之。"王卫尉曰："夫职事苟有便于民而请之，真宰相事。陛下奈何乃疑相国受贾人钱乎！且陛下距楚数岁，陈豨、黥布反，陛下自将而往，当是时，相国守关中，摇足则关以西非陛下有也。相国不以此时为利，今乃利贾人之金乎？且秦以不闻其过亡天下，李斯之分过，又何足法哉。陛下何疑宰相之浅也。"高帝不怿。是日，使使持节赦出相国。相国年老，素恭谨，入，徒跣谢。高帝曰："相国休矣！相国为民请苑，吾不许，我不过为桀纣主，而相国为贤相。吾故系相国，欲令百姓闻吾过也。"

何素不与曹参相能，及何病，孝惠[24]自临视相国病，因问曰："君即百岁后，谁可代君者？"对曰："知臣莫如主。"孝惠曰："曹参何如？"何顿首曰："帝得之矣！臣死不恨矣。"

何置田宅必居穷处，为家不治垣屋。曰："后世贤，师吾俭；不贤，毋为势家所夺。”

孝惠二年，相国何卒，谥为文终侯。

后嗣以罪失侯者四世，绝，天子辄复求何后，封续酂侯，功臣莫得比焉。

太史公曰：萧相国何于秦时为刀笔吏，录录[25]未有奇节。及汉兴，依日月之末光，何谨守管籥，因民之疾（奉）[秦]法，顺流与之更始[26]。淮阴、黥布等皆以诛灭，而何之勋烂焉。位冠群臣，声施后世，与闳夭、散宜生[27]等争烈矣。

---

[1]沛丰：见《高帝本纪》注。 [2]无害：如言“无比”。陈留间方言。此句谓何以为文无比，而得为官也。或云：“虽为吏，而不刻害。”亦通。 [3]主吏：官名。掾：官名。此句谓何为沛之主吏掾。 [4]繇：同“徭”，役也。送奉钱：谓以钱送行，如赆仪也。《集解》云，三，谓三百。五，谓五百。《索隐》谓，当时银，有以一当百者；其钱三枚，即三百也。 [5]卒史：官名。 [6]督事：谓监督庶事也。 [7]韩信：详见《淮阴侯传》。 [8]《淮阴侯事》：指《淮阴侯传》。 [9]三秦：项羽三分秦关中地，以王秦降将，故曰三秦。章邯为雍王，司马欣为塞王，董翳为翟王。 [10]巴、蜀：皆古国名。后人统称其地为蜀，亦曰巴蜀。即今四川、重庆。 [11]栎（yuè）阳：故城，在陕西临潼东北。 [12]京索：二地名。详见《项羽本纪》注。[13]说：同“悦”。 [14]被坚执锐：谓披坚甲，执利兵也。

[15]踪：同“纵”。　[16]宗：同姓之人也。　[17]曹参：详见《曹相国世家》。　[18]挠（náo）：屈也。　[19]赢（yíng）：多也，余也。谓人皆送三钱，何独送五钱，所以为赢二也。　[20]陈豨：初事高帝，后叛汉。详见《高帝本纪》注。　[21]黥布：即英布。见《项羽本纪》注。　[22]贳：赊也。自污：自贱也。此句谓故为此等事，使他人贱视已也。　[23]此句谓令民耕上林苑中田，民但收其谷，留槁入官，以为禽兽食也。　[24]孝惠：高帝子，汉惠帝也。　[25]录录：今作“碌碌”，无能之谓。　[26]因民恨秦法之苛，故曰顺流与之更始也。顺流：犹言乘机。　[27]闳夭、散宜生：皆周之创业功臣。

曹相国世家

平阳侯曹参者，沛人[1]也。秦时为沛狱掾，而萧何为主吏，居县为豪吏矣。高祖为沛公而初起也，参以中涓从[2]。

项籍已死，天下定，汉王为皇帝，韩信徙为楚王，齐为郡。参归汉相印。高帝以长子肥为齐王，而以参为齐相国[3]。以高祖六年赐爵列侯，与诸侯剖符[4]，世世勿绝。食邑平阳万六百三十户，号曰平阳侯，除前所食邑。

孝惠帝元年，除诸侯相国法，更以参为齐丞相。参之相齐，齐七十城。天下初定，悼惠王[5]富于春秋，参尽召长老诸生，问所以安集百姓如齐故俗，诸儒以百数[6]，言人人殊，参未知所定。闻胶西有盖公，善治黄老言[7]，使人厚币请之。既见盖公，盖公为言治道贵清静而民自定，推此类具言之。参于是避正堂，舍盖公焉。其治要用黄老术，故相齐九年，齐国安集，大称贤相。

惠帝二年，萧何卒。参闻之，告舍人趣治行[8]，“吾将入相”[9]。居无何，使者果召参。参去，属其后相曰：“以齐狱市为寄[10]，慎勿扰也。”后相曰：“治无大于此者乎？”参曰：“不然。夫狱市者，所以并容也，今君扰之，奸人安所容也？吾是以先之。”

参始微时，与萧何善；及为将相，有郤[11]。至何且死，所推贤唯参。参代何为汉相国，举事无所变更，一遵萧何约束。择郡国吏木诎于文辞，重厚长者，即召除为丞相史。吏之言文刻深，欲务声名者，辄斥去之。日夜饮醇酒。卿大夫[12]已下吏及宾客见参不事事[13]，来者皆欲有言。至者，参辄饮以醇酒，间之，欲有所言，复饮之，醉而后去，终莫得开说，以为常。

相舍后园近吏舍，吏舍日饮歌呼。从吏恶之，无如之何，乃请参游园中，闻吏醉歌呼，从吏幸相国召按之。乃反取酒张坐饮，亦歌呼与相应和。参见人之有细过，专掩匿覆盖之，府中无事。

参子窋[14]为中大夫。惠帝怪相国不治事，以为“岂少朕与[15]”，乃谓窋曰：“若归，试私从容问而父曰：‘高帝新弃群臣，帝富于春秋，君为相，日饮，无所请事，何以忧天下乎？’然无言吾告若也。”窋既洗沐归，间侍，自从其所谏参。参怒，而[16]笞窋二百，曰：“趣入侍，天下事非若所当言也。”至朝时，惠帝让参曰：“与窋胡治乎[17]？乃者我使谏君也。”参免冠谢曰：“陛下自察圣武，孰与高帝？”上曰：“朕乃安敢望先帝乎！”曰：“陛下观臣能，孰与萧何贤？”上曰：“君似不及也。”参曰：“陛下言之是也。且高帝与萧何定天下，法令既明，今陛下垂拱[18]，参等守职，遵而勿失，不亦可乎？”惠帝曰：“善。君休矣。”

参为汉相国，出入三年。卒，谥懿侯。子窋代侯。百姓歌之曰：“萧何为法，顜若画一[19]；曹参代之，守而勿失。载其清净，民以宁一。”

太史公曰：曹相国参，攻城野战之功，所以能多若此者，以与淮阴侯俱。及信已灭，而列侯成功，唯独参擅其名。参为汉相国，清静极言合道。然百姓离秦之酷后，参与休息无为，故天下俱称其美矣。

---

[1]沛：见《高帝本纪》。　[2]涓（juān）：内侍曰中涓，谓居中而主涓洁也。　[3]初，韩信平定齐地，高帝以为齐王，而参为汉相。至是，徙信为楚王，改齐为郡，以肥为王，以参为齐相也。　[4]符：以竹为之，书文字于其上，剖而为二，各存其一，合之以为征信者也。剖符：取符而剖之也。　[5]悼惠王：高帝长子肥也。　[6]“如”字训作“而”字。“俗”字乃衍文。齐故诸儒：四字连读。　[7]黄老言：黄帝老子无为而治之学也。　[8]治行：治行装也。　[9]参闻何死，料代何而相者必为己，故云云。　[10]狱市：分为二事。狱，如盗贼之类；市，如交易商贾之类。据《志疑》言。狱：如今云刑事犯；市：如今云民事犯。　[11]郤：同“隙”，即相互有意见。　[12]卿大夫：所谓贵族。和本国国君或他国国君有亲缘关系的人。[13]不事事：不做事也。　[14]窋：音kū。　[15]少：犹今云

不满意。与：同“欤”。　[16]而：训作“汝”。　[17]与窋胡治乎：犹云“何为治窋也”。　[18]垂：谓垂裳；拱：谓拱手。谓无为而可治天下也。　[19]《读书杂志》谓，“顜”系“觏”字之误。觏，明也。画一：言其法令统一。

留侯世家

留[1]侯张良者，其先韩人也。大父开地[2]，相韩昭侯、宣惠王、襄哀王。父平，相釐王、悼惠王。悼惠王二十三年，平卒。卒二十岁，秦灭韩。良年少，未宦事韩。韩破，良家童三百人，弟死不葬，悉以家财求客刺秦王，为韩报仇，以大父、父五世相韩故。

良尝学礼淮阳。东见仓海君[3]。得力士，为铁椎重百二十斤。秦皇帝东游，良与客狙[4]击秦皇帝博浪沙中，误中副车[5]。秦皇帝大怒，大索天下，求贼甚急，为张良故也。良乃更名姓，亡匿下邳。

良尝闲从容步游下邳圯上[6]，有一老父，衣褐[7]，至良所，直堕其履圯下[8]，顾谓良曰："孺子，下取履！"良愕然，欲殴之。为其老，强忍，下取履。父曰："履我！"良业[9]为取履，因长跪履之。父以足受，笑而去。良殊大惊，随目之。父去里所[10]，复还，曰："孺子可教矣。后五日平明，与我会此。"良因怪之，跪曰："诺。"五日平明，良往。父已先在，怒曰："与老人期，后，何也？"去，曰："后五日早会。"五日鸡鸣，良往。父又先在，复怒曰："后，何也？"去，曰："后五日复早来。"五日，良夜未半往。有顷，父亦来，喜曰："当如是。"出一编书，曰："读此则为王者师矣。后十年兴。十三年孺子见我济北，穀城山下[11]黄石即我矣。"遂去，无他言，不复见。旦日视其书，乃《太公兵法》[12]也。良因异之，常习诵读之。

居下邳，为任侠。项伯尝杀人，从良匿。

后十年，陈涉等起兵，良亦聚少年百余人。景驹自立为楚假王[13]，在留。良欲往从之，道遇沛公。沛公将数千人，略地下邳西，遂属焉。

沛公拜良为厩将[14]。良数以《太公兵法》说沛公，沛公善之，常用其策。良为他人言，皆不省。良曰："沛公殆天授。"故遂从之，不去见景驹。

及沛公之薛，见项梁[15]。项梁立楚怀王。良乃说项梁曰："君已立楚后，而韩诸公子横阳君成贤，可立为王，益树党。"项梁使良求韩成，立以为韩王。以良为韩申徒[16]，与韩王将千余人，西略韩地，得数城，秦辄复取之，往来为游兵颍川[17]。

沛公之从洛阳[18]南出轘辕[19]，良引兵从沛公，下韩十余城，击破杨熊军。沛公乃令韩王成留守阳翟[20]，与良俱南，攻下宛，西入武关[21]。沛公欲以兵二万人击秦峣下[22]军，良说曰："秦兵尚强，未可轻。臣闻其将屠者子贾竖，易动以利，愿沛公且留壁，使人先行，为五万人具食，益为张旗帜诸山上，为疑兵，令郦食其持重宝啖秦将[23]。"秦将果畔，欲连和，俱西袭咸阳。沛公欲听之，良曰："此独其将欲叛耳，恐士卒不从。不从，必危。不如因其解[24]击之。”沛公乃引兵击秦军，大破之。北至蓝田[25]，再战，秦兵竟败，遂至咸阳。秦王子婴[26]降沛公。

沛公入秦宫，宫室帷帐狗马重宝妇女以千数，意欲留居之。樊哙谏沛公出舍，沛公不听。良曰：“夫秦为无道，故沛公得至此。夫为天下除残贼，宜缟素为资。今始入秦，即安其乐，此所谓‘助桀为虐’。且‘忠言逆耳利于行，毒药苦口利于病’，愿沛公听樊哙言。”沛公乃还军霸上。

项羽至鸿门下，欲击沛公，项伯乃夜驰入沛公军[27]，私见张良，欲与俱去。良曰：“臣为韩王送沛公，今事有急，亡去，不义。”乃具以语沛公。沛公大惊，曰：“为将奈何？”良曰：“沛公诚欲倍[28]项羽邪？”沛公曰：“鲰生教我距关无内诸侯，秦地可尽王，故听之。”良曰：“沛公自度能却项羽乎？”沛公默然良久，曰：“固不能也。今为奈何？”良乃固要项伯。项伯见沛公。沛公与饮为寿，结宾婚，令项伯具言沛公不敢倍项羽，所以距关者，备他盗也。及见项羽后解，语在《项羽》事中。

汉元年正月，沛公为汉王，王巴蜀。汉王赐良金百镒，珠二斗，良具以献项伯。汉王亦因令良厚遗项伯，使请汉中地。项王乃许之，遂得汉中地。汉王之国，良送至褒中[29]，遣良归韩。良因说汉王曰：“王何不烧绝所过栈道，示天下无还心，以固项王意。”乃使良还。行，烧绝栈道。良至韩，韩王成以良从汉王故，项王不遣成之国，从与俱东。良说项王曰：“汉王烧绝栈道，无还心矣。”乃以齐王田荣[30]反，书告项王。项王以此无西忧汉心，而发兵北击齐。项王竟不肯遣韩王，乃以为侯，又杀之彭城。良亡，间行归汉王，汉王亦已还定三秦矣。复以良为成信侯，从东击楚。至彭城，汉败而还。至下邑，汉王下马踞鞍而问曰：“吾欲捐关以东等弃之，谁可与共功者？”良进曰：“九江王黥布，楚枭将，与项王有郄；彭越与齐王田荣反梁地：此两人可急使。而汉王之将独韩信可属大事，当一面。即欲捐之，捐之此三人，则楚可破也。”汉王乃遣随何说九江王布，而使人连彭越。及魏王豹反，使韩信将兵击之，因举燕、代、齐、赵。然卒破楚者，此三人力也。

张良多病，未尝特将也，常为画策臣，时时从汉王。

汉三年，项羽急围汉王荥阳，汉王恐忧，与郦食其谋桡楚权。食其曰：“昔汤伐桀，封其后于杞[31]。武王伐纣，封其后于宋[32]。今秦失德弃义，侵伐诸侯社稷，灭六国之后，使无立锥之地。陛下诚能复立六国后世，毕已受印，此其君臣百姓必皆戴陛下之德，莫不乡[33]风慕义，愿为臣妾。德义已行，陛下南乡称霸，楚必敛衽而朝。”汉王曰：“善。趣[34]刻印。先生因行佩之矣。”

食其未行，张良从外来谒。汉王方食，曰：“子房前！客有为我计桡楚权者。”具以郦生语告，曰：“于子房何如？”良曰：“谁为陛下画此计者？陛下事去矣。”汉王曰：“何哉？”张良对曰：“臣请藉前箸为大王筹之[35]。”

曰："昔者汤伐桀而封其后于杞者，度能制桀之死命也。今陛下能制项籍之死命乎？"曰："未能也。""其不可一也。武王伐纣封其后于宋者，度能得纣之头也。今陛下能得项籍之头乎？"曰："未能也。""其不可二也。武王入殷，表商容之闾，释箕子之拘，封比干之墓[36]。今陛下能封圣人之墓，表贤者之闾，式智者之门乎？"曰："未能也。""其不可三也。发钜桥之粟，散鹿台之钱[37]，以赐贫穷。今陛下能散府库以赐贫穷乎？"曰："未能也。""其不可四矣。殷事已毕，偃革为轩[38]，倒置干戈，覆以虎皮，以示天下不复用兵。今陛下能偃武行文，不复用兵乎？"曰："未能也。""其不可五矣。休马华山之阳[39]，示以无所为。今陛下能休马无所用乎？"曰："未能也。""其不可六矣。放牛桃林之阴[40]，以示不复输积。今陛下能放牛不复输积乎？"曰："未能也。""其不可七矣。且天下游士离其亲戚，弃坟墓，去故旧，从陛下游者，徒欲日夜望咫尺之地。今复六国，立韩、魏、燕、赵、齐、楚之后，天下游士各归事其主，从其亲戚，反其故旧坟墓，陛下与谁取天下乎？其不可八矣。且夫楚唯无强[41]，六国立者复桡而从之，陛下焉得而臣之？诚用客之谋，陛下事去矣。"汉王辍食吐哺，骂曰："竖儒，几败而公事！"令趣销印。

汉四年，韩信破齐而欲自立为齐王，汉王怒。张良说汉王。汉王使良授齐王信印。语在《淮阴》事中。

其秋，汉王追楚至阳夏南，战不利而壁固陵，诸侯期不至。良说汉王，汉王用其计，诸侯皆至。语在《项籍》事中。

汉六年正月，封功臣。良未尝有战斗功，高帝曰："运筹策帷帐中，决胜千里外，子房功也。自择齐三万户。"良曰："始臣起下邳，与上会留，此天以臣授陛下。陛下用臣计，幸而时中，臣愿封留足矣，不敢当三万户。"乃封张良为留侯，与萧何等俱封。

（六年）上已封大功臣二十余人，其余日夜争功不决，未得行封。上在洛阳南宫，从复道[42]望见诸将往往相与坐沙中语。上曰："此何语？"留侯曰："陛下不知乎？此谋反耳。"上曰："天下属安定，何故反乎？"留侯曰："陛下起布衣，以此属取天下，今陛下为天子，而所封皆萧、曹故人所亲爱，而所诛者皆生平所仇怨。今军吏计功，以天下不足遍封，此属畏陛下不能尽封，恐又见疑平生过失及诛，故即相聚谋反耳。"上乃忧曰："为之奈何？"留侯曰："上平生所憎，群臣所共知，谁最甚者？"上曰："雍齿与我故，数尝窘辱我。我欲杀之，为其功多，故不忍。"留侯曰："今急先封雍齿以示群臣，群臣见雍齿封，则人人自坚矣。"于是上乃置酒，封雍齿为什方侯[43]，而急趣丞相、御史定功行封。群臣罢酒，皆喜曰："雍齿尚为侯，我属无患矣。"

刘敬说高帝曰："都关中。"上疑之。左右大臣皆山东人，多劝上都洛阳："洛阳东有成皋，西有殽、黾，倍河，向伊洛[44]，其固亦足恃。"留侯曰："洛阳虽有此固，其中小不过数百里，田地薄，四面受敌，此非用武之国也。夫关中左殽函[45]，右陇蜀[46]，沃野千里，南有巴蜀之饶[47]，北有胡苑之利[48]，阻三面而守，独以一面东制诸侯。诸侯安定，河渭[49]漕輓天下，西给京师；诸侯有变，顺流而下，足以委输。此所谓金城千里[50]，天府之国也，刘敬说是也。”于是高帝即日驾，西都关中。留侯从入关。

留侯性多病，即道引不食谷[51]，杜门不出岁余。

上欲废太子，立戚夫人子赵王如意[52]。大臣多谏争，未能得坚决者也。吕后恐，不知所为。人或谓吕后曰：“留侯善画计筴[53]，上信用之。”吕后乃使建成侯吕泽[54]劫留侯，曰：“君常为上谋臣，今上欲易太子，君安得高枕而卧乎？”留侯曰：“始上数在困急之中，幸用臣筴。今天下安定，以爱欲易太子，骨肉之间，虽臣等百余人何益。”吕泽强要曰：“为我画计。”留侯曰：“此难以口舌争也。顾上有不能致者，天下有四人[55]。四人者年老矣，皆以为上慢侮人，故逃匿山中，义不为汉臣。然上高此四人。今公诚能无爱金玉璧帛，令太子为书，卑辞安车，因使辩士固请，宜来。来，以为客，时时从入朝，令上见之，则必异而问之。问之，上知此四人贤，则一助也。”于是吕后令吕泽使人奉太子书，卑辞厚礼，迎此四人。四人至，客建成侯所[56]。

汉十一年，黥布反，上病，欲使太子将往击之。四人相谓曰：“凡来者，将以存太子。太子将兵，事危矣。”乃说建成侯曰：“太子将兵，有功则位不益太子；无功还，则从此受祸矣。且太子所与俱诸将，皆尝与上定天下枭将也，今使太子将之，此无异使羊将狼也，皆不肯为尽力，其无功必矣。臣闻‘母爱者子抱’[57]，今戚夫人日夜侍御，赵王如意常抱居前，上曰‘终不使不肖子居爱子之上’，明乎其代太子位必矣。君何不急请吕后承间为上泣言：‘黥布，天下猛将也，善用兵，今诸将皆陛下故等夷[58]，乃令太子将此属，无异使羊将狼，莫肯为用，且使布闻之，则鼓行而西耳。上虽病，强载辎车[59]，卧而护之，诸将不敢不尽力。上虽苦，为妻子自强。’”于是吕泽立夜见吕后，吕后承间为上泣涕而言，如四人意。上曰：“吾惟竖子固不足遣，而公自行耳。”于是上自将兵而东，群臣居守，皆送至灞上。留侯病，自强起，至曲邮[60]，见上曰：“臣宜从，病甚。楚人剽疾，愿上无与楚人争锋。”因说上曰：“令太子为将军，监关中兵。”上曰：“子房虽病，强卧而傅太子。”是时叔孙通为太傅，留侯行少傅事[61]。

汉十二年，上从击破布军归，疾益甚，愈欲易太子。留侯谏，不听。因疾不视事。叔孙太傅称说引古今，以死争太子。上佯许之，犹欲易之。及燕，置酒，太子侍。四人从太子，年皆八十有余，须眉皓白，衣冠甚伟。上怪之，问曰：“彼何为者？”四人前对，各言名姓，曰东园公，甪里先生，绮里季，夏黄公。上乃大惊曰：“吾求公数岁，公辟逃我，今公何自从吾儿游乎？”四人皆曰：“陛下轻士善骂，臣等义不受辱，故恐而亡匿。窃闻太子为人仁孝，恭敬爱士，天下莫不延颈欲为太子死者，故臣等来耳。”上曰：“烦公幸卒调护太子。”四人为寿已毕，趋去。上目送之，召戚夫人指示四人者曰：“我欲易之，彼四人辅之，羽翼已成，难动矣。吕后真而主矣。”戚夫人泣。上曰：“为我楚舞，吾为若楚歌。”歌曰：“鸿鹄高飞，一举千里；羽翮已就，横绝四海。横绝四海，当可奈何！虽有矰缴[62]，尚安所施！”歌数阕，戚夫人嘘唏[63]流涕。上起去，罢酒。竟不易太子者，留侯本招此四人之力也。

留侯乃称曰：“家世相韩，及韩灭，不爱万金之资，为韩报雠强秦，天下振动。今以三寸舌为帝者师，封万户，位列侯，此布衣之极，于良足矣。愿弃人间事，欲从赤松子[64]游耳。”乃学辟谷，道引轻身。

会高帝崩，吕后德留侯，乃强食之。曰：“人生一世间，如白驹过隙[65]，何至自苦如此乎！”留侯不得已，强听而食。

后八年卒，谥为文成侯。子不疑代侯。

子房始所见下邳圯上老父与《太公书》者，后十三年，从高帝过济北，果见穀城山下黄石，取而葆[66]祠之。留侯死，并葬黄石冢[67]。每上冢伏腊，祠黄石。

留侯不疑，孝文帝五年，坐不敬，国除。

太史公曰：学者多言无鬼神，然言有物。至如留侯所见老父予书，亦可怪矣。高祖离困者数矣，而留侯常有功力焉，岂可谓非天乎？上曰："夫运筹筴帷帐之中，决胜千里外，吾不如子房。"余以为其人计魁梧奇伟，至见其图，状貌如妇人好女。盖孔子曰："以貌取人，失之子羽[68]。"留侯亦云。

---

[1]留：地名。在今江苏沛县东。　[2]大父：祖父也。开地：良祖父之名也。　[3]仓海君：《集解》谓东夷君长。[4]狙（jū）：本兽名，猴属。狙之摄物，必伏地而伺候，今"狙"字作"伏伺"解。　[5]副车：天子之从车也。　[6]圯（yí）：桥也。东楚谓之圯。　[7]褐（hè）：粗布衣服。[8]直：或训为"故"，或训为"正"。《读书杂志》谓：直，特也。特堕其履于桥下，而使良取之也。按，"特"即"故"，惟故字望文生义，无依据耳。　[9]业：已也。　[10]里所：犹言里许。　[11]榖城山：在山东东阿县东北。　[12]《太公兵法》：兵书名。相传为周文王时姜子牙所作。　[13]假：摄也。[14]厩将：官名。　[15]项梁：见《项羽本纪》。　[16]申徒：官名。即司徒，但语音讹转耳。　[17]颍川：秦郡名。详见《秦始皇本纪》三十六郡注。　[18]洛阳：河南洛阳。[19]轘辕：山名。在河南偃师东南。接巩、登封二地界。[20]阳翟：即河南禹县。　[21]武关：见《秦始皇本纪关中》注。　[22]峣下：谓峣关之下也。关在陕西蓝田东南。[23]啖（dàn）：以利饵人也。　[24]解：通"懈"。　[25]蓝

田：今陕西蓝田。　[26]子婴：秦二世兄子，公子婴也。赵高谋杀二世，立子婴为秦王。　[27]军：军中也。　[28]倍：通“叛”，背叛。　[29]褒中：陕西褒城。　[30]齐王田荣：项羽立六国后，是时田荣为齐王。　[31]杞：故城在河南杞县。

[32]宋：故城在河南商丘。　[33]乡：同“向”。　[34]趣（cù）：催促也。　[35]此句谓求借所用之箸，为指画也。

[36]商容、箕子、比干：皆纣时贤人。表里者，标榜其里门也。

[37]钜桥：仓名。商王纣厚赋以盈钜桥之粟。其遗址在今河北曲周县东北。鹿台：商纣聚财之所。遗址在今河南淇县。

[38]革：革车也。轩：乘轩也。偃革为轩：谓偃武备，而资民用也。　[39]华山：五岳之一，在陕西华阴。　[40]桃林：自函谷关以西至潼关二三百里之地，即古桃林也。　[41]谓唯当使楚无强；强，则六国弱，从之。　[42]复道：上下有道，谓之复道。　[43]什方：汉县名。故城在四川什邡南。　[44]城皋：河南汜水。春秋之郑，战国之韩，皆为重地，楚汉亦相持于此。殽：殽山也。黾：黾阨也。在河南信阳。为战国时之要塞。河：谓黄河。伊：伊河。　[45]函：函谷关。

[46]陇：陇山。在陕西陇县，西北跨甘肃清水，而南连蜀之岷山，故曰陇蜀。　[47]饶：富足。　[48]苑：牧马场地。北地辽阔，便于畜牧马匹牛羊。故曰胡苑之利。　[49]河：黄河。渭：渭水。　[50]金城：秦有四塞之国，如金城也。　[51]道引不食谷：谓服辟谷之药，而静居养气。　[52]戚夫人：高帝之姬，生赵王如意，后为吕后所残杀。　[53]筴：与“策”同。

[54]吕泽：为吕释之之误。盖建成侯名释之，周里侯名泽。

[55]四人者，一，东园公；二，绮里季；三，夏黄公；四，甪里先生。（甪，音lù，或作“角”）谓之商山四皓。后人多疑其事不经，谓此段为好事者所加也。　[56]所：犹今言处。

[57]母爱者子抱：此语出《韩非子》。犹云爱其母，即抱其子也。

[58]等夷：犹言等辈。　[59]辎（zī）车：有衣之车，取其安适也。又载物之车，亦曰辎车。然此处当作有衣之车解。

[60]曲邮，《集解》云：长安东有曲邮聚。　[61]太傅、少傅：皆官名。　[62]矰（zhēn）缴：以绳系矢而射，谓之缴。其矢曰矰。　[63]嘘唏：本作“歔欷”。悲泣气咽而抽息也。

[64]赤松子：古仙人名。　[65]白驹：骏马。隙：谓壁际。白驹过隙：从壁隙间窥视骏马奔驰而过，短暂一瞬，喻光阴迅速。

[66]葆：《史记》“珍宝”之“宝”，皆作“葆”。　[67]既云葬黄石，其下不应再有“冢”字。　[68]子羽：澹台灭明之字也。孔子弟子。《家语》云：子羽有君子之容，而行不称其貌。然《史记·仲尼弟子列传》云：子羽状貌甚恶。

陈丞相世家

陈丞相平者，阳武[1]户牖乡人也。少时家贫，好读书。有田三十亩，独与兄伯居。伯常耕田，纵[2]平使游学。平为人长美色。人或谓陈平曰："贫何食而肥若是？"其嫂嫉平之不视家生产，曰："亦食糠核[3]耳。有叔如此，不如无有。"伯闻之，逐其妇而弃之。

及平长，可娶妻，富人莫肯与者，贫者平亦耻之。久之，户牖富人有张负[4]，张负女孙五嫁而夫辄死，人莫敢娶。平欲得之。邑中有丧，平贫，侍丧，以先往后罢为助。张负既见之丧所，独视伟平，平亦以故后去。负随平至其家，家乃负郭[5]穷巷，以弊席为门，然门外多有长者车辙。张负归，谓其子仲曰："吾欲以女孙予陈平。"张仲曰："平贫不事事，一县中尽笑其所为，独奈何予女乎？"负曰："人固有好美如陈平而长贫贱者乎？"卒与女。为平贫，乃假贷币以聘，予酒肉之资以内妇。负诫[6]其孙曰："毋以贫故，事人不谨。事兄伯如事父，事嫂如母。"

平既娶张氏女，赍[7]用益饶，游道日广。

里中社[8]，平为宰[9]，分肉食甚均[10]。父老曰："善，陈孺子[11]之为宰！"平曰："嗟乎，使平得宰天下，亦如是肉矣！”

陈涉起而王陈，使周市略定魏地，立魏咎为魏王，与秦军相攻于临济。陈平固已前谢其兄伯，从少年往事魏王咎于临济[12]。魏王以为太仆。说魏王不听，人或谗之，陈平亡去。

久之，项羽略地至河上，陈平往归之，从入破秦，赐平爵卿。项羽之东王彭城也，汉王还定三秦而东，殷王[13]反楚。项羽乃以平为信武君，将魏王咎客在楚者以往，击降殷王而还。项王使项悍拜平为都尉，赐金二十镒。

居无何，汉王攻下殷（王）。项王怒，将诛定殷者将吏。陈平惧诛，乃封其金与印，使使归项王，而平身间行杖剑亡。渡河，船人见其美丈夫独行，疑其亡将，要中当有金玉宝器，目之，欲杀平。平恐，乃解衣裸而佐刺船[14]。船人知其无有，乃止。

平遂至修武[15]降汉，因魏无知求见汉王，汉王召入。是时万石君奋为汉王中涓，受平谒，入见平。平等七人俱进，赐食。王曰：“罢，就舍矣。”平曰：“臣为事来，所言不可以过今日。”于是汉王与语而说之，问曰：“子之居楚何官？”曰：“为都尉。”是日乃拜平为都尉，使为参乘，典护军。诸将尽讙[16]，曰：“大王一日得楚之亡卒，未知其高下，而即与同载，反使监护军长者[17]！”汉王闻之，愈益幸平。遂与东伐项王。至彭城[18]，为楚所败。引而还，收散兵至荥阳，以平为亚将[19]，属于韩王信，军广武[20]。

绛侯、灌婴等[21]咸谗陈平曰："平虽美丈夫，如冠玉耳，其中未必有也。臣闻平居家时，盗其嫂；事魏不容，亡归楚；归楚不中，又亡归汉。今日大王尊官之，令护军。臣闻平受诸将金，金多者得善处，金少者得恶处。平，反覆乱臣也，愿王察之。"汉王疑之，召让魏无知。无知曰："臣所言者，能也；陛下所问者，行也。今有尾生、孝已[22]之行而无益处于胜负之数，陛下何暇用之乎？楚汉相距，臣进奇谋之士，顾其计诚足以利国家不耳。且盗嫂受金又何足疑乎？"汉王召让平曰："先生事魏不中，遂事楚而去，今又从吾游，信者固多心乎？"平曰："臣事魏王，魏王不能用臣说，故去事项王。项王不能信人，其所任爱，非诸项[23]即妻之昆弟，虽有奇士不能用，平乃去楚。闻汉王之能用人，故归大王。臣裸身来，不受金无以为资。诚臣计画有可采者，（顾）愿大王用之；使无可用者，金具在，请封输官，得请骸骨。"汉王乃谢，厚赐，拜为护军中尉，尽护诸将。诸将乃不敢复言。

其后，楚急攻，绝汉甬道，围汉王于荥阳城。久之，汉王患之，请割荥阳以西以和。项王不听。汉王谓陈平曰："天下纷纷，何时定乎？"陈平曰："项王为人，恭敬爱人，士之廉节好礼者多归之。至于行功爵邑，重之，士亦以此不附。今大王慢而少礼，士廉节者不来；然大王能饶人以爵邑，士之顽钝嗜利无耻者亦多归汉。诚各去其两短，袭其两长，天下指麾[24]则定矣。然大王恣侮人，不能得廉节之士。顾楚有可乱者，彼项王骨鲠[25]之臣亚父[26]、钟离眛、龙且、周殷之属，不过数人耳。大王诚能出捐数万斤金，行反间，间其君臣，以疑其心，项王为人意忌信谗，必内相诛。汉因举兵而攻之，破楚必矣。”汉王以为然，乃出黄金四万斤，与陈平，恣所为，不问其出入。

陈平既多以金纵反间于楚军，宣言诸将钟离眛等为项王将，功多矣，然而终不得裂地而王，欲与汉为一，以灭项氏而分王其地。项羽果意不信钟离眛等。项王既疑之，使使至汉。汉王为太牢具，举进。见楚使，即详惊曰：“吾以为亚父使，乃项王使！”复持去，更以恶草具进楚使。楚使归，具以报项王。项王果大疑亚父。亚父欲急攻下荥阳城，项王不信，不肯听。亚父闻项王疑之，乃怒曰：“天下事大定矣，君王自为之！愿请骸骨归。”归未至彭城，疽发背而死。

陈平乃夜出女子二千人荥阳城东门，楚因击之，陈平乃与汉王从城西门夜出去。遂入关，收散兵复东。

其明年，淮阴侯[27]破齐，自立为齐王，使使言之汉王。汉王大怒而骂，陈平蹑[28]汉王。汉王亦悟，乃厚遇齐使，使张子房卒立信为齐王。封平以户牖乡。用其奇计策，卒灭楚。常以护军中尉从定燕王臧荼。

汉六年，人有上书告楚王韩信反。高帝问诸将，诸将曰：“亟发兵坑竖子耳。”高帝默然。问陈平，平固辞谢，曰："诸将云何？"上具告之。陈平曰："人之上书言信反，有知之者乎？"曰："未有。"曰："信知之乎？"曰："不知。"陈平曰："陛下精兵孰与楚？"上曰："不能过。"平曰："陛下将用兵有能过韩信者乎？"上曰："莫及也。"平曰："今兵不如楚精，而将不能及，而举兵攻之，是趣之战也，窃为陛下危之。"上曰："为之奈何？"平曰："古者天子巡狩[29]，会诸侯。南方有云梦[30]，陛下弟出伪游云梦，会诸侯于陈。陈，楚之西界，信闻天子以好出游，其势必无事而郊迎谒。谒，而陛下因禽[31]之，此特一力士之事耳。"高帝以为然，乃发使告诸侯会陈，"吾将南游云梦"。上因随以行。行未至陈，楚王信果郊迎道中。高帝豫具武士，见信至，即执缚之，载后车。信呼曰："天下已定，我固当烹！"高帝顾谓信曰："若毋声！而[32]反，明矣！"武士反接之。遂会诸侯于陈，尽定楚地。还至洛阳[33]，赦信以为淮阴侯，而与功臣剖符定封。于是与平剖符，世世勿绝，为户牖侯。平辞曰："此非臣之功也。"上曰："吾用先生谋计，战胜克敌，非功而何？"平曰："非魏无知，臣安得进？"上曰："若子可谓不背本矣。"乃复赏魏无知。

其明年，以护军中尉从攻反者韩王信于代[34]。卒至平城，为匈奴所围，七日不得食。高帝用陈平奇计，使单于阏氏[35]，围以得开。高帝既出，其计秘，世莫得闻。

高帝南过曲逆[36]，上其城，望见其屋室甚大，曰："壮哉县！吾行天下，独见洛阳与是耳。”顾问御史曰：“曲逆户口几何？”对曰：“始秦时三万余户，间者兵数起，多亡匿，今见五千户。”于是乃诏御史，更以陈平为曲逆侯，尽食之，除前所食户牖。

其后常以护军中尉从攻陈豨及黥布。凡六出奇计，辄益邑，凡六益封。奇计或颇秘，世莫能闻也。

高帝从破布军还，病创，徐行至长安。燕王卢绾反，上使樊哙以相国将兵攻之。既行，人有短恶哙者。高帝怒曰：“哙见吾病，乃冀我死也。”用陈平谋而召绛侯周勃受诏床下，曰：“陈平亟驰传载勃代哙将，平至军中即斩哙头！”二人既受诏，驰传未至军，行计之曰：“樊哙，帝之故人也，功多，且又乃吕后弟吕媭[37]之夫，有亲且贵，帝以忿怒故，欲斩之，则恐后悔。宁囚而致上，上自诛之。”未至军，为坛，以节召樊哙。哙受诏，即反接载槛车，传诣长安，而令绛侯勃代将，将兵定燕反县。平行闻高帝崩，平恐吕太后及吕媭谗怒，乃驰传先去。逢使者诏平与灌婴屯于荥阳。平受诏，立复驰至宫，哭甚哀，因奏事丧前。吕太后哀之，曰：“君劳，出休矣。”平畏谗之就，因固请得宿卫中。太后乃以为郎中令，曰：“傅教孝惠[38]。”是后吕媭谗乃不得行。樊哙至，则赦复爵邑。

孝惠帝六年，相国曹参卒，以安国侯王陵为右丞相，陈平为左丞相。王陵者，故沛人，始为县豪，高祖微时，兄事陵。陵少文，任气，好直言。及高祖起沛，入至咸阳，陵亦自聚党数千人，居南阳[39]，不肯从沛公。及汉王之还攻项籍，陵乃以兵属汉。项羽取陵母置军中，陵使至，则东乡坐陵母，欲以招陵。陵母既私送使者，泣曰："为老妾语陵，谨事汉王。汉王，长者也，无以老妾故，持二心。妾以死送使者。"遂伏剑而死。项王怒，烹陵母。陵卒从汉王定天下。以善雍齿，雍齿，高帝之仇，而陵本无意从高帝，以故晚封，为安国侯。

安国侯既为右丞相，二岁，孝惠帝崩。高后欲立诸吕[40]为王，问王陵，王陵曰："不可。"问陈平，陈平曰："可。"吕太后怒，乃详[41]迁陵为帝太傅，实不用陵。陵怒，谢疾免，杜门竟不朝请，七年而卒。

陵之免丞相，吕太后乃徙平为右丞相，以辟阳侯审食其为左丞相。左丞相不治，常给事于中。食其亦沛人。汉王之败彭城西，楚取太上皇、吕后为质，食其以舍人侍吕后。其后从破项籍为侯，幸于吕太后。及为相，居中，百官皆因决事。吕媭常以前陈平为高帝谋执樊哙，数谗曰："陈平为相非治事，日饮醇酒，戏妇女。"陈平闻，日益甚。吕太后闻之，私独喜。面质吕媭于陈平曰："鄙语曰'儿妇人口不可用'，顾君与我何如耳。无畏吕媭之谗也。"吕太后立诸吕为王，陈平伪听之。及吕太后崩，平与太尉勃合谋，卒诛诸吕，立孝文皇帝，陈平本谋也。审食其免相。

孝文帝立，以为太尉勃亲以兵诛吕氏，功多；陈平欲让勃尊位，乃谢病。孝文帝初立，怪平病，问之。平曰："高祖时，勃功不如臣平。及诛诸吕，臣功亦不如勃。愿以右丞相让勃。”于是孝文帝乃以绛侯勃为右丞相，位次第一。平徙为左丞相，位次第二。赐平金千斤，益封三千户。

居顷之，孝文皇帝既益明习国家事，朝而问右丞相勃曰：“天下一岁决狱几何？”勃谢曰：“不知。”问：“天下一岁钱谷出入几何？”勃又谢不知，汗出沾背，愧不能对。于是上亦问左丞相平。平曰：“有主者。”上曰：“主者谓谁？”平曰：“陛下即问决狱，责廷尉；问钱谷，责治粟内史。”上曰：“苟各有主者，而君所主者何事也？”平谢曰：“主臣[42]！陛下不知其驽下[43]，使待罪宰相。宰相者，上佐天子理阴阳，顺四时，下育万物之宜，外镇抚四夷诸侯，内亲附百姓，使卿大夫各得任其职焉。”孝文帝乃称善。右丞相大惭，出而让陈平曰：“君独不素[44]教我对！”陈平笑曰：“君居其位，不知其任邪？且陛下即问长安中盗贼数，君欲强对邪？”于是绛侯自知其能不如平远矣。居顷之，绛侯谢病请免相，陈平专为一丞相。

孝文帝二年，丞相陈平卒，谥为献侯。子共侯买代侯。二年卒，子简侯恢代侯。二十三年卒，子何代侯。二十三年，何坐略人妻，弃市，国除。始陈平曰：“我多阴谋，是道家[45]之所禁。吾世即废，亦已矣，终不能复起，以吾多阴祸也。”然其后曾孙陈掌以卫氏[46]亲贵戚，愿得续封陈氏，然终不得。

太史公曰：陈丞相平少时，本好黄帝、老子之术。方其割肉俎上之时，其意固已远矣。倾侧扰攘楚魏之间，卒归高帝。常出奇计，救纷纠之难，振国家之患。及吕后时，事多故矣，然平竟自脱，定宗庙，以荣名终，称贤相，岂不善始善终哉！非知谋孰能当此者乎？

---

[1]阳武：秦县名。故城在河南原阳东南。 [2]纵：任也。 [3]核（hé）：米糠之不破者曰核。 [4]张负：负，本妇人老宿之称，但此负为人名。 [5]负郭：即城郭的背后。 [6]诫：通“戒”，警告也。 [7]赍（jī）：与“资”通，货财也。 [8]社：古者五家为邻，五邻为里。里有社，以谋其公共之事。 [9]宰：一社之长也。 [10]均：平也。 [11]孺子：童稚之通称。年长者对于后辈之称。 [12]临济：今山东淄博市属区。 [13]殷王：司马卬也。为项羽所立。 [14]裸：赤体也。刺船：撑船也。 [15]修武：河南获嘉。 [16]讙（huān）：哗然、非议之意。 [17]长者：诸将自谓也。 [18]彭城：江苏徐州。 [19]亚将：次将也。 [20]韩王信：即韩信，是时为韩王。 [21]绛侯：即周勃。 [22]尾生：古之信士。与妇人期，不来；水至，抱梁柱而死。孝己：殷高宗子。有孝行。 [23]诸项：谓项姓诸人也。 [24]指麾：亦作指挥，发布命令，调遣一切也。 [25]骨鲠（gěng）：原有鱼骨刺留喉中之意，在此文中为得力，可依靠者也，如今所言“骨干”。 [26]亚父：即范增。 [27]淮阴侯：即韩信。 [28]蹑（niè）：轻轻

踩踏，以暗示勿怒。　[29]巡狩：亦作巡守。天子适诸侯，曰巡狩，巡所守也。　[30]云梦：泽名。在湖北安陆南。　[31]禽：同“擒”。　[32]而：汝也。　[33]洛阳：即河南洛阳。　[34]代：山西河北之交。　[35]单于：匈奴语。犹汉言王。阏氏：亦匈奴语。犹汉言后。　[36]曲逆：故城在河北顺平东南。　[37]媭：音xū。　[38]孝惠：汉惠帝。　[39]南阳：秦三十六郡中有南阳郡。　[40]诸吕：即吕后娘家的人。　[41]详：同“佯”。　[42]主臣：汉人语。犹今人言惶恐也。　[43]驽（nú）：最下之马。驽下：谓人之贱劣也。　[44]素：平素之意。此犹言预也，先也。　[45]道家：黄帝老子之学。　[46]卫氏：谓卫青也。陈掌为卫青之婿。卫青事，详见《卫将军传》。

伯夷列传[1]

夫学者载籍极博，犹考信于六艺[2]。《诗》《书》虽缺[3]，然虞夏之文可知也。尧将逊位，让于虞舜，舜禹之间，岳牧咸荐[4]，乃试之于位，典职数十年，功用既兴，然后授政。示天下重器，王者大统，传天下若斯之难也。而说者曰尧让天下于许由[5]，许由不受，耻之，逃隐。及夏之时，有卞随、务光者[6]。此何以称焉？

太史公[7]曰：余登箕山[8]，其上盖有许由冢[9]云。孔子序列古之仁圣贤人，如吴太伯[10]、伯夷之伦详矣。余以所闻由、光义至高，其文辞不少概见，何哉？

孔子曰："伯夷、叔齐，不念旧恶[11]，怨是用希[12]。""求仁得仁，又何怨乎？"余悲伯夷之意，睹《轶诗》可异焉[13]。其传曰：

伯夷、叔齐，孤竹君[14]之二子也。父欲立叔齐，及父卒，叔齐让伯夷。伯夷曰："父命也。"遂逃去。叔齐亦不肯立而逃之。国人立其中子。于是伯夷、叔齐闻西伯昌[15]善养老，盍往归焉。及至，西伯卒，武王载木主[16]，号为文王，东伐纣[17]。伯夷、叔齐叩马而谏曰："父死不葬，爰及干戈，可谓孝乎？以臣弑君，可谓仁乎？"左右欲兵[18]之。

太公[19]曰："此义人也。"扶而去之。武王已平殷乱[20]，天下宗周，而伯夷、叔齐耻之，义不食周粟，隐于首阳山[21]，采薇[22]而食之。及饿且死，作歌。其辞曰："登彼西山[23]兮，采其薇矣。以暴易暴兮，不知其非矣。神农[24]、虞、夏忽焉没兮，我安适归矣？于嗟徂[25]兮，命之衰矣！"遂饿死于首阳山[26]。

由此观之，怨邪非邪？

或曰："天道无亲，常与善人。"若伯夷、叔齐，可谓善人者非邪？积仁絜[27]行如此而饿死！且七十子[28]之徒，仲尼独荐颜渊为好学[29]。然回也屡空[30]，糟糠不厌[31]，而卒蚤[32]夭。天之报施善人，其何如哉？盗蹠日杀不辜[33]，肝人之肉[34]，暴戾恣睢[35]，聚党数千人横行天下，竟以寿终，是遵何德哉？此其尤大彰明较著者也。若至近世，操行不轨，专犯忌讳，而终身逸乐，富厚累世不绝。或择地而蹈之，时然后出言，行不由径，非公正不发愤，而遇祸灾者，不可胜数也。余甚惑焉，傥所谓天道，是邪非邪？

子曰"道不同不相为谋"，亦各从其志也。故曰"富贵如可求，虽执鞭之士，吾亦为之。如不可求，从吾所好"。"岁寒，然后知松柏之后凋"[36]。举世混浊，清士乃见。岂以其重若彼，其轻若此哉？

"君子疾没世而名不称焉。"[37]贾子[38]曰："贪夫徇财，烈士徇名，夸者死权，众庶冯生[39]。""同明相照，同类相求。""云从龙，风从虎，圣人作而万物睹。"[40]

伯夷、叔齐虽贤，得夫子而名益彰。颜渊虽笃学，附骥尾[41]而行益显。岩穴之士，趣舍有时若此，类名堙[42]灭而不称，悲夫！闾巷之人，欲砥[43]行立名者，非附青云之士，恶[44]能施于后世哉？

---

[1]列传：谓叙列其人之事迹，令可传于后世。 [2]六艺：《六经》亦曰《六艺》。《诗》《书》《易》《春秋》《礼》《乐》也。 [3]《诗》：《诗经》。《书》：《尚书》。秦火后，不全，故曰有缺。 [4]岳：四岳也。即羲和之四子，分掌四方之诸侯。牧：九牧。即九州之长。咸：皆也。荐：举也。谓岳牧皆举舜以继尧也。 [5]许由：尧时隐士。尧让天下于许由，许由不受，逃于箕山。见《庄子》。 [6]卞随、务光：汤让天下于卞随、务光，皆不受而逃。见《庄子》。 [7]太史公：司马迁自谓。《索隐》谓杨恽，东方朔所加。 [8]箕山：在河南登封东南。 [9]冢：墓也。 [10]吴太伯：周太王之长子。欲让位于其弟季历，逃之荆蛮，而避之。 [11]不念旧恶：不念人已往之恶事也。 [12]希：同“稀”。 [13]轶：又作“逸”。孔子删《诗》，存三百篇；其未选者，谓之《轶诗》。 [14]孤竹：国名。商汤所封。 [15]西伯昌：周文王。姓姬，名昌。是时为西伯。 [16]武王：文王子，名发。伐殷纣而有天下。木主：即先人灵位。今俗谓牌位。 [17]纣：殷帝辛。被周武王所伐而亡国。 [18]兵：犹言击。 [19]太公：即吕尚。又称太公望。周初贤臣。 [20]殷：商王盘庚，迁都殷（故城在今河南安阳西），改号曰殷。 [21]首阳山：

在山西永济南。 [22]薇：蕨也。野菜，可食。 [23]西山：即首阳山。 [24]神农：古帝名。始教人为耒耜，兴农业。[25]徂（cú）：往也。 [26]夷、齐饿死首阳山事，后人多疑为战国时处士所造。 [27]絜（jié）：与“洁”同。清也。[28]七十子：孔子弟子，身通六艺者，七十七人，又作七十二人。七十子，举成数而言也。 [29]仲尼：孔子字也。颜渊：孔子弟子。孔子尝称其好学。 [30]回：颜渊名。空：读去声。穷也。[31]厌：饱也。糟糠不厌：言虽糟糠尚不得饱食也。 [32]蚤：同“早”。 [33]盗蹠：古之大盗。不辜：无罪之人也。[34]肝人之肉：或谓食人肝；或谓食人肉如牛羊肝也。 [35]暴戾：凶暴而恶戾也。恣睢：恣意怒视也。 [36]所引孔子言，皆出《论语》。 [37]此言亦出于《论语》。 [38]贾子：贾谊，汉初人。 [39]冯：恃也。谓众庶之情，恃矜其生也。或作“每生”。每者，冒也。冒，即贪之义。 [40]所引语出《易经》。原文作：“同声相应，同气相求”。水流湿，火就燥，云从龙，风从虎，圣人作而万物睹。 [41]附骥尾：谓苍蝇附骥尾，而可致千里。比颜回附孔子而名愈彰也。 [42]堙（yīn）：没也。 [43]砥（dǐ）：磨石也。砥行：谓磨砺其品行。 [44]恶（wū）：叹词，何也。

管晏列传

管仲夷吾[1]者，颍上[2]人也。少时常与鲍叔牙[3]游，鲍叔知其贤。管仲贫困，常欺鲍叔[4]，鲍叔终善遇之，不以为言。

已而鲍叔事齐公子小白[5]，管仲事公子纠[6]。及小白立为桓公，公子纠死，管仲囚焉。鲍叔遂进管仲。管仲既用，任政于齐，齐桓公以霸，九合诸侯，一匡天下，管仲之谋也。

管仲曰："吾始困时，尝与鲍叔贾，分财利多自与，鲍叔不以我为贪，知我贫也。吾尝为鲍叔谋事而更穷困，鲍叔不以我为愚，知时有利不利也。吾尝三仕三见逐于君，鲍叔不以我为不肖，知我不遭时也。吾尝三战三走，鲍叔不以我怯，知我有老母也。公子纠败，召忽[7]死之，吾幽囚受辱，鲍叔不以我为无耻，知我不羞小节而耻功名不显于天下也。生我者父母，知我者鲍子也。"

鲍叔既进管仲，以身下之。子孙世禄于齐，有封邑者十余世，常为名大夫。天下不多管仲之贤而多鲍叔能知人也。

管仲既任政相齐，以区区之齐在海滨，通货积财，富国强兵，与俗同好恶。故其称曰："仓廪实而知礼节，衣食足而知荣辱，上服度则六亲固[8]。四维[9]不张，国乃灭亡。”下令如流水之原，令顺民心，故论卑而易行。俗之所欲，因而予之；俗之所否，因而去之。

其为政也，善因祸而为福，转败而为功。贵轻重，慎权衡。桓公实怒少姬，南袭蔡，管仲因而伐楚，责包茅不入贡于周室[10]。桓公实北征山戎，而管仲因而令燕修召公之政[11]。于柯之会，桓公欲背曹沫之约，管仲因而信之[12]，诸侯由是归齐。故曰：“知与之为取，政之宝也。”

管仲富拟于公室，有三归、反坫[13]，齐人不以为侈。管仲卒，齐国遵其政，常强于诸侯。后百余年而有晏子焉[14]。

晏平仲婴[15]者，莱之夷维[16]人也。事齐灵公、庄公、景公，以节俭力行重于齐。既相齐，食不重肉[17]，妾不衣帛。其在朝，君语及之，即危言[18]；语不及之，即危行[19]。国有道，即顺命；无道，即衡命[20]。以此三世显名于诸侯。

越石父贤，在缧绁中[21]。晏子出，遭之涂[22]，解左骖赎之，载归。弗谢，入闺[23]。久之，越石父请绝[24]。晏子戄然[25]，摄衣冠谢曰：“婴虽不仁，免子于厄，何子求绝之速也？”石父曰：“不然。吾闻君子诎[26]于不知己而信于知己者。方吾在缧绁中，彼不知我也。夫子既已感寤而赎我，是知己；知己而无礼，固不如在缧绁之中。”晏子于是延入为上客。

晏子为齐相，出，其御之妻从门间而窥其夫。其夫为相御，拥大盖，策驷马，意气扬扬，甚自得也。既而归，其妻请去。夫问其故。妻曰："晏子长不满六尺，身相齐国，名显诸侯。今者妾观其出，志念深矣，常有以自下者。今子长八尺，乃为人仆御，然子之意自以为足，妾是以求去也。"其后夫自抑损。晏子怪而问之，御以实对。晏子荐以为大夫。

太史公曰：吾读管氏《牧民》《山高》《乘马》《轻重》《九府》[27]，及《晏子春秋》[28]，详哉其言之也。既见其著书，欲观其行事，故次其传。至其书，世多有之，是以不论，论其轶事。

管仲，世所谓贤臣，然孔子小之[29]。岂以为周道衰微，桓公既贤，而不勉之至王，乃称霸哉？语曰"将顺其美，匡救其恶，故上下能相亲也"。岂管仲之谓乎？

方晏子伏庄公尸哭之，成礼然后去[30]，岂所谓"见义不为无勇"者邪？至其谏说，犯君之颜，此所谓"进思尽忠，退思补过"者哉！假令晏子而在，余虽为之执鞭，所忻[31]慕焉。

---

[1]管仲：名夷吾，字敬仲，姬姓。　[2]颍上：安徽颍上南。　[3]鲍叔：字叔牙，姒姓。齐大夫。　[4]谓管仲与鲍叔同贾，及分财，管仲多自取。　[5]公子小白：即齐桓公。小白，名也。　[6]公子纠：桓公之兄，名纠。　[7]召忽：公子纠之傅。　[8]上服度：谓在上之人，服行有法度。六亲：父、母、妻、子、兄、弟也。　[9]四维：谓礼、义、廉、耻。　[10]少姬：为桓公夫人，即蔡姬。桓公与蔡姬乘舟于囿，蔡姬荡

舟戏公。公惧，禁之，不可。公怒而归之，未绝之也。蔡人嫁之。故伐蔡。包：裹也。茅：青茅也。《禹贡》：荆州贡菁茅。此言裹束之菁茅，不入贡于周室也。 [11]山戎：亦曰北戎，在河北迁安境。常为齐、燕之患。山戎侵燕，桓公因救燕，而征之。令燕修召公之政者，初，周武王封召公奭于蓟，是为北燕。管仲因救燕之故，而因令燕修旧政也。 [12]柯之会者，桓公伐鲁，鲁庄公请成，会于柯也。曹沫（mò），《左传》作曹刿。柯之会，曹沫以匕首劫桓公，求反鲁之侵地；而桓公因而许之也。 [13]三归：谓管仲娶三姓女也。妇人谓嫁曰归。一说三归为台名。坫（diàn）：为古时燕享所设之具。以土为之，献酬礼毕，则反爵于其上。 [14]《志疑》谓：管、晏相去只九十年。 [15]晏平仲：名婴。齐大夫。 [16]莱：即山东莱州。夷维：邑名。 [17]不重肉：犹言不兼味也。 [18]危：居高而惧也。危言：慎言之意。 [19]危行：慎行之意。 [20]衡：秤也。谓国无道，则衡量其事之可行而后行。 [21]越石父：齐之贤人。缧：黑索也，所以系罪人者。绁：系也。谓越石父被系也。 [22]涂：同“途”。 [23]闺：户也。上圆下方，似圭者。 [24]请绝：请绝交也。 [25]戄（jué）然：惊异貌。 [26]诎（qū）：屈也。 [27]所列皆管氏所著书之篇名。《牧民》，言治民；《山高》，一名《形势》；《乘马》，言分配田邑，当出车乘及马之数；《轻重》，犹言贵贱。凡物多则贱，少则贵。操多少以御贵贱，运财者之所务也；《九府》，论铸钱之法，此篇今亡。 [28]《晏子春秋》：晏子所著书也。 [29]孔子曰：管仲之器小哉。言其狭隘也。语见《论语》。 [30]《左传》：崔杼弑庄公。晏婴入，枕庄公尸股而哭之，成礼而出。崔杼欲杀之。　[31]忻：同“欣”。

老庄申韩列传

老子者[1]，楚苦县厉乡曲仁里人也[2]，姓李氏，名耳，字聃[3]，周守藏室之史[4]也。

孔子适周，将问礼于老子。老子曰："子所言者，其人与骨皆已朽矣，独其言在耳。且君子得其时则驾，不得其时则蓬累而行[5]。吾闻之，良贾深藏若虚，君子盛德，容貌若愚。去子之骄气与多欲，态色与淫志，是皆无益于子之身。吾所以告子，若是而已。"孔子去，谓弟子曰："鸟，吾知其能飞；鱼，吾知其能游；兽，吾知其能走。走者可以为罔，游者可以为纶，飞者可以为矰[6]。至于龙吾不能知，其乘风云而上天。吾今日见老子，其犹龙邪！"

老子修道德，其学以自隐无名为务。居周久之，见周之衰，乃遂去。至关[7]，关令尹喜曰："子将隐矣，强为我著书。"于是老子乃著书上下篇，言道德之意五千余言而去，莫知其所终[8]。

或曰：老莱子[9]亦楚人也，著书十五篇，言道家之用，与孔子同时云。

盖老子百有六十余岁，或言二百余岁，以其修道而养寿也[10]。

自孔子死之后百二十九年，而史[11]记周太史儋[12]见秦献公曰："始秦与周合，合五百岁而离，离七十岁而霸王者出焉。"[13]或曰儋即老子，或曰非也，世莫知其然否。老子，隐君子也。

老子之子名宗，宗为魏将，封于段干。宗子注，注子宫，宫玄孙假，假仕于汉孝文帝。而假之子解为胶西王卬太傅，因家于齐焉[14]。

世之学老子者则绌[15]儒学，儒学亦绌老子。"道不同不相为谋"，岂谓是邪？李耳"无为自化，清静自正"。

庄子[16]者，蒙[17]人也，名周。周尝为蒙漆园[18]吏，与梁惠王、齐宣王同时。其学无所不窥，然其要本归于老子之言。故其著书十余万言，大抵率[19]寓言也。作《渔父》《盗跖》《胠箧》[20]，以诋訿[21]孔子之徒，以明老子之术。畏累虚、亢桑子[22]之属，皆空语无事实。然善属书离辞[23]，指事类情，用剽剥[24]儒、墨，虽当世宿学不能自解免也。其言洸洋自恣以适己，故自王公大人不能器之。

楚威王闻庄周贤，使使厚币迎之，许以为相。庄周笑谓楚使者曰："千金，重利；卿相，尊位也。子独不见郊祭之牺牛[25]乎？养食之数岁，衣以文绣，以入大庙。当是之时，虽欲为孤豚[26]，岂可得乎？子亟去，无污我。我宁游戏污渎之中自快，无为有国者所羁，终身不仕，以快吾志焉。"

申不害[27]者，京[28]人也，故郑之贱臣。学术[29]以干[30]韩昭侯，昭侯用为相。内修政教，外应诸侯，十五年。终申子之身，国治兵强，无侵韩者。申子之学，本于黄、老[31]而主刑名。著书二篇，号曰《申子》。

韩非者，韩之诸公子也。喜刑名法术[32]之学，而其归本于黄、老。非为人口吃，不能道说，而善著书。与李斯俱事荀卿[33]，斯自以为不如非。

非见韩之削弱，数以书谏韩王。韩王不能用。于是韩非疾治国不务修明其法制，执势以御其臣下，富国强兵而以求人任贤，反举浮淫之蠹而加之于功实之上。以为儒者用文乱法，而侠者以武犯禁。宽则宠名誉之人，急则用介胄[34]之士。今者所养非所用，所用非所养。悲廉直不容于邪枉之臣， 观往者得失之变，故作《孤愤》《五蠹》《内外储》《说林》《说难》[35]十余万言。

……

人或传其书至秦。秦王[36]见《孤愤》《五蠹》之书，曰："嗟乎，寡人得见此人与之游，死不恨矣！"李斯曰："此韩非之所著书也。"秦因急攻韩。韩王始不用非，及急，乃遣非使秦。秦王悦之，未信用。李斯、姚贾害之，毁之曰："韩非，韩之诸公子也。今王欲并诸侯，非终为韩不为秦，此人之情也。今王不用，久留而归之，此自遗患也，不如以过法诛之。"秦王以为然，下吏治非。李斯使人遗非药，使自杀。韩非欲自陈，不得见。秦王后悔之，使人赦之，非已死矣。

申子、韩子，皆著书传于后世，学者多有。余独悲韩子为《说难》而不能自脱耳。

太史公曰：老子所贵道，虚无，因应变化于无为，故著书辞称微妙难识。庄子散道德，放论，要亦归之自然。申子卑卑，施之于名实。韩子引绳墨，切事情，明是非，其极惨礉[37]少恩。皆原于道德之意，而老子深远矣。

---

[1]老：寿考也。子：古者男子之美称。　[2]苦（hù）县：故城在河南鹿邑东。厉：一作“赖”。乡名也。曲仁：里名也。　[3]老子姓名，疑问甚多。可参看近人梁启超《老子哲学》，胡适《中国哲学史大纲》，江瑔《读子卮言》。　[4]藏室之史：周藏书室之史也。　[5]蓬：草名。细叶，蔓生于沙漠中。风吹，则根断，随风转移。累：转行貌。谓君子得明主，则驾车而事；不遭时，则若蓬转而行。　[6]矰（zēng）：用生丝系矢，以射鸟雀者。　[7]关：或云散关，或云函谷关。　[8]此言莫知其所终，故下文言或百有六十余岁，或二百岁。又言或谓儋即老子，或谓非也。皆疑辞。　[9]世传老莱子性至孝，年七十，作幼儿戏，着五彩衣，以娱其亲。　[10]此皆疑辞，不可深信。　[11]史：谓古之史书也。　[12]儋：音 dàn。　[13]此为儋之预言。　[14]家于齐焉：谓居于齐也。此节所叙，亦不足信。　[15]绌

（chù）：与“黜”同。　[16]庄子：名周。　[17]蒙：蒙泽。故城在河南商丘东北。　[18]漆园：故城在山东荷泽北。　[19]率：均。　[20]皆《庄子》书中篇名。　[21]诋（dǐ）：毁辱也。訿（zǐ）：诋毁也。　[22]畏累虚、亢桑子：皆见庄子书中。累：山名。虚：大丘也。亢桑子：人名，即亢桑楚。居畏累山。然皆寓言非实事也。　[23]属（zhǔ）：连缀也。离辞：王念孙谓，犹言陈辞。　[24]剽剥：犹言攻击也，犹今言之分析批判。　[25]牺牛：祭祀所用之牛。色纯曰牺。　[26]豚（tún）：小猪也。　[27]申子，名不害。　[28]京：郑邑。故城在河南荥阳东南。　[29]术：当时法家之学。　[30]干：求也。　[31]黄、老：黄帝，老子也。　[32]申不害言术，商鞅言法，皆主刑名。故曰“刑名法术”。　[33]李斯：详见《李斯传》。荀卿：名况，赵人。与孟子并称，为当时大儒。　[34]介：甲也。胄：战时所着之冠也。皆战士所以御兵刃者。　[35]皆韩非所著书之篇名。　[36]秦王：秦始皇也。　[37]覈（hé）：深刻也。

司马穰苴列传

司马穰苴[1]者，田完之苗裔也[2]。齐景公时，晋伐阿、甄，而燕侵河上[3]，齐师败绩。景公患之。晏婴乃荐田穰苴曰："穰苴虽田氏庶孽，然其人文能附众，武能威敌，愿君试之。"景公召穰苴，与语兵事，大说[4]之，以为将军，将兵扞[5]燕、晋之师。穰苴曰："臣素卑贱，君擢之闾伍[6]之中，加之大夫之上，士卒未附，百姓不信，人微权轻，愿得君之宠臣，国之所尊，以监军，乃可。"于是景公许之，使庄贾往。

穰苴既辞，与庄贾约曰："旦日[7]日中会于军门。"穰苴先驰至军，立表下漏[8]待贾。贾素骄贵，以为将已之军，而已为监，不甚急；亲戚左右送之，留饮。

日中而贾不至。穰苴则仆表决漏[9]，入，行军勒兵，申明约束。约束既定，夕时，庄贾乃至。穰苴曰："何后期为？"贾谢曰："不佞大夫亲戚送之，故留。"穰苴曰："将受命之日则忘其家，临军约束则忘其亲，援枹鼓[10]之急则忘其身。今敌国深侵，邦内骚动，士卒暴露于境，君寝不安席，食不甘味，百姓之命皆悬于君，何谓相送乎！"召军正[11]问曰："军法期而后至者云何？"对曰："当斩。"庄贾惧，使人驰报景公，请救。既往，未及反，于是遂斩庄贾以徇[12]三军。三军之士皆振慄。久之，景公遣使者持节赦贾，驰入军中。穰苴曰："将在军，君令有所不受。"问军正曰："驰[13]三军法何"正曰："当斩。"使者大惧。穰苴曰："君之使不可杀之。"乃斩其仆，车之左驸，马之右骖[14]，以徇三军。遣使者还报，然后行。

士卒次舍井灶饮食问疾医药，身自拊循之。悉取将军之资粮享士卒，身与士卒平分粮食。最比其羸弱者[15]。三日而后勒兵。病者皆求行，争奋出为之赴战。晋师闻之，为罢去。燕师闻之，度水[16]而解。于是追击之，遂取所亡封内故境而引兵归。

未至国，释兵旅，解约束，誓盟而后入邑。景公与诸大夫郊迎，劳师成礼，然后反归寝。既见穰苴，尊为大司马。田氏日以益尊于齐。

已而大夫鲍氏、高、国[17]之属害之，谮于景公。景公退穰苴，苴发疾病而死。田乞、田豹[18]之徒，由此怨高、国等。其后及田常[19]，杀简公[20]，尽灭高子、国子之族。至常曾孙和，因自立，为齐威王[21]。用兵行威，大放[22]穰苴之法，而诸侯朝齐。齐威王使大夫追论古者《司马兵法》而附穰苴于其中，因号曰《司马穰苴兵法》。

太史公曰：余读《司马兵法》，闳[23]廓深远，虽三代征伐，未能竟其义，如其文也，亦少褒矣[24]。若夫穰苴，区区为小国行师，何暇及《司马兵法》之揖让乎？世既多《司马兵法》，以故不论，著穰苴之列传焉。

---

[1]司马：官名。穰苴（yáng jū）：人名。田氏之族。穰苴之事，不见于《春秋》，齐亦恐无大司马之官，故后人多疑之。 [2]田完：即陈完。陈厉公子。宣公时，奔齐。齐桓公使为士正。卒谥敬仲。苗裔：后人也。 [3]阿、甄：皆齐邑名。阿：即东阿。故城在山东东阿西。甄：故城在河南濮阳。河上：黄河南岸地。 [4]说：同“悦”。 [5]扞（hàn）：卫也。 [6]擢（zhuó）：引也，拔也。闾伍：犹言乡里。[7]旦日：明日也。 [8]立表：谓立木为表，以测日影。下漏：谓下滴漏，以知刻数也。 [9]仆（pū）：倒也。仆表：卧其表于地也。决漏：决去壶中漏水也。以庄贾失期故也。[10]枹（fú）：击鼓杖也。援枹鼓：谓操枹击鼓也。 [11]军正：谓军中执法之官也。 [12]徇（xùn）：对众宣示也。[13]驰：车马疾驱也。 [14]驸：与“辅”通。驸者，车厢外之立木也。此言既斩其仆，复斩其车马也。 [15]比（bǐ）：袒护也。此谓袒护士卒之羸弱者也。 [16]度水：谓渡黄河而北去也。 [17]鲍氏：鲍牧。高：高昭子。国：国惠子也。 [18]田乞：田僖子。田豹：亦僖子之族。[19]田常：即陈恒。田乞子，事齐简公。后杀简公，而立平公。 [20]简公：名壬。悼公子。为陈恒所杀。 [21]《索隐》云：此文误也。当云：“田和自立，至其孙，号为齐威王。” [22]放（fǎng）：今作“仿”，或作“坊”。

[23]闳（hóng）：大也。　[24]褒：扬美、奖饰也。言《司马兵法》之言，未免过于奖饰也。

孙子吴起列传

孙子武[1]者，齐人也。以兵法见于吴王阖庐[2]。阖庐曰："子之十三篇，吾尽观之矣，可以小试勒兵乎？"对曰："可。"阖庐曰："可试以妇人乎？"曰："可。"于是许之，出宫中美女，得百八十人。孙子分为二队，以王之宠姬二人各为队长，皆令持戟。令之曰："汝知而[3]心与左右手背乎？"妇人曰："知之。"孙子曰："前，则视心；左，视左手；右，视右手；后，即视背。"妇人曰："诺。"约束既布，乃设铁、钺[4]，即三令五申之。于是鼓之右[5]，妇人大笑。孙子曰："约束不明，申令不熟，将之罪也。"复三令五申而鼓之左，妇人复大笑。孙子曰："约束不明，申令不熟，将之罪也；既已明而不如法者，吏士之罪也。"乃欲斩左右队长。吴王从台上观，见且斩爱姬，大骇。趣[6]使使下令曰："寡人已知将军能用兵矣。寡人非此二姬，食不甘味，愿勿斩也。"孙子曰："臣既已受命为将，将在军，君命有所不受。"遂斩队长二人以徇。用其次为队长，于是复鼓之。妇人左右前后跪起皆中规矩绳墨，无敢出声。于是孙子使使报王曰："兵既整齐，王可试下观之，唯王所欲用之，虽赴水火犹可也。"吴王曰："将军罢休就舍，寡人不愿下观。”孙子曰：“王徒好其言，不能用其实。”于是阖庐知孙子能用兵，卒以为将。西破强楚，入郢[7]，北威齐晋，显名诸侯，孙子与有力焉。

孙武既死，后百余岁有孙膑[8]。膑生阿、鄄[9]之间，膑亦孙武之后世子孙也。

孙膑尝与庞涓[10]俱学兵法。庞涓既事魏，得为惠王将军，而自以为能不及孙膑，乃阴使召孙膑。膑至，庞涓恐其贤于己，疾之，则以法刑断其两足而黥之，欲隐勿见。

齐使者如梁，孙膑以刑徒阴见，说齐使。齐使以为奇，窃载与之齐。齐将田忌善而客待之。

忌数与齐诸公子驰逐重射。孙子见其马足不甚相远，马有上、中、下辈。于是孙子谓田忌曰：“君弟重射[11]，臣能令君胜。”田忌信然之，与王及诸公子逐射千金[12]。及临质，孙子曰：“今以君之下驷与彼上驷，取君上驷与彼中驷，取君中驷与彼下驷。”既驰三辈毕，而田忌一不胜而再胜[13]，卒得王千金。于是忌进孙子于威王。威王问兵法，遂以为师。

其后魏伐赵，赵急，请救于齐。齐威王欲将孙膑，膑辞谢曰：“刑余之人不可。”于是乃以田忌为将，而孙子为师，居辎车中，坐为计谋。田忌欲引兵之赵，孙子曰：“夫解杂乱纷纠者不控卷[14]，救斗者不搏撠[15]，批亢捣虚[16]，形格势禁，则自为解耳[17]。今梁赵相攻，轻兵锐卒必竭于外，老弱罢[18]于内。君不若引兵疾走大梁，据其街路，冲其方虚，彼必释赵而自救。是我一举解赵之围而收毙于魏也。”田忌从之，魏果去邯郸[19]，与齐战于桂陵[20]，大破梁军。

后十三岁，魏与赵攻韩，韩告急于齐。齐使田忌将而往，直走大梁。魏将庞涓闻之，去韩而归，齐军既已过而西矣[21]。孙子谓田忌曰：“彼三晋[22]之兵素悍勇而轻齐，齐号为怯，善战者因其势而利导之。兵法，百里而趣利者蹶[23]上将，五十里而趣[24]利者军半至。使齐军入魏地为十万灶，明日为五万灶，又明日为三万灶。”庞涓行三日，大喜，曰：“我固知齐军怯，入吾地三日，士卒亡者过半矣。”乃弃其步军，与其轻锐倍日并行逐之。孙子度其行，暮当至马陵[25]。马陵道狭，而旁多阻隘，可伏兵，乃斫大树白而书之曰“庞涓死于此树之下”。于是令齐军善射者万弩，夹道而伏，期曰“暮见火举而俱发”。庞涓果夜至斫木下，见白书，乃钻火烛之。读其书未毕，齐军万弩俱发，魏军大乱相失。庞涓自知智穷兵败，乃自刭，曰：“遂成竖子[26]之名！”齐因乘胜尽破其军，虏魏太子申以归。孙膑以此名显天下，世传其兵法。

吴起者，卫人也，好用兵。尝学于曾子[27]，事鲁君。齐人攻鲁，鲁欲将吴起，吴起取[28]齐女为妻，而鲁疑之。吴起于是欲就名，遂杀其妻，以明不与齐也。鲁卒以为将。将而攻齐，大破之。

鲁人或恶吴起曰："起之为人，猜忍人也。其少时，家累千金，游仕不遂，遂破其家，乡党笑之，吴起杀其谤己者三十余人，而东出卫郭门。与其母诀，啮臂而盟曰：'起不为卿相，不复入卫。'遂事曾子。居顷之，其母死，起终不归。曾子薄之，而与起绝。起乃之鲁，学兵法以事鲁君。鲁君疑之，起杀妻以求将。夫鲁小国，而有战胜之名，则诸侯图鲁矣。且鲁、卫兄弟之国也，而君用起，则是弃卫。"鲁君疑之，谢吴起。

吴起于是闻魏文侯贤，欲事之。文侯问李克曰："吴起何如人哉？"李克曰："起贪而好色，然用兵司马穰苴不能过也。"于是魏文侯以为将，击秦，拔五城。

起之为将，与士卒最下者同衣食。卧不设席，行不骑乘，亲裹赢粮，与士卒分劳苦。卒有病疽者，起为吮之。卒母闻而哭之。人曰："子卒也，而将军自吮其疽，何哭为？"母曰："非然也。往年吴公吮其父，其父战不旋踵，遂死于敌。吴公今又吮其子，妾不知其死所矣。是以哭之。"

文侯以吴起善用兵，廉平，尽能得士心，乃以为西河[29]守，以拒秦、韩。

魏文侯既卒，起事其子武侯。武侯浮西河而下，中流，顾而谓吴起曰："美哉乎山河之固，此魏国之宝也！"起对曰："在德不在险。昔三苗[30]氏左洞庭[31]，右彭蠡[32]，德义不修，禹灭之。夏桀之居，左河济[33]，右泰华[34]，伊阙[35]在其南，羊肠[36]在其北，修政不仁，汤放之。殷纣之国，左孟门[37]，右太行[38]，常山[39]在其北，大河[40]经其南，修政不德，武王杀之。由此观之，在德不在险。若君不修德，舟中之人尽为敌国也。”武侯曰：“善。”

（即封）吴起为西河守[41]。甚有声名。魏置相，相田文[42]。吴起不悦，谓田文曰：“请与子论功，可乎？”田文曰：“可。”起曰：“将三军，使士卒乐死，敌国不敢谋，子孰与起？”文曰：“不如子。”起曰：“治百官，亲万民，实府库，子孰与起？”文曰：“不如子。”起曰：“守西河而秦兵不敢东乡，韩赵宾从，子孰与起？”文曰：“不如子。”起曰：“此三者，子皆出吾下，而位加吾上，何也？”文曰：“主少国疑，大臣未附，百姓不信，方是之时，属之于子乎？属之于我乎？”起默然良久，曰：“属之子矣。”文曰：“此乃吾所以居子之上也。”吴起乃自知弗如田文。

田文既死，公叔[43]为相，尚魏公主，而害吴起。公叔之仆曰：“起易去也。”公叔曰：“奈何？”其仆曰：“吴起为人节廉而自喜名也。君因先与武侯言曰：‘夫吴起，贤人也，而侯之国小，又与强秦壤界，臣窃恐起之无留心也。’武侯即曰：‘奈何？’君因谓武侯曰：‘试延以公主，起有留心则必受之。无留心则必辞矣。以此卜之。’君因召吴起而与归，即令公主怒而轻君。吴起见公主之贱君也，则必辞。”于是吴起见公主之贱魏相，果辞魏武侯。武侯疑之而弗信也。吴起惧得罪，遂去，即之楚。

楚悼王素闻起贤，至则相楚。明法审令，捐不急之官，废公族疏远者，以抚养战斗之士。要在强兵，破驰说之言从横者。于是南平百越；北并陈蔡[44]，却三晋；西伐秦。诸侯患楚之强。故楚之贵戚尽欲害吴起。

及悼王死，宗室大臣作乱而攻吴起，吴起走之王尸而伏之。击起之徒因射刺吴起，并中悼王。悼王既葬，太子立，乃使令尹尽诛射吴起而并中王尸者。坐射起而夷宗死者七十余家。

太史公曰：世俗所称师旅，皆道《孙子》十三篇。吴起《兵法》，世多有，故弗论，论其行事所施设者。语曰："能行之者未必能言，能言之者未必能行。"孙子筹策庞涓明矣，然不能蚤救患于被刑。吴起说武侯以形势不如德，然行之于楚，以刻暴少恩亡其躯。悲夫！

---

[1]孙子，名武。今传《孙子》十三篇，武所著也。然孙武之名，不见于《左传》，故后人多疑之。　[2]吴王阖庐：详见《越王勾践世家》。　[3]而：汝也。　[4]铁（fú）：斧也。钺（yuè）：大斧也。　[5]鼓之右：鼓之使向右。　[6]趣（cù）：急也。　[7]郢（yǐng）：楚都。故城在湖北江陵北。[8]膑（bìn）：刑法中去膝盖之名。孙子因断两足，故称孙膑。其名不可考矣。　[9]阿：故城在山东东阿西。　[10]庞涓：战国时魏将。曾与孙膑同学兵法。知己才不及膑，将膑诱骗至

魏，处以膑刑。　[11]弟：同“第”，且也。重射：好射也。　[12]谓以千金为赌也。　[13]彼此之马，皆有上中下三等。以忌之下驷，比彼上驷，则忌不胜；以忌之中驷比彼下驷，则忌胜；以忌之上驷，比彼中驷，则忌胜。故曰一不胜而再胜。总决为胜。　[14]卷：与“拳”通。言杂乱纠纷者，当以手徐解之，不可引拳而击之也。　[15]撠：与“击”通。言救斗者，当善为解之，毋相助搏击，使其怒益炽也。　[16]批：击也。亢：喉也。谓击要害。捣：冲也。虚：空也。谓攻其不备。　[17]谓若批亢，捣虚，则彼事形相格，而其势自止，不能不解也。　[18]罢：同“疲”。　[19]邯郸：赵都。　[20]桂陵：故城在山东曹县西北。　[21]上文即言“直走大梁”，下文言“齐军既已过而西”。夫齐在魏东则“过而西”句不可解。不知上文所谓“走大梁”非直抵大梁，乃直向大梁进发耳。“过而西”者，过齐境而西也。　[22]三晋：赵、魏、韩三氏，仕晋为卿；后分晋，各立为国，称为三晋。　[23]蹶（jué）：挫也。　[24]趣（qǔ）：有定向而疾行以赴之也。　[25]马陵：春秋时卫地。今河北大名东南。　[26]竖子：指孙膑。　[27]曾子：名参。孔子弟子。　[28]取：同“娶”。　[29]西河：在黄河西，即《禹贡》雍州之西河，故名。　[30]三苗：古国名。　[31]洞庭：湖南洞庭湖。　[32]彭蠡：今江西鄱阳湖。　[33]河：即黄河。济：即济水。　[34]泰华：山名。亦曰华山，一作太华。在陕西华阴南。　[35]伊阙：山名。在河南洛阳南。　[36]羊肠：坂名。在山西交城东南。　[37]孟门：山名。在太行山东。　[38]太行：山名。在河南、河北间。　[39]常山：山名。

即恒山。在河北阳曲西北。　[40]大河：谓黄河。　[41]上文已言文侯以起为西河守，此“即封”二字是衍文。　[42]田文：《吕氏春秋》作“商文”。　[43]公叔：《志疑》谓即魏公叔痤。《索隐》以为韩之公族，非也。　[44]北并陈蔡：《志疑》谓陈灭于楚惠王十一年，蔡灭于惠王四十二年，何待悼王始并之。《史记》误。

伍子胥列传

伍子胥者，楚人也，名员[1]。员父曰伍奢。员兄曰伍尚。其先曰伍举，以直谏事楚庄王[2]，有显，故其后世有名于楚。

楚平王有太子名曰建，使伍奢为太傅，费无忌为少傅[3]。无忌不忠于太子建。平王使无忌为太子取妇于秦，秦女好，无忌驰归报平王曰："秦女绝美，王可自取，而更为太子取妇。"平王遂自取秦女而绝爱幸之，生子轸。更为太子取妇。

无忌既以秦女自媚于平王，因去太子而事平王。恐一旦平王卒而太子立，杀己，乃因谗太子建。建母，蔡女也，无宠于平王。平王稍益疏建，使建守城父[4]，备边兵。

顷之，无忌又日夜言太子短于王曰："太子以秦女之故，不能无怨望，愿王少自备也。自太子居城父，将兵，外交诸侯，且欲入为乱矣。"平王乃召其太傅伍奢考问之。伍奢知无忌谗太子于平王，因曰："王独奈何以谗贼小臣疏骨肉之亲乎？"无忌曰："王今不制，其事成矣。王且见禽。"于是平王怒，囚伍奢，而使城父司马奋扬[5]往杀太子。行未至，奋扬使人先告太子："太子急去，不然将诛。”太子建亡奔宋。

无忌言于平王曰：“伍奢有二子，皆贤，不诛，且为楚忧。可以其父质而召之，不然，且为楚患。”王使使谓伍奢曰：“能致汝二子则生，不能则死。”伍奢曰：“尚为人仁，呼必来。员为人刚戾忍诟[6]，能成大事，彼见来之并禽，其势必不来。”

王不听，使人召二子曰：“来，吾生汝父；不来，今杀奢也。”伍尚欲往，员曰：“楚之召我兄弟，非欲以生我父也，恐有脱者后生患，故以父为质，诈召二子。二子到，则父子俱死。何益父之死？往而令雠不得报耳。不如奔他国，借力以雪父之耻，俱灭，无为也。”伍尚曰：“我知往终不能全父命。然恨父召我以求生而不往，后不能雪耻，终为天下笑耳。”谓员：“可去矣。汝能报杀父之雠，我将归死。”

尚既就执，使者捕伍胥。伍胥贯[7]弓执矢向使者，使者不敢进，伍胥遂亡。闻太子建之在宋，往从之[8]。奢闻子胥之亡也，曰：“楚国君臣且苦兵矣。”伍尚至楚，楚并杀奢与尚也。

伍胥既至宋，宋有华氏之乱[9]，乃与太子建俱奔于郑。郑人甚善之。太子建又适晋，晋顷公曰：“太子既善郑，郑信太子。太子能为我内应，而我攻其外，灭郑必矣。灭郑而封太子。”太子乃还郑。事未会，会自私欲杀其从者，从者知其谋，乃告之于郑。郑定公与子产诛杀太子建[10]。建有子名胜。伍胥惧，乃与胜俱奔吴。

到昭关[11]，昭关欲执之。伍胥遂与胜独身步走，几不得脱。追者在后。至江，江上有一渔父乘船，知伍胥之急，乃渡伍胥。伍胥既渡，解其剑曰："此剑直百金，以与父。"父曰："楚国之法，得伍胥者赐粟五万石，爵执珪，岂徒百金剑邪！"不受。伍胥未至吴而疾，止中道，乞食[12]。

至于吴，吴王僚方用事，公子光为将。伍胥乃因公子光以求见吴王。

久之，楚平王以其边邑钟离与吴边邑卑梁氏[13]俱蚕，两女子争桑相攻，乃大怒，至于两国举兵相伐。吴使公子光伐楚，拔其钟离、居巢[14]而归。伍子胥说吴王僚曰："楚可破也。愿复遣公子光。"公子光谓吴王曰："彼伍胥父、兄为戮于楚，而劝王伐楚者，欲以自报其雠耳。伐楚未可破也。"

伍胥知公子光有内志，欲杀王而自立，未可说以外事。乃进专诸于公子光，退而与太子建之子胜耕于野。五年[15]而楚平王卒。

初，平王所夺太子建秦女生子轸，及平王卒，轸竟立为后，是为昭王。吴王僚因楚丧，使二公子[16]将兵往袭楚。楚发兵绝吴兵之后，不得归。吴国内空，而公子光乃令专诸袭刺吴王僚而自立，是为吴王阖庐。

阖庐既立，得志，乃召伍员以为行人，而与谋国事。楚诛其大臣郤宛、伯州犁[17]，伯州犁之孙伯嚭亡奔吴，吴亦以嚭为大夫。前王僚所遣二公子将兵伐楚者，道绝不得归。后闻阖庐弑王僚自立，遂以其兵降楚，楚封之于舒[18]。

阖庐立三年，乃兴师与伍胥、伯嚭伐楚，拔舒，遂禽故吴反二将军。因欲至郢[19]，将军孙武曰："民劳，未可，且待之。"乃归。

四年，吴伐楚，取六与潜[20]。

五年，伐越，败之。

六年，楚昭王使公子囊瓦[21]将兵伐吴。吴使伍员迎击，大破楚军于豫章[22]，取楚之居巢。

九年，吴王阖庐谓子胥、孙武曰："始子言郢未可入，今果何如？"二子对曰："楚将囊瓦贪，而唐、蔡皆怨之。王必欲大伐之，必先得唐、蔡乃可。"阖庐听之，悉兴师与唐、蔡伐楚，与楚夹汉水而陈[23]。吴王之弟夫概将兵请从，王不听，遂以其属五千人击楚将子常[24]。子常败走，奔郑。于是吴乘胜而前，五战，遂至郢。

己卯，楚昭王出奔。庚辰，吴王入郢。昭王出亡，入云梦；盗击王，王走郧[25]。郧公弟怀曰："平王杀我父，我杀其子，不亦可乎！"郧公恐其弟杀王，与王奔随[26]。

吴兵围随，谓随人曰："周之子孙在汉川[27]者，楚尽灭之。"随人欲杀王，王子綦匿王，己自为王以当之。随人卜与王于吴，不吉，乃谢吴不与王。

始，伍员与申包胥为交，员之亡也，谓包胥曰："我必覆楚。"包胥曰："我必存之。"及吴兵入郢，伍子胥求昭王。既不得，乃掘楚平王墓，出其尸，鞭之三百，然后已[28]。

申包胥亡于山中，使人谓子胥曰："子之报雠，其以甚乎！吾闻之，人众者胜天，天定亦能破人。今子故平王之臣，亲北面而事之，今至于僇死人，此岂其无天道之极乎！"伍子胥曰："为我谢申包胥曰，吾日莫途远，吾故倒行而逆施之。"[29]

于是申包胥走秦告急，求救于秦。秦不许。包胥立于秦廷，昼夜哭，七日七夜不绝其声。秦哀公怜之，曰："楚虽无道，有臣若是，可无存乎！"乃遣车五百乘救楚击吴。[十年]六月[30]，败吴兵于稷。

会吴王久留楚求昭王，而阖庐弟夫概乃亡归，自立为王。阖庐闻之，乃释楚而归，击其弟夫概。夫概败走，遂奔楚。楚昭王见吴有内乱，乃复入郢。封夫概于堂溪，为堂溪氏[31]。楚复与吴战。败吴，吴王乃归。

后二岁，阖庐使太子夫差将兵伐楚，取番[32]。楚惧吴复大来，乃去郢，徙于鄀[33]。

当是时，吴以伍子胥、孙武之谋，西破强楚，北威齐晋，南服越人。

其后四年，孔子相鲁[34]。

后五年，伐越。越王勾践迎击，败吴于姑苏[35]，伤阖庐指，军却。阖庐病创将死，谓太子夫差曰："尔忘勾践杀尔父乎？"夫差对曰："不敢忘。"是夕，阖庐死。夫差既立为王，以伯嚭为太宰，习战射。二年后伐越，败越于夫湫[36]。越王勾践乃以余兵五千人栖于会稽之上，使大夫种厚币遗吴太宰嚭以请和，求委国为臣妾。吴王将许之。伍子胥谏曰：“越王为人能辛苦。今王不灭，后必悔之。”吴王不听，用太宰嚭计，与越平。

其后五年，而吴王闻齐景公死而大臣争宠，新君弱，乃兴师北伐齐[37]。伍子胥谏曰：“勾践食不重味，吊死问疾，且欲有所用之也。此人不死，必为吴患。今吴之有越，犹人之有腹心疾也。而王不先越而乃务齐，不亦谬乎！”吴王不听，伐齐，大败齐师于艾陵，遂威邹、鲁之君以归[38]。益疏子胥之谋。

其后四年[39]，吴王将北伐齐，越王勾践用子贡之谋，乃率其众以助吴[40]，而重宝以献遗太宰嚭。太宰嚭既数受越赂，其爱信越殊甚，日夜为言于吴王。吴王信用嚭之计。伍子胥谏曰：“夫越，腹心之病，今信其浮辞诈伪而贪齐。破齐，譬犹石田[41]，无所用之。且《盘庚之诰》[42]曰：‘有颠越不恭，劓殄灭之，俾无遗育，无使易种于兹邑[43]。’此商之所以兴。愿王释齐而先越；若不然，后将悔之无及。”而吴王不听，使子胥于齐。子胥临行，谓其子曰：“吾数谏王，王不用，吾今见吴之亡矣。汝与吴俱亡，无益也。”乃属其子于齐鲍牧[44]，而还报吴。

吴太宰嚭既与子胥有隙，因谗曰：“子胥为人刚暴，少恩，猜贼，其怨望恐为深祸也。前日王欲伐齐，子胥以为不可，王卒伐之而有大功。子胥耻其计谋不用，乃反怨望。而今王又复伐齐，子胥专愎[45]强谏，沮毁[46]用事，徒幸吴之败以自胜其计谋耳。今王自行，悉国中武力以伐齐，而子胥谏不用，因辍谢，详病不行。王不可不备，此起祸不难。且嚭使人微伺之，其使于齐也，乃属其子于齐之鲍氏。夫为人臣，内不得意，外倚诸侯，自以为先王之谋臣，今不见用，常鞅鞅怨望。愿王早图之。”吴王曰：“微子之言，吾亦疑之。”乃使使赐伍子胥属镂之剑，曰：“子以此死。”伍子胥仰天叹曰：“嗟乎！谗臣嚭为乱矣，王乃反诛我。我令若父霸。自若未立时，诸公子争立，我以死争之于先王，几不得立。若既得立，欲分吴国予我，我顾不敢望也。然今若听谀臣言以杀长者。”乃告其舍人曰：“必树吾墓上以梓，令可以为器[47]；而抉吾眼县吴东门之上[48]，以观越寇之入灭吴也。”乃自刭死。

吴王闻之大怒，乃取子胥尸盛以鸱夷革[49]，浮之江中。吴人怜之，为立祠于江上[50]，因命曰胥山[51]。

伍子胥初所与俱亡故楚太子建之子胜者，在于吴。吴王夫差之时，楚惠王欲召胜归楚。叶公谏曰：“胜好勇而阴求死士，殆有私乎！”惠王不听。遂召胜，使居楚之边邑鄢[52]，号为白公。

白公归楚三年[53]而吴诛子胥。白公胜既归楚，怨郑之杀其父，乃阴养死士求报郑。

归楚五年[54]，请伐郑，楚令尹子西许之。兵未发而晋伐郑，郑请救于楚。楚使子西往救，与盟而还。白公胜怒曰：

"非郑之仇，乃子西也。"胜自砺剑，人问曰："何以为？"胜曰："欲以杀子西。"子西闻之，笑曰："胜如卵耳[55]，何能为也。"

其后四岁，白公胜与石乞袭杀楚令尹子西、司马子綦于朝[56]。石乞曰："不杀王，不可。"乃劫王如高府[57]。石乞从者屈固[58]负楚惠王亡走昭夫人之宫[59]。叶公闻白公为乱，率其国人攻白公。白公之徒败，亡走山中，自杀[60]。而虏石乞，而问白公尸处，不言将亨。石乞曰："事成为卿，不成而亨，固其职也。"终不肯告其尸处。遂亨石乞，而求惠王复立之。

太史公曰：怨毒之于人甚矣哉！王者尚不能行之于臣下，况同列乎！向令伍子胥从奢俱死，何异蝼蚁。弃小义，雪大耻，名垂于后世。悲夫！方子胥窘于江上，道乞食，志岂尝须臾忘郢邪？故隐忍就功名，非烈丈夫孰能致此哉？白公如不自立为君者，其功谋亦不可胜道者哉！

---

[1]员：音 yún。　[2]楚庄王：《志疑》谓疑是楚灵王之误。　[3]费无忌：《左传》作"费无极"。　[4]城父：楚邑。故城在河南宝丰。　[5]奋扬：城父司马之姓名也。[6]诟：与"垢"同，耻辱，怒骂。　[7]贯：与"弯"同。　[8]《志疑》谓："子胥历宋、郑、晋而与太子俱，不知何所据。"[9]华氏之乱：谓华亥、向宁、华定与君争而出奔之事，在《春

秋》昭二十年。　[10]《志疑》谓：是时子产已死，建恐未是子产诛之。　[11]昭关：在吴、楚交界之境。故址在安徽含山北。　[12]伍子胥乞食处，在江苏溧阳。　[13]钟离：在安徽凤阳。古钟离子之国也。卑梁：地名。氏：犹言民也。　[14]钟离、居巢：皆楚县也。钟离见上。居巢，亦古国。　[15]五年，《志疑》谓当作三年。　[16]二公子：公子烛庸及盖余也。[17]伯州犁：《志疑》谓，此三字是衍文。　[18]降楚封舒之事，不见《左传》。《志疑》谓《史》误。　[19]郢：楚都也。故城在湖北江陵北。　[20]六：邑名。安徽寿县西南。潜：邑名。安徽潜山。　[21]囊瓦：据《左传》，楚公子贞，字子囊。其孙名瓦，字子常。此称公子，又兼称公子，又兼称囊、瓦，误也。　[22]豫章：江西南昌。　[23]汉水：楚国之大川也。源出陕西汉中，流贯湖北，自汉口而入于长江。陈：古"阵"字。[24]子常：公孙瓦也。见前。　[25]郧（yún）：在湖北境内。[26]随：国名。　[27]汉川：即汉水。　[28]此事《左传》《公羊》皆不载。《穀梁》但言挞平王之墓，未言鞭尸。　[29]此子胥自谓：志在报仇，常恐且死，不遂初心。如行路者，日暮途远，为势所迫，虽颠倒疾行，逆理施事，所不顾也。　[30]据《志疑》增"十年"二字。稷：稷丘也。地名。　[31]堂溪：楚地。古房子国。　[32]《志疑》谓："后二岁当作后一岁。夫差当作终累。取番事误。"　[33]鄀（ruò）：楚邑名。故城在湖北宜城。　[34]孔子相鲁事误。　[35]《志疑》谓："五年"当作"四年"。《正义》谓："姑苏当作檇李。"　[36]夫湫（jiǎo）：或作"夫椒"。　[37]《志疑》谓："此处叙事有误。‘五年’当作‘九年’。然非因景公死而伐齐也。” [38]大败齐师于艾陵：二句疑错出。 [39]四年：《志疑》谓当作一年。 [40]子贡无说越事。此与《仲尼弟子传》皆无据。 [41]石田：不能耕种。喻无用之地也。 [42]《盘庚之诰》：《商书》篇名。盘庚迁殷时，作以告民者也。 [43]劓（yì）：割鼻之刑也。殄（tiǎn）：尽也，绝也。此数语谓：如有不善之人，颠陨逾越，不恭上命，小则加以劓刑，大则殄灭之，无有遗育，毋使移其种于此新邑也。 [44]鲍牧：《志疑》谓，“当作鲍氏。是时牧已死矣。” [45]愎（bì）：自负。 [46]沮毁：毁坏也；毁伤也。 [47]器：谓棺。梓：可以为材。谓吴必亡也。《左传》云：“树吾墓槚，槚可材也，吴其亡乎。” [48]抉：剜出。县：同“悬”。 [49]鸱夷：革囊也。 [50]江：谓长江。胥山去江甚近，故曰江上。 [51]胥山：在太湖边。《正义》谓：“山上庙，不干子胥事。”而子胥之前，吴已有胥门、姑胥台等名。胥山之名，恐不自子胥始。 [52]鄢（yān）：故城在湖北宜城境。 [53]白公归不知何年。吴诛子胥，在夫差二十年。 [54]《志疑》谓：“此处年亦有误。” [55]胜如卵耳，《左传》作：胜如卵，余翼而长之。盖恃其有恩也。今《史》如此云云，是谓其脆弱，与《左传》异。 [56]子綦：《左传》作子期。 [57]高府：楚之别府。据《读书杂志》删“之”字。 [58]屈固：一作惠王从者。 [59]昭夫人：即惠王母。 [60]自杀：《左传》云“自缢”。

商君列传

商君者[1]，卫之诸庶孽公子[2]也，名鞅，姓公孙氏，其祖本姬姓也。鞅少好刑名之学，事魏相公叔痤为中庶子[3]。公叔痤知其贤，未及进。会痤病，魏惠王亲往问病，曰："公叔病有如不可讳，将奈社稷何？"公叔曰："痤之中庶子公孙鞅，年虽少，有奇才，愿王举国而听之。"王嘿[4]然。王且去，痤屏人言曰："王即不听用鞅，必杀之，无令出境。"王许诺而去。

公叔痤召鞅谢曰："今者王问可以为相者，我言若，王色不许我。我方先君后臣，因谓王即弗用鞅，当杀之。王许我。汝可疾去矣，且见禽。"鞅曰："彼王不能用君之言任臣，又安能用君之言杀臣乎？"卒不去。

惠王既去，而谓左右曰："公叔病甚，悲乎，欲令寡人以国听公孙鞅也，岂不悖[5]哉！"

公叔既死，公孙鞅闻秦孝公下令国中求贤者，将修缪公之业，东复侵地，乃遂西入秦，因孝公宠臣景监以求见孝公。孝公既见卫鞅，语事良久，孝公时时睡，弗听。罢而孝公怒景监曰："子之客妄人耳，安足用邪！"景监以让卫鞅。卫鞅曰："吾说公以帝道，其志不开悟矣。"后五日，复求见鞅。鞅复见孝公，益愈，然而未中旨。罢而孝公复让景监，景监亦让鞅。鞅曰：“吾说公以王道而未入也。请复见鞅。”鞅复见孝公，孝公善之而未用也。罢而去。

孝公谓景监曰：“汝客善，可与语矣。”鞅曰：“吾说公以霸道，其意欲用之矣。诚复见我，我知之矣。”卫鞅复见孝公。公与语，不自知膝之前于席也[6]。语数日不厌。景监曰：“子何以中[7]吾君？吾君之驩甚也。”鞅曰：“吾说君以帝王之道比三代，而君曰：‘久远，吾不能待。且贤君者，各及其身显名天下，安能邑邑待数十百年以成帝王乎？’故吾以强国之术说君，君大说之耳。然亦难以比德于殷周矣。”

孝公既用卫鞅，鞅欲变法[8]，恐天下议己。卫鞅曰：“疑行无名，疑事无功。且夫有高人之行者，固见非于世；有独知之虑者，必见敖[9]于民。愚者暗于成事，知者见于未萌。民不可与虑始而可与乐成。论至德者不和于俗，成大功者不谋于众。是以圣人苟可以强国，不法其故；苟可以利民，不循其礼。”孝公曰：“善。”甘龙[10]曰：“不然。圣人不易民而教，知者不变法而治。因民而教，不劳而成功；缘法而治者，吏习而民安之。”卫鞅曰：“龙之所言，世俗之言也。常人安于故俗，学者溺于所闻。以此两者居官守法可也，非所与论于法之外也。三代不同礼而王，五伯不同法而霸。智者作法，愚者制焉；贤者更礼，不肖者拘焉。”杜挚曰：“利不百，不变法；功不十，不易器。法古无过，循礼无邪。”卫鞅曰：“治世不一道，便国不法古。故汤武不循[11]古而王，夏殷不易礼而亡。反古者不可非，而循礼者不足多。”孝公曰：“善。”

以卫鞅为左庶长[12]，卒定变法之令。令民为什伍，而相牧司连坐[13]。不告奸者腰斩，告奸者与斩敌首同赏，匿奸者与降敌同罚[14]。民有二男以上不分异者，倍其赋[15]。有军功者，各以率受上爵；为私斗者，各以轻重被刑大小。僇力本业，耕织致粟帛多者复其身[16]。事末利及怠而贫者，举以为收孥[17]。宗室非有军功论，不得为属籍[18]。明尊卑爵秩等级，各以差次；名田宅，臣妾衣服以家次[19]：有功者显荣，无功者虽富无所芬华。

令既具，未布，恐民之不信，已乃立三丈之木于国都市南门，募民有能徙置北门者予[20]十金。民怪之，莫敢徙。复曰“能徙者予五十金”。有一人徙之，辄予五十金，以明不欺。卒下令。

令行于民期年[21]，秦民之国都言初令[22]之不便者以千数。于是太子犯法。卫鞅曰：“法之不行，自上犯之。”将法太子。太子，君嗣也，不可施刑，刑其傅公子虔，黥其师公孙贾。明日，秦人皆趋令[23]。

行之十年，秦民大说，道不拾遗，山无盗贼，家给人足。民勇于公战，怯于私斗，乡邑大治。秦民初言令不便者有来言令便者，卫鞅曰“此皆乱化之民也”，尽迁之于边城。其后民莫敢议令。

于是以鞅为大良造[24]。将兵围魏安邑[25]，降之。

居三年，作为筑冀阙宫庭于咸阳[26]，秦自雍[27]徙都之。而令民父子兄弟同室内息者为禁。而集小都乡邑聚为县[28]，置令、丞，凡三十一县。为田开阡陌封疆，而赋税平[29]。平斗桶权衡丈尺[30]。

行之四年，公子虔复犯约，劓之。

居五年，秦人富强，天子致胙[31]于孝公，诸侯毕贺。

其明年，齐败魏兵于马陵，虏其太子申，杀将军庞涓[32]。

其明年，卫鞅说孝公曰："秦之与魏，譬若人之有腹心疾，非魏并秦，秦即并魏。何者？魏居岭阨之西，都安邑[33]，与秦界河而独擅山东之利。利则西侵秦，病则东收地。今以君之贤圣，国赖以盛。而魏往年大破于齐，诸侯畔之，可因此时伐魏。魏不支秦，必东徙。东徙，秦据河山之固，东乡以制诸侯，此帝王之业也。"孝公以为然，使卫鞅将而伐魏。魏使公子卬将而击之。

军既相距，卫鞅遗魏将公子卬书曰："吾始与公子驩，今俱为两国将，不忍相攻，可与公子面相见，盟，乐饮而罢兵，以安秦魏。"魏公子卬以为然。会盟已，饮，而卫鞅伏甲士而袭虏魏公子卬，因攻其军，尽破之以归秦。魏惠王兵数破于齐秦，国内空，日以削，恐，乃使使割河西之地献于秦以和[34]。而魏遂去安邑，徙都大梁[35]。梁惠王曰："寡人恨不用公叔痤之言也。"

卫鞅既破魏还，秦封之於、商[36]十五邑，号为商君。

后五月，而秦孝公卒，太子立。公子虔之徒告商君欲反，发吏捕商君。商君亡至关下，欲舍客舍。客人不知其是商君也，曰："商君之法，舍人无验者坐之。"商君喟然叹曰："嗟乎，为法之敝一至此哉！"

去之魏，魏人怨其欺公子卬而破魏师，弗受[37]。商君欲之他国。魏人曰："商君，秦之贼。秦强而贼入魏，弗归，不可。"遂内秦。

商君既复入秦，走商邑[38]，与其徒属发邑兵北出击郑。秦发兵攻商君，杀之于郑渑池[39]。秦惠王车裂商君以徇，曰："莫如商鞅反者！"遂灭商君之家。

太史公曰：商君，其天资刻薄人也。迹其欲干孝公以帝王术，挟持浮说，非其质矣。且所因由嬖臣，及得用，刑公子虔，欺魏将卬，不师赵良之言[40]，亦足发明商君之少恩矣。余尝读商君《开塞》《耕战》书[41]，与其人行事相类。卒受恶名于秦，有以也夫！

---

[1]秦封之於、商，故号商君。於，音乌。 [2]《读书杂志》谓："公子，即是孽子。即称诸庶孽子，无庸更言公子。" [3]痤（zuò）：或作"座"，二字古通用。公叔氏，痤名也。中庶子：官名。《国策》作"御庶子"。 [4]嘿：不以为然貌。[5]悖（bèi）：逆也，惑也。 [6]膝之前于席：谓移席就商君

而与之语。　[7]中：读去声。　[8]此言孝公欲变法，非言商鞅欲变法也。衍一“鞅”字。　[9]敖：与“傲”同，慢也。《索隐》谓：《商君书》作“固见负于世，必见訾于人”。今本《商君书》作：“必见非于世，因见毁于民。”　[10]甘龙：孝公之臣。姓甘，名龙。　[11]循：《商君书》作“修”。　[12]《志疑》谓：“商君为左庶长，在变法后；此在变法前，疑误。”　[13]什伍：谓五家为保，十家相连也。牧司：相监察也。连坐：谓一家有罪，九家同罪也。　[14]谓有藏匿奸人者，其与降敌同。　[15]谓民有二男以上，不各自为生活者，一人出两人之赋税。　[16]复其身：谓免其徭役也。　[17]末利：指工、商。举以为收孥：收没妻、子为官奴婢也。商君之法，重耕战而轻工商，故如此。　[18]属籍：犹言今日党籍、学籍之籍。谓宗室非有军功，则除其籍也。　[19]谓爵秩之尊卑，各随其功之多少。而享用之丰啬，各随其家爵秩之尊卑。不使僭侈逾等也。　[20]予：同“与”。　[21]期（jī）年：一年也。[22]初令：谓商君新变之法令。　[23]趋：向也，附也。趋令：犹言听令。　[24]大良造：秦之第十六爵名也。　[25]安邑：《志疑》谓当作固阳。　[26]冀阙：阙门也。冀：记也。记列教令，当于此门，故云。按：此句既云“作为”，又云，“筑”，“作为”二字，当是衍文。　[27]雍：今陕西凤翔。秦初都雍，至是，始迁都咸阳。　[28]《读书杂志》谓：“都”字衍文。盖都大于县，不能云集都为县。　[29]阡陌：田间道，南北曰阡，东西曰陌。封：聚土也。疆：界也。封疆：于界上封记也。开阡、陌，封疆，而后可使赋税平均。　[30]桶：此处为量器名。此句谓统一度、量、权、衡也。 [31]胙（zuò）：祭肉也。致胙：所以褒之也。 [32]杀庞涓事见《孙子吴起传》。 [33]安邑：山西安邑。 [34]《志疑》谓：惠王献河西事，在后，不在是时。 [35]大梁：河南开封。 [36]於、商：二地名。於：河南内乡西。商：陕西商洛。 [37]《志疑》谓：商君之魏，魏人何不执而杀之。不受，何故也？则此事颇可疑。 [38]走：向也。 [39]渑池：河南渑池。当时为郑地，故曰郑渑池。 [40]赵良：商君之客也。尝谏商君，商君不听。其言甚长，载本传中。今因其冗繁，删去。 [41]《开塞》：商君所著书篇名。谓严刑法则政化开，谓布恩赏则政化塞。《耕战》：亦篇名。谓致强兵，当重农与兵也。

孟子荀卿列传

太史公曰：余读孟子书[1]，至梁惠王问“何以利吾国”，未尝不废书而叹也。曰：嗟乎，利诚乱之始也！夫子罕言利者，常防其原也。故曰“放[2]于利而行，多怨”。自天子至于庶人，好利之弊何以异哉！

孟轲[3]，邹[4]人也。受业子思[5]之门人。道既通，游事齐宣王，宣王不能用。适梁，梁惠王不果[6]所言，则见以为迂远而阔于事情。当是之时，秦用商君，富国强兵；楚、魏用吴起，战胜弱敌；齐威王、宣王用孙子、田忌之徒，而诸侯东面朝齐。天下方务于合从连衡，以攻伐为贤，而孟轲乃述唐、虞、三代之德，是以所如者不合。退而与万章之徒[7]，序《诗》《书》，述仲尼之意，作《孟子》七篇[8]。其后有邹子之属。

齐有三邹子。其前邹忌，以鼓琴干威王，因及国政，封为成侯而受相印[9]，先孟子。

其次邹衍[10]，后孟子。邹衍睹有国者益淫侈，不能尚德，若《大雅》整之于身、施及黎庶矣，乃深观阴阳消息而作怪迂之变，《终始》《大圣》之篇[11]十余万言。其语闳大不经，必先验小物，推而大之，至于无垠[12]。先序今以上至黄帝，学者所共术，大[13]并世盛衰，因载其禨[14]祥度制，推而远之，至天地未生，窈冥不可考而原也。先列中国名山大川，通谷禽兽，水土所殖，物类所珍，因而推之，及海外人之所不能睹。称引天地剖判以来，五德[15]转移，治各有宜，而符应若兹。以为儒者所谓中国者，于天下乃八十一分居其一分耳。中国名曰赤县神州。赤县神州内自有九州，禹之序九州[16]是也，不得为州数。中国外如赤县神州者九，乃所谓九州也。于是有裨海[17]环之，人民禽兽莫能相通者，如一区中者，乃为一州。如此者九，乃有大瀛海环其外，天地之际焉。其术皆此类也。然要其归，必止乎仁义节俭、君臣上下六亲之施，始也滥耳[18]。

王公大人初见其术，惧然顾化，其后不能行之。是以邹子重于齐。适梁，惠王郊迎，执宾主之礼。适赵，平原君[19]侧行襒席[20]。如燕，昭王拥彗先驱[21]，请列弟子之座而受业，筑碣石宫，身亲往师之。作《主运》[22]。其游诸侯见尊礼如此，岂与仲尼菜色陈蔡，孟轲困于齐梁同乎哉[23]。

故武王以仁义伐纣而王，伯夷饿不食周粟；卫灵公问陈，而孔子不答；梁惠王谋欲攻赵，孟轲称太王去邠[24]。此岂有意阿世俗苟合而已哉！持方枘欲内圜凿，其能入乎[25]？

或曰，伊尹负鼎而勉汤以王，百里奚饭牛车下而缪公用霸，作先合，然后引之大道[26]。邹衍其言虽不轨，傥亦有牛鼎之意乎？

自邹衍与齐之稷下先生，如淳于髡、慎到、环渊、接子、田骈、邹奭之徒[27]，各著书言治乱之事，以干世主，岂可胜道哉！

淳于髡[28]，齐人也。博闻强记，学无所主。其谏说，慕晏婴之为人也，然而承意观色为务。客有见髡于梁惠王，惠王屏左右，独坐而再见之，终无言也。惠王怪之，以让客曰："子之称淳于先生，管、晏不及，及见寡人，寡人未有得也。岂寡人不足为言邪[29]？何故哉？"客以谓髡。髡曰："固也。吾前见王，王志在驱逐；后复见王，王志在音声：吾是以默然。"客具以报王，王大骇，曰："嗟乎，淳于先生诚圣人也！前淳于先生之来，人有献善马者，寡人未及视，会先生至。后先生之来，人有献讴者，未及试，亦会先生来。寡人虽屏人，然私心在彼，有之。"后淳于髡见，壹语连三日三夜无倦。惠王欲以卿相位待之，髡因谢去。于是送以安车驾驷，束帛加璧，黄金百镒。终身不仕[30]。

慎到，赵人。田骈、接子，齐人。环渊，楚人。皆学黄老道德之术[31]，因发明序其指意。故慎到著十二论，环渊著上下篇，而田骈、接子皆有所论焉。

邹奭者，齐诸邹子，亦颇采邹衍之术以纪文。于是齐王嘉之，自如淳于髡以下，皆命曰列大夫，为开第康庄之衢[32]，高门大屋，尊宠之。览天下诸侯宾客，言齐能致天下贤士也。

荀卿[33]，赵人。年五十[34]始来游学于齐。

邹衍之术迂大而闳辩；奭也文具难施；淳于髡久与处，时有得善言。故齐人颂曰："谈天衍，雕龙奭，炙毂过髡[35]。"田骈之属皆已死。齐襄王时，而荀卿最为老师。齐尚修列大夫之缺，而荀卿三为祭酒焉[36]。

齐人或谗荀卿，荀卿乃适楚，而春申君以为兰陵令。春申君死而荀卿废，因家兰陵。李斯[37]尝为弟子，已而相秦。荀卿嫉浊世之政，亡国乱君相属，不遂大道而营于巫祝，信禨祥，鄙儒小拘，如庄周[38]等又猾稽乱俗，于是推儒、墨、道德之行事兴坏，序列著数万言而卒。因葬兰陵。

而赵亦有公孙龙为坚白同异之辩[39]，剧子之言[40]；魏有李悝，尽地力之教[41]；楚有尸子、长卢[42]；阿之吁子焉[43]。

自如[44]孟子至于吁子，世多有其书，故不论其传云。

盖[45]墨翟，宋之大夫，善守御，为节用[46]。或曰并孔子时，或曰在其后。

---

[1]孟子书：孟子所著书，共七篇。　[2]放（fǎng）：依也。　[3]轲（kē）：字子舆。　[4]邹：鲁地名。山东邹城。　[5]子思。孔子之孙，名伋。或谓孟子受业于子思之门，而"人"字为衍文，非也。孟子去子思甚远，孟子不及见子思。　[6]果：结果。不果所言：不听从，不实行所言。　[7]万章：姓万名

章。孟子之门人。　[8]孟子无序《诗》《书》之事。今言序《诗》《书》，指其书中援引《诗》《书》之言也。仲尼：孔子字。七篇者，今所传《孟子》七篇是也。　[9]邹：同“驺”。邹忌：三邹子之一也。成：地名，江苏邳州。　[10]邹衍：三邹子之二也。尝著书。其三，为邹奭。详见下文。　[11]《汉书·艺文志》：阴阳家，有《邹子》四十九篇，又《邹子·终始》五十六篇。其书久佚，马国翰有辑本。　[12]垠（yín）：涯也，际也。　[13]大，方苞谓系“及”字之误。言先序今以上，至黄帝，学者所共术，以及并世盛衰也。　[14]禨（jī）：敬鬼神以求福。　[15]五德：即五行之德。以金、木、水、火、土循环相胜也。　[16]九州：冀、青、兖、荆、梁、雍、豫、徐、扬也。　[17]裨海：小海也。　[18]滥：犹“泛滥”之“滥”。此谓衍之言，其归必止乎仁、义、节、俭、君、臣、上、下六亲之施；不过其始则泛滥耳。　[19]平原君：所谓“四公子”之一，详见本书《平原君传》。　[20]襒（piě）：拂也。襒席：谓侧身行，而以衣拂席，以为敬也。　[21]彗：帚也。谓为之扫地，以衣袂拥帚而却行，恐尘埃之及长者。所以为敬也。

[22]《主运》：邹子所著书篇名。　[23]菜色：饥饿之颜色，黄黯如菜叶也。孔子尝绝粮于陈、蔡，孟子不遇于齐、梁，故云云。　[24]陈：同“阵”，谓军旅之事。卫灵公问阵，孔子不答，见《论语》。太王：周文王之祖。邠：太王居邠，狄人侵之；太王去邠而迁于岐山之下。然《孟子》书载此语，是孟子对文公者；今云对梁惠王，与《孟子》不同。　[25]阿（ē）：曲意相附也。内，同“纳”。圜，同“圆”。方枘（ruǐ）：榫也。

圜凿：孔也。此言工人斩木，以方枘纳圆孔，必龃龉不入也。[26]伊尹：初耕于莘，汤聘为相。伐桀，救民，以天下为己任。负鼎：谓以烹调干汤也。《孟子》亦载伊尹以割烹要汤。孟子非之。百里奚：虞人。少时家贫，为人牧牛。秦缪公闻其贤，用为相，因以霸秦。饭：读上声，饲养之意。车：指缪公之车，谓缪公过其旁，百里奚饭牛于缪公之车下也。先合：犹言先顺其意，再行其说也。　[27]《读书杂志》谓："自""如"二字连用，是统下之词。稷：齐之城门名也，或曰山名。谓齐王之士，集于稷门之下也。淳于髡诸人，事皆详见下文。驺奭即上文所言三驺子之三也。　[28]淳于，姓，髡，名。　[29]为：与也。不足为言：犹云不足与言。　[30]《志疑》谓：淳于髡非终身不仕者。《史》言失实。　[31]接子、田骈为道家，慎到为法家。《史》言皆学黄、老，因慎到由道家而变为法家故也。[32]开第：筑宅舍也。路，四达谓之衢，五达谓之康，六达谓之庄。　[33]荀卿：名况。卿者，时人相尊而称为卿也。《史》不书其名，是疏忽处。　[34]《志疑》谓：若由"五十游学于齐"推之，则荀卿三为祭酒时，年一百二十余矣。故"五十"二字疑有误。刘向《荀子序》，作"十五"。　[35]衍之所言五德终始，天地广大，尽言天事，故曰谈天奭，修衍之文饰，若雕龙文，故曰雕龙。过，当作"輠"，车之盛膏器也，炙之而其流不尽。喻淳于髡多智，其辩辗转不穷也。　[36]祭酒：官名。三为祭酒言荀卿出入前后三度也。　[37]李斯：秦相。详见《李斯列传》。　[38]庄周：庄子。详见《老庄申韩列传》。　[39]公孙龙：姓公孙，名龙，孔子弟子。著书十四篇。坚白者：以刀、剑为喻，因此而论理之异同也。　[40]剧子：剧，姓也，名不详。　[41]悝（kuī）：相魏文侯，行富国、强兵之术。著书三十二篇。尽地力者，务农也。　[42]尸子：名佼。秦相商鞅客。鞅诛，佼亡入蜀。著二十篇。尸佼本晋人，《汉志》作鲁人，此作楚人。因其逃亡在蜀，蜀、鲁后皆属楚，故作楚人。长卢：亦楚人。有书九篇。　[43]阿：齐地名。吁子：名婴。齐人。或作芊子。著书十八篇。　[44]“自如”二字连用，为统下之词。见前注。　[45]“盖”字疑有误。或系“若”字。　[46]《墨子书》，尝言吴起，又尝与告子谕仁义。其不与孔子同时可知矣。

孟尝君列传

孟尝君[1]，名文，姓田氏。文之父曰靖郭君田婴。田婴者，齐威王少子而齐宣王庶弟也[2]。

田婴自威王时任职用事，与成侯邹忌及田忌将而救韩伐魏[3]。成侯与田忌争宠，成侯卖田忌。田忌惧，袭齐之边邑，不胜，亡走[4]。会威王卒，宣王立，知成侯卖田忌，乃复召田忌以为将[5]。宣王二年，田忌与孙膑、田婴俱伐魏，败之马陵，虏魏太子申而杀魏将庞涓[6]。宣王七年，田婴使于韩、魏，韩、魏服于齐。婴与韩昭侯、魏惠王会齐宣王东阿南，盟而去[7]。明年，复与梁惠王会甄[8]。是岁，梁惠王卒[9]。宣王九年，田婴相齐。齐宣王与魏襄王会徐州而相王也[10]。楚威王闻之，怒田婴[11]。明年，楚伐败齐师于徐州，而使人逐田婴。田婴使张丑说楚威王，威王乃止。

田婴相齐十一年，宣王卒，湣王即位。即位三年，而封田婴于薛[12]。

初，田婴有子四十余人，其贱妾有子名文，文以五月五日生。婴告其母曰："勿举也。"其母窃举生之。及长，其母因兄弟而见其子文于田婴。田婴怒其母曰："吾令若去此子，而敢生之，何也？"文顿首，因曰："君所以不举五月子者，何故？”婴曰：“五月子者，长与户齐，将不利其父母[13]。”文曰：“人生受命于天乎？将受命于户邪？”婴默然。文曰：“必受命于天，君何忧焉。必受命于户，则可高其户耳，谁能至者！”婴曰：“子休矣。”

久之，文承间问其父婴曰：“子之子为何？”曰：“为孙。”“孙之孙为何？”曰：“为玄孙。”“玄孙之孙为何？”曰：“不能知也。”文曰：“君用事相齐，至今三王矣[14]，齐不加广[15]而君私家富累万金，门下不见一贤者。文闻将门必有将，相门必有相。今君后宫蹈绮縠而士不得短褐[16]，仆妾余粱肉而士不厌糟糠[17]。今君又尚厚积余藏[18]，欲以遗所不知何人[19]，而忘公家之事日损[20]，文窃怪之。”于是婴乃礼文，使主家待宾客。宾客日进，名声闻于诸侯。诸侯皆使人请薛公田婴[21]以文为太子，婴许之。婴卒，谥为靖郭君[22]。而文果代立于薛，是为孟尝君。

孟尝君在薛，招致诸侯宾客及亡人有罪者，皆归孟尝君。孟尝君舍业厚遇之[23]，以故倾天下之士。食客数千人，无贵贱一与文等[24]。孟尝君待客坐语，而屏风后常有侍史，主记君所与客语，问亲戚居处。客去，孟尝君已使使存问，献遗其亲戚。孟尝君曾待客夜食，有一人蔽火光。客怒，以饭不等，辍食辞去。孟尝君起，自持其饭比之。客惭，自刭。士以此多归孟尝君。孟尝君客无所择，皆善遇之。人人各自以为孟尝君亲己。

秦昭王闻其贤，乃先使泾阳君为质于齐[25]，以求见孟尝君。孟尝君将入秦，宾客莫欲其行，谏，不听。苏代[26]谓曰："今旦代从外来，见木偶人与土偶人相与语[27]。木偶人曰：'天雨，子将败矣。'土偶人曰：'我生于土，败则归土。今天雨，流子而行，未知所止息也。'今秦，虎狼之国也，而君欲往，如有[28]不得还，君得无为土偶人所笑乎？"孟尝君乃止。

齐湣王二十五年，复卒使孟尝君入秦，昭王即以孟尝君为秦相。人或说秦昭王曰："孟尝君贤，而又齐族也，今相秦，必先齐而后秦，秦其危矣。"于是秦昭王乃止。囚孟尝君，谋欲杀之。孟尝君使人抵昭王幸姬求解。幸姬曰："妾愿得君狐白裘。"此时孟尝君有一狐白裘，直千金，天下无双，入秦献之昭王，更无他裘。孟尝君患之，遍问客，莫能对。最下坐有能为狗盗者，曰："臣能得狐白裘。"乃夜为狗，以入秦宫藏中[29]，取所献狐白裘至，以献秦王幸姬。幸姬为言昭王，昭王释孟尝君。孟尝君得出，即驰去，更封传，变名姓以出关[30]。夜半至函谷关。秦昭王后悔出孟尝君，求之已去。即使人驰传逐之。孟尝君至关，关法鸡鸣而出客，孟尝君恐追至，客之居下坐者有能为鸡鸣，而鸡齐鸣，遂发传出。出如食顷，秦追果至关，已后孟尝君出，乃还。始孟尝君列此二人于宾客，宾客尽羞之，及孟尝君有秦难，卒此二人拔之。自是之后，客皆服。

初，冯驩[31]闻孟尝君好客，蹑跻[32]而见之。孟尝君曰：

“先生远辱，何以教文也？”冯驩曰：“闻君好士，以贫身归于君。”孟尝君置传舍[33]十日，孟尝君问传舍长曰：“客何所为？”答曰：“冯先生甚贫，犹有一剑耳，又蒯缑[34]。弹其剑而歌曰‘长铗归来乎，食无鱼’。”孟尝君迁之幸舍，食有鱼矣。五日，又问传舍长。答曰：“客复弹剑而歌曰‘长铗归来乎，出无舆’。”孟尝君迁之代舍，出入乘舆车矣。五日，孟尝君复问传舍长。舍长答曰：“先生又尝弹剑而歌曰‘长铗归来乎，无以为家’。”孟尝君不悦。

居期年[35]，冯驩无所言。孟尝君时相齐，封万户于薛。其食客三千人，邑入不足以奉客[36]，使人出钱于薛。岁余不入，贷钱者多不能与其息，客奉将不给。孟尝君忧之，问左右：“何人可使收债于薛者？”传舍长曰：“代舍客冯公形容状貌甚辩，长者，无他伎[37]能，宜可令收债。”孟尝君乃进冯驩而请之曰：“宾客不知文不肖，幸临文者三千余人，邑入不足以奉宾客，故出息钱于薛。薛岁不入，民颇不与其息。今客食恐不给，愿先生责之。”冯驩曰：“诺。”

辞行，至薛，召取孟尝君钱者皆会，得息钱十万。乃多酿酒，买肥牛，召诸取钱者，能与息者皆来，不能与息者亦来，皆持取钱之券书合之。齐为会，日杀牛置酒。酒酣，乃持券如前合之，能与息者，与为期；贫不能与息者，取其券而烧之。曰：“孟尝君所以贷钱者，为民之无者以为本业也[38]；所以求息者，为无以奉客也。今富给者以要期[39]，贫穷者燔[40]券书以捐之。诸君强饮食。有君如此，岂可负哉！”坐者皆起，再拜。

孟尝君闻冯驩烧券书，怒而使使召驩。驩至，孟尝君曰："文食客三千人，故贷钱于薛。文奉邑少，而民尚多不以时与其息，客食恐不足，故请先生收责之。闻先生得钱，即以多具牛酒而烧券书，何？"冯驩曰："然。不多具牛酒即不能毕会，无以知其有余不足。有余者，为要期，不足者，虽守而责之十年，息愈多，急，即以逃亡自捐之。若急，终无以偿，上则为君好利不爱士民，下则有离上抵负[41]之名，非所以厉士民彰君声也。焚无用虚债之券，捐不可得之虚计，令薛民亲君而彰君之善声也，君有何疑焉！"孟尝君乃拊手[42]而谢之。

太史公曰：吾尝过薛，其俗闾里率多暴桀[43]子弟，与邹、鲁殊。问其故，曰："孟尝君招致天下任侠，奸人入薛中盖六万余家矣。"世之传孟尝君好客自喜，名不虚矣。

---

[1]孟尝君：田文之称号也。　[2]《索隐》谓：婴为诸田之别子，非宣王弟。　[3]邹忌：齐相也。封于成，称成侯。田忌：齐将也。马陵之役，杀庞涓。详见《孙子吴起列传》。救韩：《志疑》谓：应是救赵，非救韩。　[4]《志疑》谓：田忌之亡，在宣王二年，不在威王时。亦无袭齐之事。　[5]《志疑》谓：无复召事。　[6]马陵之战，见《孙子吴起列传》。　[7]《志疑》谓：《表》《魏世家》《田完世家》皆云：会平阿，非东阿也。

且平阿之会，止魏、齐二王，无韩昭侯。　[8]甄：甄城。治所在今山东甄城县北旧城集。　[9]《志疑》谓：是年惠王改元，非卒也。　[10]相王：谓各相称王也。　[11]案：楚不应怒齐之称王也；疑其与魏有隙，故恶其好会耳。　[12]薛：故城在今山东滕州西南。《志疑》云："宣王后十年始卒，《史》误为湣王立之年，故以在湣王世。"　[13]《风俗通》云："俗说五月五日生子，男害父，女害母。"　[14]三王：谓威、宣、闵也。　[15]齐不加广：谓齐之地不加广也。　[16]绮：文缯也。縠：纱之绉襞促缩者，即今绉纱。短褐（hè）：毛布也。谓褐布而竖裁之，以其省而便事也。　[17]厌：同"饫"。详见《伯夷列传》注。　[18]余藏：亦厚积之意。　[19]遗（wèi）：赠也。不知何人：谓不可知人，承上文"不能知"言也。仍谓田氏子孙，非指他人。　[20]此句谓：公家之事，日以损坏，而君乃忘之也。　[21]田婴封于薛，故称薛公。[22]谓死后别号之曰靖郭也。靖郭，或是封邑号。　[23]谓舍去其家产，而厚事宾客也。　[24]《志疑》曰："观冯驩有幸舍、代舍之迁，（详见下文）则孟尝君之待客，本不等，何得云无贵贱？"案：此乃太史公形容之词，不必责其与事实相符否也。《读书杂志》谓：一与文等，"文"字系"之"字之误。"之"指客，谓诸客彼此相等也。如此云云，在文法上，亦不通。当云皆相等，不能云与之等。　[25]泾阳君：秦昭王母弟也。封于泾阳，曰泾阳君。　[26]苏代：苏秦之弟。亦习纵横之术。　[27]偶（ǒu）：本作"禺"。木偶：刻木为人；土偶：塑土为人也。[28]《读书杂志》谓：如有，"如或"也。"或"与"有"古同声而通用。　[29]藏中：犹云库中。　[30]更：改也。封传：犹今之护照。谓更改护照上之姓名，不言是孟尝君也。关：函谷关也。　[31]驩：音 huān。　[32]蹻（jiǎo）：麻履也。蹑蹻：着麻履也。　[33]传舍：及下文幸舍代舍为孟尝君上下三等之客所舍之名。　[34]蒯（kuǎi）：草名。其茎可以编织。缑（gōu）：谓把剑之处。蒯缑：言其剑无物可妆，但以蒯缠绕之也。　[35]期年：周年也。　[36]奉：与“俸”同。禄也。[37]伎：同“技”。　[38]谓贷钱于贫民，使为营业之资本也。[39]要（yāo）：约也。要期：约期也。　[40]燔（fán）：烧也。　[41]抵负：犹言抵赖。谓赖债也。　[42]拊（fǔ）手：拍手也。　[43]桀（jié）：贼人多杀曰“桀”。

平原君列传

平原君赵胜[1]者，赵之诸公子也[2]。诸子中胜最贤，喜宾客，宾客盖至者数千人。平原君相赵惠文王及孝成王，三去相，三复位，封于东武城[3]。

平原君家楼临民家。民家有躄者[4]，槃散[5]行汲。平原君美人[6]居楼上，临见，大笑之。明日，躄者至平原君门，请曰："臣闻君之喜士，士不远千里而至者，以君能贵士而贱妾也。臣不幸有罢癃之病[7]，而君之后宫临而笑臣，臣愿得笑臣者头。"平原君笑应曰："诺。"躄者去，平原君笑曰："观此竖子，乃欲以一笑之故杀吾美人，不亦甚乎！"终不杀。

居岁余，宾客门下舍人稍稍引去者过半。平原君怪之，曰："胜所以待诸君者未尝敢失礼，而去者何多也？"门下一人前对曰："以君之不杀笑躄者，以君为爱色而贱士，士即去耳。"于是平原君乃斩笑躄者美人头，自造门[8]进躄者，因谢焉。其后门下乃复稍稍来。

是时，齐有孟尝，魏有信陵，楚有春申[9]，故争相倾以待士。

秦之围邯郸[10]，赵使平原君求救，合从[11]于楚，约与食客门下有勇力文武备具者二十人偕。平原君曰："使文能取胜，则善矣。文不能取胜，则歃血[12]于华屋之下，必得定从而还。士不外索，取于食客门下足矣。"得十九人，余无可取者，无以满二十人。

门下有毛遂者，前，自赞于平原君曰："遂闻君将合从于楚，约与食客门下二十人偕，不外索。今少一人，愿君即以遂备员而行矣。"平原君曰："先生处胜之门下几年于此矣？"毛遂曰："三年于此矣。"平原君曰："夫贤士之处世也，譬若锥之处囊中，其末立见。今先生处胜之门下三年于此矣，左右未有所称诵，胜未有所闻，是先生无所有也。先生不能，先生留。"毛遂曰："臣乃今日请处囊中耳。使遂蚤得处囊中，乃颖脱而出，非特其末见而已。"平原君竟与毛遂偕。十九人相与目笑之而未发也[13]。

毛遂比[14]至楚，与十九人论议，十九人皆服。平原君与楚合从，言其利害，日出而言之，日中不决。十九人谓毛遂曰："先生上。"毛遂按剑历阶而上，谓平原君曰："从之利害，两言而决耳。今日出而言从，日中不决，何也？"楚王谓平原君曰："客何为者也？"平原君曰："是胜之舍人也。"楚王叱曰："胡不下！吾乃与而君言，汝何为者也！"毛遂按剑而前曰："王之所以叱遂者，以楚国之众也。今十步之内，王不得恃楚国之众也，王之命县于遂手。吾君在前，叱者何也？且遂闻汤以七十里之地王天下，文王以百里之壤而臣诸侯，岂其士卒众多哉，诚能据其势而奋其威。今楚地方五千里，持戟百万，此霸王之资也。以楚之强，天下弗能当。白起，小竖子耳，率数万之众，兴师以与楚战，一战而举鄢郢，再战而烧夷陵[15]，三战而辱王之先人。此百世之怨而赵之所羞，而王弗知恶焉。合从者为楚，非为赵也。吾君在前，叱者何也？”楚王曰：“唯唯，诚若先生之言，谨奉社稷而以从。”毛遂曰：“从定乎？”楚王曰：“定矣。”毛遂谓楚王之左右曰：“取鸡狗马之血来。”毛遂奉铜盘[16]而跪进之楚王曰：“王当歃血而定从，次者吾君，次者遂。”遂定从于殿上。毛遂左手持盘血，而右手招十九人，曰：“公相与歃此血于堂下，公等录录[17]，所谓因人成事者也。”

平原君已定从而归，归至于赵，曰：“胜不敢复相士。胜相士多者千人，寡者百数，自以为不失天下之士，今乃于毛先生而失之也。毛先生一至楚，而使赵重于九鼎大吕[18]。毛先生以三寸之舌，强于百万之师。胜不敢复相士。”遂以为上客。

---

[1]胜：平原君之名。平原，其封号也。　[2]《信陵君列传》作赵惠文王弟。　[3]东武：在河南武安。　[4]躄（bì）：足疾也。　[5]槃散：通作“盘散”，今通作“蹒跚”。跛行貌。[6]平原君美人：谓平原君之姬妾也。　[7]罢癃（pí lóng）：行走不顺。言腰前倾曲而背高。　[8]造：至也。造门：到门也。[9]孟尝：详见《孟尝君列传》。信陵：详见下文《信陵君列传》。

春申：详见下文《春申君列传》。此三人与平原君共号为四公子。[10]邯郸：赵都也。即河北邯郸。　[11]从：同“纵”。其时合六国以拒秦，谓之“合纵”。今言合纵，则凡诸侯合力拒秦，通称“合纵”也。　[12]歃（shà）血：盟誓者杀牲以血涂口旁也。　[13]而未发也：谓目笑之，而未出于声也。　[14]比（bì）：及也。　[15]白起：秦将。鄢、郢、夷陵：皆楚地。鄢：在湖北宜城境。郢：在湖北江陵境。夷陵：在湖北宜昌东。[16]奉：同“捧”。铜盘盛血，毛遂捧而进于楚王也。　[17]录录：随从之貌。即因人成事之意也。　[18]九鼎：禹所铸。商、周以来，以为传国之重器。大吕：周庙大钟。九鼎大吕：国之宝器。言毛遂至楚，使赵如九鼎、大吕之器为楚所重也。

信陵君列传

魏公子无忌[1]者，魏昭王子少子而魏安釐王异母弟也。昭王薨，安釐王即位，封公子为信陵君。是时范睢亡魏相秦，以怨魏齐故，秦兵围大梁，破魏华阳下军，走芒卯[2]。魏王及公子患之。

公子为人仁而下士，士无贤不肖皆谦而礼交之，不敢以其富贵骄士。士以此方数千里争往归之，致食客三千人。当是时，诸侯以公子贤，多客，不敢加兵谋魏十余年。

公子与魏王博，而北境传举烽[3]，言“赵寇至，且入界”。魏王释博，欲召大臣谋。公子止王曰：“赵王田猎耳，非为寇也。”复博如故。王恐，心不在博。居顷，复从北方来传言曰：“赵王猎耳，非为寇也。”魏王大惊，曰：“公子何以知之？”公子曰：“臣之客有能深得赵王阴事者，赵王所为，客辄以报臣，臣以此知之。”是后魏王畏公子之贤能，不敢任公子以国政。

魏有隐士曰侯嬴[4]，年七十，家贫，为大梁夷门监[5]者。公子闻之，往请，欲厚遗之。不肯受，曰：“臣修身洁行数十年，终不以监门困故而受公子财。”公子于是乃置酒大会宾客。坐定，公子从车骑，虚左[6]，自迎夷门侯生。侯生摄敝衣冠，直上载公子上坐，不让，欲以观公子。公子执辔愈恭。侯生又谓公子曰："臣有客在市屠中，愿枉车骑过之。"公子引车入市，侯生下见其客朱亥，俾倪[7]，故久立[8]与其客语，微察公子。公子颜色愈和。

当是时，魏将相宗室[9]宾客满堂，待公子举酒。市人皆观公子执辔。从骑皆窃骂侯生。侯生视公子色终不变，乃谢客就车。至家，公子引侯生坐上坐，遍赞宾客[10]，宾客皆惊。酒酣，公子起，为寿侯生前[11]。侯生因谓公子曰："今日嬴之为公子亦足矣。嬴乃夷门抱关[12]者也，而公子亲枉车骑，自迎嬴于众人广坐之中，不宜有所过，今公子故过之。然嬴欲就公子之名，故久立公子车骑市中[13]，过客以观公子，公子愈恭。市人皆以嬴为小人，而以公子为长者能下士也。"于是罢酒，侯生遂为上客。

侯生谓公子曰："臣所过屠者朱亥，此子贤者，世莫能知，故隐屠间耳。"公子往数请之，朱亥故不复谢，公子怪之。

魏安釐王二十年，秦昭王已破赵长平军，又进兵围邯郸。公子姊为赵惠文王弟平原君夫人，数遗[14]魏王及公子书，请救于魏。魏王使将军晋鄙将十万众救赵。秦王使使者告魏王曰："吾攻赵旦暮且下，而诸侯敢救者，已拔赵，必移兵先击之。"魏王恐，使人止晋鄙[15]，留军壁邺[16]，名为救赵，实持两端以观望。平原君使者冠盖相属于魏，让魏公子曰："胜所以自附为婚姻者，以公子之高义，为能急人之困。今邯郸旦暮降秦而魏救不至，安在公子能急人之困也！且公子纵轻胜，弃之降秦，独不怜公子姊邪？”公子患之，数请魏王，及宾客辩士说王万端。魏王畏秦，终不听公子。公子自度终不能得之于王，计不独生而令赵亡，乃请宾客，约车骑百余乘，欲以客往赴秦军，与赵俱死。

行过夷门，见侯生，具告所以欲死秦军状。辞决而行，侯生曰：“公子勉之矣，老臣不能从。”公子行数里，心不快，曰：“吾所以待侯生者备矣，天下莫不闻，今吾且死而侯生曾无一言半辞送我，我岂有所失哉？”复引车还，问侯生。侯生笑曰：“臣固知公子之还也。”曰：“公子喜士，名闻天下。今有难，无他端而欲赴秦军，譬若以肉投馁[17]虎，何功之有哉？尚安事客？然公子遇臣厚，公子往而臣不送，以是知公子恨之复返也。”公子再拜，因问。侯生乃屏人间语[18]，曰：“嬴闻晋鄙之兵符[19]常在王卧内，而如姬[20]最幸，出入王卧内，力能窃之。嬴闻如姬父为人所杀，如姬资之三年[21]，自王以下欲求报其父仇，莫能得。如姬为公子泣，公子使客斩其仇头，敬进如姬。如姬之欲为公子死，无所辞，顾未有路耳。公子诚一开口请如姬，如姬必许诺，则得虎符夺晋鄙军，北救赵而西却秦，此五霸[22]之伐也。”

公子从其计，请如姬。如姬果盗晋鄙兵符与公子。公子行，侯生曰：“将在外，主令有所不受，以便国家。公子即合符，而晋鄙不授公子兵而复请之，事必危矣。臣客屠者朱亥可与俱，此人力士。晋鄙听，大善；不听，可使击之。”

于是公子泣。侯生曰："公子畏死邪？何泣也？"公子曰："晋鄙嚄唶[23]宿将，往恐不听，必当杀之，是以泣耳，岂畏死哉？"

于是公子请朱亥。朱亥笑曰："臣乃市井鼓刀屠者，而公子亲数存之，所以不报谢者，以为小礼无所用。今公子有急，此乃臣效命之秋[24]也。"遂与公子俱。

公子过谢侯生。侯生曰："臣宜从，老不能。请数公子行日，以至晋鄙军之日，北乡自刭[25]，以送公子。"公子遂行。

至邺，矫魏王令代晋鄙。晋鄙合符，疑之，举手视公子曰："今吾拥十万之众，屯于境上，国之重任，今单车来代之，何如哉？"欲无听。朱亥袖四十斤铁椎，椎杀晋鄙。公子遂将晋鄙军。勒兵下令军中曰："父子俱在军中，父归；兄弟俱在军中，兄归；独子无兄弟，归养。"得选兵八万人，进兵击秦军。秦军解去，遂救邯郸，存赵。

赵王及平原君自迎公子于界[26]，平原君负韊矢为公子先引[27]。赵王再拜曰："自古贤人未有及公子者也。"当此之时，平原君不敢自比于人。

公子与侯生决，至军，侯生果北乡自刭。

魏王怒公子之盗其兵符，矫杀晋鄙，公子亦自知也。已却秦存赵，使将将其军归魏，而公子独与客留赵。赵孝成王德公子之矫夺晋鄙兵而存赵，乃与平原君计，以五城封公子。公子闻之，意骄矜而有自功之色。客有说公子曰："物有不可忘，或有不可不忘。夫人有德于公子，公子不可忘也；公子有德于人，愿公子忘之也。且矫魏王令，夺晋鄙兵以救赵，于赵则有功矣，于魏则未为忠臣也。公子乃自骄而功之，窃为公子不取也。”于是公子立自责，似若无所容者。

赵王埽除自迎，执主人之礼，引公子就西阶。公子侧行辞让，从东阶上[28]。自言辠[29]过，以负[30]于魏，无功于赵。赵王侍酒至暮，口不忍献五城，以公子退让也。公子竟留赵，赵王以鄗为公子汤沐邑[31]，魏亦复以信陵奉公子。公子留赵。

公子闻赵有处士毛公藏于博徒，薛公藏于卖浆家[32]，公子欲见两人，两人自匿不肯见公子。公子闻所在，乃间[33]步往从此两人游，甚欢。平原君闻之，谓其夫人曰：“始吾闻夫人弟公子天下无双，今吾闻之，乃妄从博徒卖浆者游，公子妄人耳。”夫人以告公子。公子乃谢夫人去，曰：“始吾闻平原君贤，故负魏王而救赵，以称平原君。平原君之游，徒豪举耳，不求士也。无忌自在大梁时，常闻此两人贤，至赵，恐不得见。以无忌从之游，尚恐其不我欲也，今平原君乃以为羞，其不足从游。”乃装为去。夫人具以语平原君。平原君乃免冠谢，固留公子。平原君门下闻之，半去平原君归公子，天下士复往归公子，公子倾平原君客。

公子留赵十年不归。秦闻公子在赵，日夜出兵东伐魏。魏王患之，使使往请公子。公子恐其怒之，乃诫门下：“有敢为魏王使通者，死。”宾客皆背魏之赵，莫敢劝公子归。毛公、薛公两人往见公子曰：“公子所以重于赵，名闻诸侯者，徒以有魏也。今秦攻魏，魏急而公子不恤，使秦破大梁而夷先王之宗庙，公子当何面目立天下乎？”语未及卒，公子立变色，告车趣驾归救魏。

魏王见公子，相与泣，而以上将军印授公子，公子遂将。

魏安釐王三十年，公子使使遍告诸侯。诸侯闻公子将，各遣将将兵救魏。公子率五国[34]之兵破秦军于河外，走蒙骜。遂乘胜逐秦军至函谷关，抑秦兵，秦兵不敢出。当是时，公子威振天下，诸侯之客进兵法，公子皆名之[35]，故世俗称《魏公子兵法》。

秦王患之，乃行金万斤于魏，求晋鄙客，令毁公子于魏王曰：“公子亡在外十年矣，今为魏将，诸侯将皆属，诸侯徒闻魏公子，不闻魏王。公子亦欲因此时定南面而王，诸侯畏公子之威，方欲共立之。”秦数使反间，伪贺公子得立为魏王未也。魏王日闻其毁，不能不信，后果使人代公子将。公子自知再以毁废，乃谢病不朝，与宾客为长夜饮，饮醇酒，多近妇女。日夜为乐饮者四岁，竟病酒而卒。其岁，魏安釐王亦薨。

秦闻公子死，使蒙骜攻魏，拔二十城，初置东郡。其后秦稍蚕食[36]魏，十八岁而虏[37]魏王，屠大梁。

高祖始微少时，数闻公子贤。及即天子位，每过大梁，常祠公子。高祖[38]十二年，从击黥布还[39]，为公子置守冢五家，世世岁以四时奉祠公子。

太史公曰：吾过大梁之墟，求问其所谓夷门。夷门者，城之东门也。天下诸公子亦有喜士者矣，然信陵君之接岩穴隐者，不耻下交，有以也。名冠诸侯，不虚耳。高祖每过之而令民奉祠不绝也。

---

[1]魏公子：名无忌，信陵君其封号也。 [2]范雎、魏齐：详见《范雎列传》。大梁：魏都。在河南开封。华阳：陕西南郑。芒卯：齐人。为魏相。《志疑》谓：秦围大梁事在前，范雎相秦事在后。《史》误。 [3]烽（fēng）：烽火也。古人戍守见敌，则举火为号，使远望可见，以报军情也。 [4]侯嬴：侯生。[5]夷门：大梁城门之名也。监者，守城门者也。 [6]虚左：车中以左位为尊，言公子虚左位，以待侯生也。 [7]俾倪：同“睥睨”。斜视也。 [8]故久立：有意久立也。 [9]宗室：王族也。 [10]遍赞宾客：犹言以侯生之姓名，遍称于宾客之前也。 [11]以酒为祝曰“寿”。此言举觞于侯生之前也。[12]抱关：守门者也。《孟子》：“抱关击柝。” [13]立公子车骑市中：犹言使公子之车骑停于市中也。 [14]遗（wèi）：赠也。 [15]晋鄙：魏将姓名。 [16]邺：河南临漳。《鲁仲连传》本《国策》云：“止于汤阴。”不曰邺。 [17]馁：饥也。 [18]屏（bǐng）：除也，去也。间（jiān）：私也。[19]符：以竹为之，书文字于其上，剖而为二，合之以为征信者

也。兵符者：用兵时发号司令所用之符也。 [20]如姬：魏王姬人之称也。 [21]资：蓄也。谓如姬为父报仇之志，蓄之已三年也。 [22]五霸：春秋时，齐桓、宋襄、晋文、秦穆、楚庄，谓之五霸。 [23]嚄唶（huō zé）：大声惊愕也。 [24]秋：犹言时也。 [25]刭（jǐng）：以刀割颈也。 [26]界：两国交界之地也。 [27]负：担荷也。韊：藏弩矢之囊也。先引：前导也。 [28]主人就东阶，客就西阶，古礼也。见《礼记》。 [29]辠：古“罪”字。 [30]负：背恩忘德曰“负”。 [31]鄗（hào）：河北柏乡。汤沐邑：谓以其地之所入，为其供给之资。汤沐者巧立之名也。 [32]毛公、薛公，史失其名。藏：隐也。浆，或作“醪”。 [33]间：私也。与上文“屏人间语”之“间”同。 [34]五国：谓燕、赵、韩、楚、齐。 [35]公子皆名之：谓客所进兵法，总署公子之名也。 [36]蚕食：谓侵蚀邻国之地，如蚕之食桑叶也。 [37]虏：同“掳”。 [38]高帝：汉高帝。 [39]从击黥布还：谓黥布反，高帝往击之；既平，从击布之地而还也。

春申君列传

楚春申君[1]者，楚人也，名歇，姓黄氏。游学博闻，事楚顷襄王。顷襄王以歇为辩，使于秦。秦昭王使白起攻韩、魏，败之于华阳，禽魏将芒卯[2]，韩、魏服而事秦。秦昭王方令白起与韩、魏共伐楚，未行，而楚使黄歇适至于秦，闻秦之计。当是之时，秦已前使白起攻楚，取巫、黔中[3]之郡，拔鄢、郢，东至竟陵[4]，楚顷襄王东徙治于陈县[5]。黄歇见楚怀王之为秦所诱而入朝，遂见欺，留死于秦。顷襄王，其子也，秦轻之，恐壹举兵而灭楚。歇乃上书说秦昭王。

于是乃止白起而谢韩、魏。发使赂楚，约为与国[6]。

黄歇受约归楚，楚使歇与太子完[7]入质于秦，秦留之数年。楚顷襄王病，太子不得归。而楚太子与秦相应侯[8]善，于是黄歇乃说应侯曰："相国诚善楚太子乎？"应侯曰："然。"歇曰："今楚王恐不起疾，秦不如归其太子。太子得立，其事秦必重而德相国无穷，是亲与国而得储万乘也。若不归，则咸阳一布衣耳；楚更立太子，必不事秦。夫失与国而绝万乘之和，非计也。愿相国孰虑之。"应侯以闻秦王。秦王曰："令楚太子之傅先往问楚王之疾，返而后图之。"黄歇为楚太子计曰："秦之留太子也，欲以求利也。今太子力未能有以利秦也，歇忧之甚。而阳文君子二人在中[9]，王若卒大命，太子不在，阳文君子必立为后，太子不得奉宗庙矣。不如亡秦，与使者俱出；臣请止，以死当之。"

楚太子因变衣服为楚使者御以出关，而黄歇守舍，常为谢病。度太子已远，秦不能追，歇乃自言秦昭王曰："楚太子已归，出远矣。歇当死，愿赐死。"昭王大怒，欲听其自杀也。应侯曰："歇为人臣，出身以徇其主，太子立，必用歇，故不如无罪而归之，以亲楚。"秦因遣黄歇。

歇至楚三月，楚顷襄王卒，太子完立，是为考烈王。考烈王元年，以黄歇为相，封为春申君，赐淮北地十二县。后十五岁，黄歇言之楚王曰："淮北地边齐，其事急，请以为郡便。"因并献淮北十二县。请封于江东。考烈王许之。春申君因城故吴墟[10]，以自为都邑。

春申君既相楚，是时齐有孟尝君，赵有平原君，魏有信陵君，方争下士，招致宾客，以相倾夺，辅国持权。

春申君为楚相四年，秦破赵之长平军四十余万。五年，围邯郸[11]。邯郸告急于楚，楚使春申君将兵往救之，秦兵亦去，春申君归。春申君相楚八年，为楚北伐灭鲁[12]，以荀卿为兰陵令。当是时，楚复强。

赵平原君使人于春申君，春申君舍之于上舍。赵使欲夸[13]楚，为瑇瑁簪，刀剑室以珠玉饰之[14]，请命春申君客。春申君客三千余人，其上客皆蹑珠履以见赵使，赵使大惭。

春申君相十四年，秦庄襄王立，以吕不韦为相，封为文信侯。取东周。

春申君相二十二年，诸侯患秦攻伐无已时，乃相与合从，西伐秦，而楚王为从长[15]，春申君用事。至函谷关[16]，秦出兵攻，诸侯兵皆败走。楚考烈王以咎春申君，春申君以此益疏。

客有观[17]津人朱英，谓春申君曰："人皆以楚为强而君用之弱，其于英不然。先君时善秦二十年而不攻楚，何也？秦逾黾隘之塞[18]而攻楚，不便；假道于两周，背韩、魏而攻楚，不可。今则不然，魏旦暮亡，不能爱许[19]、鄢陵，其许魏割以与秦。秦兵去陈[20]百六十里，臣之所观者，见秦、楚之日斗也。"楚于是去陈徙寿春[21]；而秦徙卫野王，作置东郡[22]。春申君由此就封于吴，行相事。

楚考烈王无子[23]，春申君患之，求妇人宜子者进之，甚众，卒无子。赵人李园持其女弟，欲进之楚王，闻其不宜子，恐久毋宠。李园求事春申君为舍人，已而谒归，故失期。还谒，春申君问之状，对曰："齐王使使求臣之女弟，与其使者饮，故失期。"春申君曰："娉[24]入乎？"对曰："未也。"春申君曰："可得见乎？"曰："可。"于是李园乃进其女弟，即幸于春申君。知其有身[25]，李园乃与其女弟谋。园女弟承间以说春申君曰："楚王之贵幸君，虽兄弟不如也。今君相楚二十余年，而王无子，即百岁后将更立兄弟，则楚更立君后，亦各贵其故所亲，君又安得长有宠乎？非徒然也，君贵用事久，多失礼于王兄弟，兄弟诚立，祸且及身，何以保相印江东[26]之封乎？今妾自知有身矣，而人莫知。妾幸君未久，诚以君之重而进妾于楚王，王必幸妾；妾赖天有子男，则是君之子为王也，楚国尽可得，孰与身临不测之罪乎？”春申君大然之，乃出李园女弟谨舍，而言之楚王。楚王召入幸之，遂生子男，立为太子，以李园女弟为王后。

楚王贵李园，园用事。李园既入其女弟，立为王后，子为太子，恐春申君语泄[27]而益骄，阴养死士，欲杀春申君以灭口，而国人颇有知之者。

春申君相二十五年，楚考烈王病。朱英谓春申君曰：“世有毋望之福，又有毋望之祸。今君处毋望之世，事毋望之主，安可以无毋望之人乎[28]？”春申君曰：“何谓毋望之福？”曰：“君相楚二十余年矣，虽名相国，实楚王也。今楚王病，旦暮且卒，而君相少主，因而代立当国，如伊尹、周公，王长而反政[29]，不即遂南面称孤而有楚国？此所谓毋望之福也。”春申君曰：“何谓毋望之祸？”曰：“李园不治国而君之仇也[30]，不为兵而养死士之日久矣，楚王卒，李园必先入据权而杀君以灭口。此所谓毋望之祸也。”春申君曰：“何谓毋望之人？”对曰：“君置臣郎中，楚王卒，李园必先入，臣为君杀李园。此所谓毋望之人也。”春申君曰：“足下置之。李园，弱人也，仆又善之，且又何至此！”朱英知言不用，恐祸及身，乃亡去。

后十七日，楚考烈王卒，李园果先入，伏死士于棘门之内[31]。春申君入棘门，园死士侠刺春申君，斩其头，投之棘门外。于是遂使吏尽灭春申君之家。而李园女弟初幸春申君有身而入之王所生子者遂立，是为楚幽王。

太史公曰：吾适楚，观春申君故城，宫室盛矣哉！初，春申君之说秦昭王，及出身遣楚太子归，何其智之明也！后制于李园，旄矣[32]。语曰：“当断不断，反受其乱。”[33]春申君失朱英之谓邪？

---

[1]春申君：封号。　[2]《志疑》云：“华阳之役，秦攻赵、魏以救韩，非攻韩也。且帅师不止白起。又《国策》作走芒卯，此云擒芒卯，非是。”华阳、芒卯，见《信陵君列传》注。　[3]巫：重庆巫山县。黔中：故城在湖南常德。　[4]竟陵：故城在湖北天门西北。　[5]陈县：故城在河南淮阳。　[6]与国：犹今言联盟之国。　[7]完：太子名也。《楚世家》作熊元。　[8]应侯：范雎也。应，地名。秦封范雎于应，号为应侯。　[9]谓阳文君有子二人在国中也。　[10]墟（xū）：故城也。吴谓春秋时吴国。城故吴墟：谓于吴国之故都，筑城而居之也。　[11]《志疑》云：“长平之战，在春申君为相之三年。救邯郸，在六年。此皆误。”　[12]《年表》作“八年取鲁，封鲁君于莒”。　[13]夸：夸示也。　[14]瑇瑁：亦作“玳瑁”。龟类

动物，其甲可做装饰品。赵使以玳瑁为簪，以珠玉饰刀剑之鞘，以夸示于楚人也。 [15]长：读长幼之长。从长：谓几国合纵之长。 [16]函谷关：在河南灵宝。 [17]观：读去声。 [18]黾（miǎn）隘：为战国之要塞。在河南信阳。 [19]许：魏地名。 [20]时顷襄王徙于陈。 [21]寿春：安徽寿县。 [22]野王：卫地。今河南沁阳。秦徙卫于野王，而于故卫都置东郡。 [23]考烈王无子：谓此时考烈王尚无子也。 [24]娉：同“聘”。 [25]有身：怀孕也。 [26]江东：长江在芜湖、南京之间为西南、东北走向，古代称自此以下的南岸地区为江东。 [27]语泄：谓泄漏其秘事也。 [28]毋望之福，《正义》云：“犹不望而忽至也。”按：以上连用无望二字，意略同。 [29]伊尹：商之贤相。太甲无道，伊尹放之于桐宫。三年，太甲悔过，复归于亳。周公：周武王弟。武王崩，成王年幼，周公摄政。成王长，乃归政于王。 [30]君之仇：谓李园为春申君之仇。《国策》作“君之舅”。谓李园为王舅。舅、仇音相同，故彼此互异。两说皆可通。 [31]棘门：城门名也。 [32]旄（máo）：年老智昏也。 [33]“当断不断”二句，当时俗语也。

范雎列传

范雎者，魏人也，字叔。游说诸侯，欲事魏王，家贫无以自资，乃先事魏中大夫须贾[1]。须贾为魏昭王使于齐，范雎从。留数月，未得报。齐襄王闻雎辩口[2]，乃使人赐雎金十斤及牛酒，雎辞谢不敢受。须贾知之，大怒，以为雎持魏国阴事告齐，故得此馈[3]，令雎受其牛酒，还其金。既归，心怒雎，以告魏相。魏相，魏之诸公子，曰魏齐。魏齐大怒，使舍人笞击雎，折胁摺齿[4]。雎佯死，即卷以箦[5]，置厕中。宾客饮者醉，更溺雎[6]，故僇辱以惩后，令无妄言者。雎从箦中谓守者曰："公能出我，我必厚谢公。"守者乃请出弃箦中死人。魏齐醉，曰："可矣。"范雎得出。后魏齐悔，复召求之。魏人郑安平闻之，乃遂操范雎亡[7]，伏匿，更名姓曰张禄。

当此时，秦昭王使谒者[8]王稽于魏。郑安平诈为卒，侍王稽。王稽问："魏有贤人可与俱西游者乎？"郑安平曰："臣里中有张禄先生，欲见君，言天下事。其人有仇[9]，不敢昼见。"王稽曰："夜与俱来。"郑安平夜与张禄见王稽。语未究，王稽知范雎贤，谓曰："先生待我于三亭之南[10]。"与私约而去。王稽辞魏去，过载范雎入秦。至湖[11]，望见车骑从西来。范雎曰："彼来者为谁？"王稽曰："秦相穰侯[12]东行县邑。"范雎曰："吾闻穰侯专秦权，恶内[13]诸侯客，此恐辱我，我宁且匿车中。"有顷，穰侯果至，劳王稽，因立车[14]而语曰："关东[15]有何变？"曰："无有。"又谓王稽曰："谒君得无与诸侯客子俱来乎？无益，徒乱人国耳。"王稽曰："不敢。"即别去。范雎曰："吾闻穰侯智士也，其见事迟，乡者[16]疑车中有人，忘索之。"于是范雎下车走，曰："此必悔之。"行十余里，果使骑还索车中，无客，乃已。王稽遂与范雎入咸阳[17]。

范雎既相秦，秦号曰张禄，而魏不知，以为范雎已死久矣。魏闻秦且东伐韩、魏，魏使须贾于秦。范雎闻之，为微行，敝衣间步之邸[18]，见须贾。须贾见之而惊曰："范叔固无恙乎！"范雎曰："然。"须贾笑曰："范叔有说于秦邪？"曰："不也。雎前日得过于魏相，故亡逃至此，安敢说乎！"须贾曰："今叔何事？"范雎曰："臣为人庸赁。"须贾意哀之，留与坐饮食，曰："范叔一寒如此哉！"乃取其一绨[19]袍以赐之。

须贾因问曰："秦相张君，公知之乎？吾闻幸于王，天下之事皆决于相君。今吾事之去留在张君。孺子岂有客习于相君者哉？"范雎曰："主人翁习知之。唯雎亦得谒，雎请为见君于张君。"须贾曰："吾马病，车轴折，非大车驷马，吾固不出。"范雎曰："愿为君借大车驷马于主人翁。”

范雎归取大车驷马，为须贾御之，入秦相府。府中望见，有识者皆避匿。须贾怪之。至相舍门，谓须贾曰：“待我，我为君先入通于相君。”

须贾待门下，持车良久，问门下曰：“范叔不出，何也？”门下曰：“无范叔。”须贾曰：“乡者与我载而入者。”门下曰：“乃吾相张君也。”

须贾大惊，自知见卖，乃肉袒膝行，因门下人谢罪。于是范雎盛帷帐，侍者甚众，见之。须贾顿首言死罪，曰：“贾不意君能自致于青云之上，贾不敢复读天下之书，不敢复与天下之事。贾有汤镬[20]之罪，请自屏于胡貉之地[21]，唯君死生之！”范雎曰：“汝罪有几？”曰：“擢贾之发以续贾之罪，尚未足。”[22]范雎曰：“汝罪有三耳。昔者楚昭王时而申包胥为楚却吴军，楚王封之以荆五千户，包胥辞不受，为丘墓之寄于荆也[23]。今雎之先人丘墓亦在魏，公前以雎为有外心于齐而恶雎于魏齐，公之罪一也。当魏齐辱我于厕中，公不止，罪二也。更醉而溺我，公其何忍乎？罪三矣。然公之所以得无死者，以绨袍恋恋，有故人之意，故释公。”乃谢罢。入言之昭王，罢归须贾。

须贾辞于范雎，范雎大供具，尽请诸侯使，与坐堂上，食饮甚设。而坐须贾于堂下，置莝豆其前，令两黥徒夹而马食之[24]。数曰：“为我告魏王，急持魏齐头来！不然者，我且屠大梁[25]。”

须贾归，以告魏齐。魏齐恐，亡走赵，匿平原君所。

秦昭王闻魏齐在平原君所，欲为范雎必报其仇，乃详[26]为好书遗平原君曰：“寡人闻君之高义，愿与君为布衣之友，君幸过寡人，寡人愿与君为十日之饮。”平原君畏秦，且以为然，而入秦见昭王。昭王与平原君饮数日，昭王谓平原君曰：“昔周文王得吕尚以为太公，齐桓公得管夷吾以为仲父[27]。今范君亦寡人之叔父也。范君之仇在君之家，愿使人归取其头来；不然，吾不出君于关。”平原君曰：“贵而为交者，为贱也；富而为交者，为贫也[28]。夫魏齐者，胜[29]之友也，在，固不出也，今又不在臣所。”昭王乃遗赵王书曰：“王之弟[30]在秦，范君之仇魏齐在平原君之家。王使人疾持其头来；不然，吾举兵而伐赵，又不出王之弟于关。”

赵孝成王乃发卒围平原君家，急，魏齐夜亡出，见赵相虞卿[31]。虞卿度赵王终不可说，乃解其相印，与魏齐亡，间行，念诸侯莫可以急抵者，乃复走大梁，欲因信陵君以走楚。信陵君闻之，畏秦，犹豫未肯见，曰：“虞卿何如人也？”时侯嬴在旁，曰：“人固未易知，知人亦未易也[32]。夫虞卿蹑屩檐簦[33]，一见赵王，赐白璧一双，黄金百镒；再见，拜为上卿；三见，卒受相印，封万户侯。当此之时，天下争知之。夫魏齐穷困过虞卿，虞卿不敢重爵禄之尊，解相印，捐万户侯而间行。急士之穷而归公子，公子曰‘何如人’。人固不易知，知人亦未易也！”信陵君大惭，驾如野迎之。魏齐闻信陵君之初难见之，怒而自刭。赵王闻之，卒取其头予秦。秦昭王乃出平原君归赵。

---

[1]中大夫：官名。须贾：姓须，名贾也。 [2]辩口：《读书杂志》谓当作辩有口。言辩给有口才也。 [3]馈（kuì）：赠送也。 [4]胁：胸之两旁肋有骨处也。摺：折也。 [5]箦（zé）：席也。 [6]溺尿也。更：再也。更溺：更番溲溺之也。 [7]操范睢亡：犹言带着范睢逃遁也。 [8]谒者：官名。 [9]仇：犹言仇人。 [10]三亭：亭名。在魏边境。《正义》谓：《括地志》有三亭岗，三亭之南，"南"字疑"冈"字之误。 [11]湖：虢州湖城县。今河南灵宝。 [12]穰侯：姓魏名冉。秦昭王母宣太后弟。封于穰，号曰穰侯。 [13]内：同"纳"。 [14]立车：犹言停车。 [15]关：谓函谷关。关东：谓关以东之各国也。 [16]乡（xiàng）者：犹言昔者。 [17]咸阳：秦都。今陕西咸阳东渭水北岸。 [18]邸：客馆也。 [19]绨：谓缯之滑泽者。 [20]汤镬：谓投于汤镬而烹之也。 [21]貉：与"貊"通。胡貉：北方夷狄也。 [22]擢（zhuó）：引也，拔也。此句言拔贾发而续之，不足以比其罪之长也。或曰"续"当作"赎"。 [23]此句大意谓：申包胥之所以为楚却吴者，非为一己之功名也，为丘墓之寄于楚也。而睢祖先之墓亦在魏，睢不可背魏事齐。 [24]莝（cuò）：斫槁也。此句谓以切碎之豆萁，使两囚徒，命须贾强食之也。豆萁为饲马之料，故曰马食。 [25]大梁：魏都，今河南开封。 [26]详：同"佯"。 [27]吕尚：周文王贤臣。姜姓，吕氏，名尚。管夷吾：即管仲。

详见《管晏传》。太公、仲父，皆尊称也。　[28]言富贵而结交情深者，为有贫贱之日，不可忘之也。　[29]胜：平原君之名也。　[30]王之弟，《史记考异》曰："平原君为惠王弟，于孝成为叔父，不当更称弟。"　[31]虞卿：战国时游说之士，为赵上卿。后与魏齐去赵，困于梁，穷愁著书，以自见于后世。[32]"人固不易知"当作"人固不易被知"解。否则上下文相重。　[33]屩（jiǎo）：麻履也。簦：笠之有柄者。

廉颇蔺相如列传

廉颇者，赵之良将也。赵惠文王十六年[1]，廉颇为赵将伐齐，大破之，取阳晋[2]，拜为上卿，以勇气闻于诸侯。

蔺相如者，赵人也，为赵宦者令缪贤舍人[3]。

赵惠文王时，得楚和氏璧。秦昭王闻之，使人遗赵王书，愿以十五城请易璧。赵王与大将军廉颇诸大臣谋：欲予秦，秦城恐不可得，徒见欺；欲勿予，即患秦兵之来。计未定，求人可使报秦者，未得。宦者令缪贤曰："臣舍人蔺相如可使。"王问："何以知之？"对曰："臣尝有罪，窃计欲亡走燕，臣舍人相如止臣，曰：'君何以知燕王？'臣语曰：'臣尝从大王与燕王会境上，燕王私握臣手，曰"愿结友"。以此知之，故欲往。'相如谓臣曰：'夫赵强而燕弱，而君幸于赵王，故燕王欲结于君。今君乃亡赵走燕，燕畏赵，其势必不敢留君，而束君归赵矣。君不如肉袒伏斧质[4]请罪，则幸得脱矣。'臣从其计，大王亦幸赦臣。臣窃以为其人勇士，有智谋，宜可使。"于是王召见，问蔺相如曰："秦王以十五城请易寡人之璧，可予不？"相如曰："秦强而赵弱，不可不许。"王曰："取吾璧，不予我城，奈何？"相如曰："秦以城求璧而赵不许，曲在赵。赵予璧而秦不予赵城，曲在秦。均之二策，宁许以负秦曲。”王曰：“谁可使者？”相如曰：“王必无人，臣愿奉璧往使。城入赵而璧留秦；城不入，臣请完璧归赵。”赵王于是遂遣相如奉璧西入秦。

秦王坐章台[5]见相如，相如奉璧奏秦王。秦王大喜，传以示美人及左右，左右皆呼万岁。相如视秦王无意偿赵城，乃前曰：“璧有瑕，请指示王。”王授璧，相如因持璧却立，倚柱，怒发上冲冠，谓秦王曰：“大王欲得璧，使人发书至赵王，赵王悉召群臣议，皆曰‘秦贪，负其强，以空言求璧，偿城恐不可得’。议不欲予秦璧。臣以为布衣之交尚不相欺，况大国乎！且以一璧之故逆强秦之欢，不可。于是赵王乃斋戒五日，使臣奉璧，拜送书于庭。何者？严大国之威以修敬也。今臣至，大王见臣列观，礼节甚倨；得璧，传之美人，以戏弄臣。臣观大王无意偿赵王城邑，故臣复取璧。大王必欲急臣，臣头今与璧俱碎于柱矣！”相如持其璧睨[6]柱，欲以击柱。

秦王恐其破璧，乃辞谢固请，召有司案图[7]，指从此以往十五都予赵。相如度秦王特以诈详为予赵城，实不可得，乃谓秦王曰：“和氏璧，天下所共传宝也，赵王恐，不敢不献。赵王送璧时，斋戒五日，今大王亦宜斋戒五日，设九宾于廷[8]，臣乃敢上璧。”

秦王度之，终不可强夺，遂许斋五日，舍相如广成传舍[9]。相如度秦王虽斋，决负约，不偿城，乃使其从者衣褐，怀其璧，从径道亡，归璧于赵。

秦王斋五日后，乃设九宾礼于廷，引赵使者蔺相如。相如至，谓秦王曰："秦自缪公以来二十余君，未尝有坚明约束者也。臣诚恐见欺于王而负赵，故令人持璧归，间至赵矣。且秦强而赵弱，大王遣一介之使至赵，赵立奉璧来。今以秦之强而先割十五都予赵，赵岂敢留璧而得罪于大王乎？臣知欺大王之罪当诛，臣请就汤镬，唯大王与群臣孰计议之。"

秦王与群臣相视而嘻[10]。左右或欲引相如去，秦王因曰："今杀相如，终不能得璧也，而绝秦、赵之驩。不如因而厚遇之，使归赵，赵王岂以一璧之故欺秦邪！"卒廷见相如，毕礼而归之。

相如既归，赵王以为贤大夫使不辱于诸侯，拜相如为上大夫。秦亦不以城予赵，赵亦终不予秦璧。

其后秦伐赵，拔石城[11]。明年，复攻赵，杀二万人。秦王使使者告赵王[12]，欲与王为好会于西河外渑池[13]。赵王畏秦，欲毋行。廉颇、蔺相如计曰："王不行，示赵弱且怯也。"赵王遂行，相如从。廉颇送至境，与王诀曰："王行，度道里会遇之礼毕，还，不过三十日。三十日不还，则请立太子为王，以绝秦望。"王许之，遂与秦王会渑池。

秦王饮酒酣，曰："寡人窃闻赵王好音，请奏瑟。"赵王鼓瑟。秦御史前书曰："某年月日，秦王与赵王会饮，令赵王鼓瑟。"蔺相如前曰："赵王窃闻秦王善为秦声，请奏盆缻秦王[14]，以相娱乐。”秦王怒，不许。于是相如前进缻，因跪请秦王。秦王不肯击缻。相如曰：“五步之内，相如请得以颈血溅大王矣！”左右欲刃相如，相如张目叱之，左右皆靡。于是秦王不怿，为一击缻。相如顾召赵御史书曰“某年月日，秦王为赵王击缻”。秦之群臣曰：“请以赵十五城为秦王寿。”蔺相如亦曰：“请以秦之咸阳为赵王寿。”秦王竟酒，终不能加胜于赵。赵亦盛设兵以待秦，秦不敢动。

既罢归国，以相如功大，拜为上卿，位在廉颇之右。廉颇曰：“我为赵将，有攻城野战之大功，而蔺相如徒以口舌为劳，而位居我上，且相如素贱人，吾羞，不忍为之下。”宣言曰：“我见相如，必辱之。”

相如闻，不肯与会。相如每朝时，常称病，不欲与廉颇争列。已而相如出，望见廉颇，相如引车避匿。于是舍人相与谏曰：“臣所以去亲戚而事君者，徒慕君之高义也。今君与廉颇同列，廉君宣恶言而君畏匿之[15]，恐惧殊甚，且庸人尚羞之，况于将相乎！臣等不肖，请辞去。”蔺相如固止之，曰：“公之视廉将军孰与秦王？”曰：“不若也。”相如曰：“夫以秦王之威，而相如廷叱之，辱其群臣，相如虽驽[16]，独畏廉将军哉？顾吾念之，强秦之所以不敢加兵于赵者，徒以吾两人在也。今两虎共斗，其势不俱生。吾所以为此者，以先国家之急而后私仇也。”

廉颇闻之，肉袒负荆[17]，因宾客至蔺相如门谢罪。曰：

“鄙贱之人，不知将军宽之至此也。”卒相与欢，为刎颈之交。

太史公曰：知死必勇，非死者难也，处死者难。方蔺相如引璧睨柱，及叱秦王左右，势不过诛，然士或怯懦而不敢发。相如一奋其气，威信敌国，退而让颇，名重太山，其处智勇，可谓兼之矣！

---

[1]十六年，《志疑》谓：“事在十五年。” [2]阳晋，《志疑》谓：“当作淮北。” [3]此“舍人”二字，为亲近左右之通称，非必官名。 [4]质：椹刃也。 [5]章台：台名。秦有章台宫，因宫中有章台而名也。 [6]睨：斜视也。 [7]图：地图也。 [8]九宾：即《周礼》九仪。赞宾礼者九人也。[9]广成：为传舍之名。《读书杂志》谓：“本无舍字。”以为“传”即“舍”也。按“传舍”二字，亦并用。传舍，驿站所设之房舍也。 [10]嘻（xī）：惊而怒之辞也。 [11]石城：石邑也。故城在河南林县。 [12]《志疑》谓：“秦王”上，疑缺“明年”二字。 [13]渑池：河南渑池。 [14]缻（fǒu）：同“缶”，瓦器，所以盛酒浆，秦人鼓之以节歌也。奉：据《读书杂志》改为“奏”。奏：进也。 [15]畏匿之：《读书杂志》谓应作“畏之匿”。 [16]驽（nú）：拉车的马，喻才能下等。[17]肉袒：袒衣而露肉也。荆：可以为鞭。肉袒负荆：谓请罪也。

田单列传

田单[1]者，齐诸田疏属也。湣王时，单为临菑市掾[2]，不见知。及燕使乐毅[3]伐破齐，齐湣王出奔，已而保莒城[4]。燕师长驱平齐，而田单走安平[5]，令其宗人尽断其车轴末而傅铁笼[6]。已而燕军攻安平，城坏，齐人走，争途，以辖折车败[7]，为燕所虏，唯田单宗人以铁笼故得脱，东保即墨[8]。燕既尽降齐城，唯独莒、即墨不下。

燕军闻齐王在莒，并兵攻之。淖齿既杀湣王于莒，因坚守，距燕军，数年不下。燕引兵东围即墨，即墨大夫出与战，败死。城中相与推田单，曰："安平之战，田单宗人以铁笼得全，习兵。"立以为将军，以即墨距燕。

顷之，燕昭王卒，惠王立，与乐毅有隙。田单闻之，乃纵反间于燕，宣言曰："齐王已死，城之不拔者二耳。乐毅畏诛而不敢归，以伐齐为名，实欲连兵南面而王齐。齐人未附，故且缓攻即墨以待其事。齐人所惧，唯恐他将之来，即墨残矣。"

燕王以为然，使骑劫[9]代乐毅。乐毅因归赵，燕人士卒忿。而田单乃令城中人食必祭其先祖于庭，飞鸟悉翔舞城中下食。燕人怪之。田单因宣言曰："神来下教我。"乃令城中人曰："当有神人为我师。"有一卒曰："臣可以为师乎？"因反走。田单乃起，引还，东乡坐，师事之。卒曰："臣欺君，诚无能也。"田单曰："子勿言也！"因师之。每出约束，必称神师。乃宣言曰："吾唯惧燕军之劓所得齐卒，置之前行，与我战，即墨败矣。"燕人闻之，如其言。城中人见齐诸降者尽劓，皆怒，坚守，唯恐见得。单又纵反间曰："吾惧燕人掘吾城外冢墓，僇[10]先人，可为寒心。"燕军尽掘垄墓，烧死人。即墨人从城上望见，皆涕泣，俱欲出战，怒自十倍。田单知士卒之可用，乃身操版插[11]，与士卒分功，妻妾编于行伍之间，尽散饮食飨士。令甲卒皆伏，使老弱女子乘城，遣使约降于燕，燕军皆呼万岁。田单又收民金，得千溢[12]，令即墨富豪遗燕将，曰："即墨即降，愿无虏掠吾族家妻妾，令安堵。"燕将大喜，许之。燕军由此益懈。

田单乃收城中得千余牛，为绛缯[13]衣，画以五彩龙文，束兵刃于其角，而灌脂束苇于尾，烧其端。凿城数十穴，夜纵牛，壮士五千人随其后。牛尾热，怒而奔燕军，燕军夜大惊。牛尾炬火光明炫耀，燕军视之皆龙文，所触尽死伤。五千人因衔枚[14]击之，而城中鼓噪从之，老弱皆击铜器为声，声动天地。燕军大骇，败走。齐人遂夷杀其将骑劫。燕军扰乱奔走，齐人追亡逐北，所过城邑皆畔燕而归田单，兵日益多，乘胜，燕日败亡，卒至河上[15]，而齐七十余城皆复为齐。乃迎襄王于莒，入临菑而听政。襄王封田单，号曰安平君。

太史公曰：兵以正合，以奇胜。善之者，出奇无穷。奇正还相生，如环之无端。夫始如处女，适人开户；后如脱兔，适不及距[16]：其田单之谓邪！

初，淖齿之杀湣王也，莒人求湣王子法章，得之太史嬓[17]之家，为人灌园。嬓女怜而善遇之。后法章私以情告女，女遂与通。及莒人共立法章为齐王，以莒距燕，而太史氏女遂为后，所谓"君王后"也。

燕之初入齐，闻画邑人王蠋贤[18]，令军中曰"环画邑三十里无入"，以王蠋之故。已而使人谓蠋曰："齐人多高子之义，吾以子为将，封子万家。"蠋固谢。燕人曰："子不听，吾引三军而屠画邑。"王蠋曰："忠臣不事二君，贞女不更二夫。齐王不听吾谏，故退而耕于野。国既破亡，吾不能存；今又劫之以兵为君将，是助桀为暴也。与其生而无义，固不如烹！"遂经其颈于树枝，自奋绝脰[19]而死。齐亡大夫闻之，曰："王蠋，布衣也，义不北面于燕，况在位食禄者乎！"乃相聚如莒，求诸子，立为襄王[20]。

---

[1]单：音 dān。　[2]临菑：山东临淄。市掾：官名。　[3]乐毅：初为燕将，伐齐有功。封之于观津，号望诸君。后惠王使骑劫代毅，毅降赵。　[4]莒（jǔ）：山东莒县。　[5]安平：故城在山东临淄东。　[6]断其车轴末：恐车轴长，相拨触也。傅（fù）铁笼：谓以铁裹轴头，使之坚而易进也。　[7]辖

（wèi）：车轴头也。　[8]即墨：在山东平度东南。　[9]骑劫：燕将。　[10]僇：同“戮”。　[11]版插：军中掘土之具。　[12]溢：同“镒”。古衡名。二十四两曰镒。　[13]绛：赤色也。缯：丝织物之总名。　[14]枚：形如箸，行军时用之，横衔口中，以禁喧哗也。　[15]河上：齐之北界，近河东地。[16]适：同“敌”。此二语见《孙子兵书》。如处女，示弱也；如脱兔，疾走也。　[17]皦：音 jiǎo。　[18]画：齐西南近邑。蠋：音 zhú。　[19]脰（dòu）：颈项也。　[20]《史诠》谓从“初淖齿之杀湣王也”起至此一节，当在上文“号曰安平君”之下。今脱简在后。

屈原列传

屈原者，名平，楚之同姓也。为楚怀王左徒[1]。博闻强志，明于治乱，娴[2]于辞令。入则与王图议国事，以出号令；出则接遇宾客，应对诸侯。王甚任之。

上官大夫[3]与之同列，争宠而心害其能。怀王使屈原造为宪令，屈平属草稿未定。上官大夫见而欲夺之，屈平不与，因谗之曰："王使屈平为令，众莫不知，每一令出，平伐[4]其功，曰以为'非我莫能为'也。"王怒而疏屈平。

屈平疾王听之不聪也，谗谄之蔽明也，邪曲之害公也，方正之不容也，故忧愁幽思而作《离骚》。离骚者，犹离忧也。夫天者，人之始也；父母者，人之本也。人穷则反本，故劳苦倦极，未尝不呼天也；疾痛惨怛[5]，未尝不呼父母也。屈平正道直行，竭忠尽智以事其君，谗人间之，可谓穷矣。信而见疑，忠而被谤，能无怨乎？屈平之作《离骚》，盖自怨生也。《国风》好色而不淫，《小雅》[6]怨诽而不乱。若《离骚》者，可谓兼之矣。上称帝喾[7]，下道齐桓，中述汤武，以刺世事。明道德之广崇，治乱之条贯，靡不毕见。其文约，其辞微，其志洁，其行廉，其称文小而其指极大，举类迩而见义远。其志洁，故其称物芳。其行廉，故死而不容自疏。濯淖污泥之中[8]，蝉蜕于浊秽[9]，以浮游尘埃之外，不获世之滋垢，皭然泥而不滓者也[10]。推此志也，虽与日月争光可也。

屈平既绌，其后秦欲伐齐，齐与楚从亲，惠王患之，乃令张仪详[11]去秦，厚币委质事楚，曰："秦甚憎齐，齐与楚从亲，楚诚能绝齐，秦愿献商、於[12]之地六百里。"楚怀王贪而信张仪，遂绝齐，使使如秦受地。张仪诈之曰："仪与王约六里，不闻六百里。"楚使怒去，归告怀王。怀王怒，大兴师伐秦。秦发兵击之，大破楚师于丹、淅[13]，斩首八万，虏楚将屈匄[14]，遂取楚之汉中地[15]。怀王乃悉发国中兵以深入击秦，战于蓝田[16]。魏闻之[17]，袭楚至邓[18]。楚兵惧，自秦归。而齐竟怒不救楚，楚大困。

明年，秦割汉中地与楚以和。楚王曰："不愿得地，愿得张仪而甘心焉。"张仪闻，乃曰："以一仪而当汉中地，臣请往如楚。"如楚，又因厚币用事者臣靳尚[19]，而设诡辩于怀王之宠姬郑袖。怀王竟听郑袖，复释去张仪。是时屈平既疏，不复在位，使于齐，顾反，谏怀王曰："何不杀张仪？"怀王悔，追张仪不及。

其后诸侯共击楚，大破之。杀其将唐眛[20]。

时秦昭王与楚婚，欲与怀王会。怀王欲行，屈平曰："秦，虎狼之国，不可信，不如毋行。"怀王稚子子兰[21]劝王行："奈何绝秦欢！"怀王卒行。入武关[22]，秦伏兵绝其后，因留怀王，以求割地。怀王怒，不听。亡走赵，赵不内。复之秦，竟死于秦而归葬。

长子顷襄王立，以其弟子兰为令尹。楚人既咎子兰以劝怀王入秦而不反也。屈平既嫉之，虽放流[23]，睠顾楚国，系心怀王，不忘欲反，冀幸君之一悟，俗之一改也。其存君兴国而欲反覆之，一篇之中三致志焉。然终无可奈何，故不可以反，卒以此见怀王之终不悟也。人君无愚智贤不肖，莫不欲求忠以自为，举贤以自佐，然亡国破家相随属，而圣君治国累世而不见者，其所谓忠者不忠，而所谓贤者不贤也。怀王以不知忠臣之分，故内惑于郑袖，外欺于张仪，疏屈平，而信上官大夫、令尹子兰。兵挫地削，亡其六郡，身客死于秦，为天下笑。此不知人之祸也。《易》曰："井泄不食[24]，为我心恻，可以汲。王明，并受其福。"王之不明，岂足福哉！

令尹子兰闻之大怒，卒使上官大夫短屈原于顷襄王，顷襄王怒而迁之。屈原至于江滨，被发行吟泽畔，颜色憔悴，形容枯槁。渔父见而问之曰："子非三闾大夫欤[25]？何故而至此？"屈原曰："举世混浊，而我独清，众人皆醉，而我独醒，是以见放。"渔父曰："夫圣人者，不凝滞于物而能与世推移。举世混浊，何不随其流而扬其波？众人皆醉，何不餔其糟而啜其醨？何故怀瑾握瑜而自令见放为？"屈原曰："吾闻之，新沐者必弹冠，新浴者必振衣，人又谁能以身之察察[26]，受物之汶汶[27]者乎！宁赴常流[28]而葬乎江鱼腹中耳，又安能以皓皓之白而蒙世俗之温蠖乎[29]！"乃作

《怀沙》之赋。

于是怀石遂自投汨罗[30]以死。

屈原既死之后，楚有宋玉、唐勒、景差[31]之徒者，皆好辞而以赋见称；然皆祖屈原之从容辞令，终莫敢直谏。其后楚日以削，数十年竟为秦所灭。

自屈原沉汨罗后百有余年，汉有贾生[32]，为长沙王太傅，过湘水，投书以吊屈原。

---

[1]左徒：楚官名。 [2]娴（xián）：善长也。 [3]上官：姓也。楚庄王少子兰，为上官邑大夫，后遂以为氏。一说上官大夫姓靳，名尚，楚怀王之宠臣。 [4]伐：骄矜也。 [5]憯：毒也；怛：痛也。 [6]国风、小雅：《诗经》分《国风》《小雅》《大雅》及《颂》。诸侯各以其国之民俗歌谣，贡于天子，而列于乐官者，是为《国风》。雅者，正也。雅乐所用，故名。[7]帝喾：古帝名，即高辛氏。 [8]濯，王念孙云："读直教反，作污浊解。"淖（nào）：濯、淖、污、泥，四字只是一意。[9]蝉蜕：蝉蛹变成虫时蜕去旧皮。以喻解脱。 [10]言不为滋垢所辱也。 [11]详：同"佯"，诈也。 [12]商、於：秦地名，河南淅川西。 [13]丹、淅：二地在河南洛阳以西。 [14]屈：姓也，匄（gài）：名也。 [15]汉中：战国时楚地。今陕西汉中兴安及湖北郧阳等地。 [16]蓝田：陕西蓝田。 [17]魏闻之，《志疑》云："魏当作韩。" [18]邓：古国名。春秋时

为楚所灭。在湖北襄阳。[19]靳尚：战国时楚国大臣，著名奸佞。[20]唐眛：楚将。[21]稚子：幼子也。子兰：怀王幼子名。[22]武关：为秦时之南关，在陕西商县东。[23]虽放流：逐也，弃也。[24]泄（xiè）：浚治去泥浊也。[25]三闾大夫：楚官名。闾者，聚族以居之义。其职，掌王族三姓：昭、屈、景，因名。[26]察察：清洁貌。[27]汶汶：昏昧不明也。[28]常流：同“长流”。[29]温蠖（huò）：犹惛愦也。[30]汨罗：二水名。合流曰汨罗江。在湘北，西流入湘江。[31]宋玉：楚鄢人，屈原弟子，为大夫；唐勒：亦楚大夫；景差：与宋玉同时。三人皆好辞，以赋见称。[32]贾生：名谊。汉文帝时人。

刺客列传

曹沬者[1]，鲁人也，以勇力事鲁庄公[2]。庄公好力。曹沬为鲁将，与齐战，三败北[3]。鲁庄公惧，乃献遂邑[4]之地以和。犹复以为将。

齐桓公许与鲁会于柯而盟[5]。桓公与庄公既盟于坛上，曹沬执匕首劫齐桓公，桓公左右莫敢动，而问曰："子将何欲？"曹沬曰："齐强鲁弱，而大国侵鲁亦以甚矣。今鲁城坏即压齐境，君其图之。"桓公乃许尽归鲁之侵地。既已言，曹沬投其匕首，下坛，北面就群臣之位，颜色不变，辞令如故。桓公怒，欲倍[6]其约。管仲[7]曰："不可。夫贪小利以自快，弃信于诸侯，失天下之援，不如与之。"于是桓公乃遂割鲁侵地，曹沬三战所亡地尽复予鲁。

其后百六十有七年而吴有专诸之事。

专诸者，吴堂邑[8]人也。伍子胥之亡楚而如吴也，知专诸之能。伍子胥既见吴王僚[9]，说以伐楚之利。吴公子光[10]曰："彼伍员父兄皆死于楚[11]而员言伐楚，欲自为报私雠也，非能为吴。"吴王乃止。伍子胥知公子光之欲杀吴王僚，乃曰："彼光将有内志，未可说以外事。"乃进专诸于公子光。

光之父曰吴王诸樊。诸樊弟三人：次曰余祭，次曰夷昧，次曰季子札。诸樊知季子札贤而不立太子，以次传三弟，欲卒致国于季子札。诸樊既死，传余祭。余祭死，传夷昧。夷昧死，当传季子札；季子札逃不肯立，吴人乃立夷昧之子僚为王。公子光曰：“使以兄弟次邪，季子当立；必以子乎，则光真適嗣[12]，当立。”故尝阴养谋臣以求立。

光既得专诸，善客待之。九年而楚平王死[13]。春，吴王僚欲因楚丧，使其二弟公子盖余、属庸将兵围楚之潜；使延陵季子[14]于晋，以观诸侯之变。楚发兵绝吴将盖余、属庸路，吴兵不得还。于是公子光谓专诸曰：“此时不可失，不求何获！且光真王嗣，当立，季子虽来，不吾废也。”专诸曰：“王僚可杀也。母老子弱，而两弟将兵伐楚，楚绝其后。方今吴外困于楚，而内空无骨鲠之臣，是无如我何。”公子光顿首曰：“光之身，子之身也。”

四月丙子，光伏甲士于窟室[15]中，而具酒请王僚。王僚使兵陈自宫至光之家，门户阶陛左右，皆王僚之亲戚也。夹立侍，皆持长铍[16]。酒既酣，公子光详为足疾，入窟室中，使专诸置匕首鱼炙[17]之腹中而进之。既至王前，专诸擘[18]鱼，因以匕首刺王僚，王僚立死。左右亦杀专诸，王人扰乱。公子光出其伏甲以攻王僚之徒，尽灭之，遂自立为王，是为阖闾。阖闾乃封专诸之子以为上卿。

其后七十余年[19]而晋有豫让之事。

豫让者，晋人也，故尝事范氏及中行氏，而无所知名。去而事智伯[20]，智伯甚尊宠之。

及智伯伐赵襄子，赵襄子[21]与韩、魏合谋灭智伯[22]，灭智伯之后而三分其地。赵襄子最怨智伯，漆其头以为饮器。

豫让遁逃山中，曰："嗟乎！士为知己者死，女为说己者容。今智伯知我，我必为报仇而死，以报智伯，则吾魂魄不愧矣。"乃变名姓为刑人，入宫涂厕，中挟匕首，欲以刺襄子。襄子如厕，心动，执问涂厕之刑人，则豫让，内持刀兵，曰："欲为智伯报仇！"左右欲诛之。襄子曰："彼义人也，吾谨避之耳。且智伯亡无后，而其臣欲为报仇，此天下之贤人也。"卒释去之。

居顷之，豫让又漆身为厉[23]，吞炭为哑，使形状不可知，行乞于市。其妻不识也。行见其友，其友识之，曰："汝非豫让邪？"曰："我是也。"其友为泣曰："以子之才，委质[24]而臣事襄子，襄子必近幸子。近幸子，乃为所欲，顾不易邪？何乃残身苦形，欲以求报襄子，不亦难乎！"豫让曰："既已委质臣事人，而求杀之，是怀二心以事其君也。且吾所为者极难耳！然所以为此者，将以愧天下后世之为人臣怀二心以事其君者也。"

既去，顷之，襄子当出，豫让伏于所当过之桥下。襄子至桥，马惊。襄子曰："此必是豫让也。"使人问之，果豫让也。于是襄子乃数豫让曰："子不尝事范、中行氏乎？智伯尽灭之，而子不为报仇，而反委质臣于智伯。智伯亦已死矣，而子独何以为之报仇之深也？”豫让曰：“臣事范、中行氏，范、中行氏皆众人遇我，我故众人报之。至于智伯，国士遇我，我故国士报之。”襄子喟然叹息而泣曰：“嗟乎豫子！子之为智伯，名既成矣，而寡人赦子，亦已足矣。子其自为计，寡人不复释子！”使兵围之。豫让曰：“臣闻明主不掩人之美，而忠臣有死名之义。前君已宽赦臣，天下莫不称君之贤。今日之事，臣固伏诛，然愿请君之衣而击之，焉[25]以致报仇之意，则虽死不恨。非所敢望也，敢布腹心！”

于是襄子大义之，乃使使持衣与豫让。豫让拔剑三跃而击之，曰：“吾可以下报智伯矣。”遂伏剑自杀。

死之日，赵国志士闻之，皆为涕泣。其后四十余年而轵[26]有聂政之事。

聂政者，轵深井里[27]人也。杀人避仇，与母、姊如齐，以屠为事。久之，濮阳严仲子[28]事韩哀侯[29]，与韩相侠累有郤[30]。严仲子恐诛，亡去，游求人可以报侠累者。

至齐，齐人或言聂政勇敢士也，避仇隐于屠者之间。严仲子至门请，数反，然后具酒自畅[31]聂政母前。酒酣，严仲子奉黄金百镒，前为聂政母寿。聂政惊怪其厚，固谢严仲子。严仲子固进，而聂政谢曰：“臣幸有老母，家贫，客游以为狗屠，可以旦夕得甘毳[32]以养亲。亲供养备，不敢当仲子之赐。”严仲子辟人，因为聂政言曰：“臣有仇，而行游诸侯众矣；然至齐，窃闻足下义甚高，故进百金者，将用为大人粗粝之费[33]，得以交足下之欢，岂敢以有求望邪！”聂政曰：“臣所以降志辱身居市井屠者，徒幸以养老母。老母在，政身未敢以许人也。”严仲子固让，聂政竟不肯受也。然严仲子卒备宾主之礼而去。

久之，聂政母死。既已葬，除服，聂政曰：“嗟乎！政乃市井之人[34]，鼓刀以屠[35]；而严仲子乃诸侯之卿相也，不远千里，枉车骑而交臣。臣之所以待之，至浅鲜矣，未有大功可以称者，而严仲子奉百金为亲寿，我虽不受，然是者徒深知政也。夫贤者以感忿睚眦[36]之意而亲信穷僻之人，而政独安得嘿然而已乎！且前日要政，政徒以老母；老母今以天年终，政将为知己者用。”

乃遂西至濮阳，见严仲子曰：“前日所以不许仲子者，徒以亲在；今不幸而母以天年终。仲子所欲报仇者为谁？请得从事焉！”严仲子具告曰：“臣之仇韩相侠累，侠累又韩君之季父也，宗族盛多，居处兵卫甚设，臣欲使人刺之，（众）终莫能就。今足下幸而不弃，请益其车骑壮士可为足下辅翼者。”聂政曰：“韩之与卫，相去中间不甚远，今杀人之相，相又国君之亲，此其势不可以多人，多人不能无生得失，生得失则语泄，语泄是韩举国而与仲子为仇，岂不殆哉！”遂谢车骑人徒，聂政乃辞独行。

杖剑至韩，韩相侠累方坐府上，持兵戟而卫侍者甚众。

聂政直入，上阶刺杀侠累，左右大乱。聂政大呼，所击杀者数十人，因自皮面决眼[37]，自屠出肠，遂以死。

韩取聂政尸暴于市，购问莫知谁子。于是韩购县之[38]，有能言杀相侠累者予千金。久之莫知也。

政姊荣，闻人有刺杀韩相者，贼不得，国不知其名姓，暴其尸而县之千金，乃于邑[39]曰："其是吾弟与？嗟乎，严仲子知吾弟！"立起，如韩，之市，而死者果政也，伏尸哭极哀，曰："是轵深井里所谓聂政者也。"市行者诸众人皆曰："此人暴虐吾国相，王县购其名姓千金，夫人不闻与？何敢来识之也？"荣应之曰："闻之。然政所以蒙污辱自弃于市贩之间者，为老母幸无恙，妾未嫁也。亲既以天年下世，妾已嫁夫，严仲子乃察举吾弟困污之中而交之，泽厚矣，可奈何！士固为知己者死，今乃以妾尚在之故，重自刑以绝从[40]，妾其奈何畏殁身之诛，终灭贤弟之名！"大惊韩市人。乃大呼天者三，卒于邑悲哀而死政之旁。

晋、楚、齐、卫闻之，皆曰："非独政能也，乃其姊亦烈女也。乡使政诚知其姊无濡忍[41]之志，不重暴骸之难[42]，必绝险千里以列其名，姊弟俱僇[43]于韩市者，亦未必敢以身许严仲子也。严仲子亦可谓知人能得士矣！"

其后二百二十余年秦有荆轲之事。

荆轲者，卫人也。其先乃齐人，徙于卫，卫人谓之庆卿。而之燕，燕人谓之荆卿。

荆卿好读书击剑，以术说卫元君，卫元君不用。其后秦伐魏，置东郡[44]，徙卫元君之支属于野王[45]。

荆轲尝游过榆次[46]，与盖聂[47]论剑，盖聂怒而目之。荆轲出，人或言复召荆卿。盖聂曰："曩者吾与论剑有不称者，吾目之；试往，是宜去，不敢留。"使使往之主人，荆卿则已驾而去榆次矣。使者还报，盖聂曰："固去也，吾曩者目摄之！"

荆轲游于邯郸，鲁勾践[48]与荆轲博，争道，鲁勾践怒而叱之，荆轲嘿而逃去，遂不复会。

荆轲既至燕，爱燕之狗屠及善击筑者高渐离。荆轲嗜酒，日与狗屠及高渐离饮于燕市，酒酣以往，高渐离击筑，荆轲和而歌于市中，相乐也，已而相泣，旁若无人者。荆轲虽游于酒人乎，然其为人沉深好书；其所游诸侯，尽与其贤豪长者相结。其之燕，燕之处士田光先生亦善待之，知其非庸人也。

居顷之，会燕太子丹质秦亡归燕。燕太子丹者，故尝质于赵，而秦王政生于赵，其少时与丹驩，及政立为秦王，而丹质于秦。秦王之遇燕太子丹不善，故丹怨而亡归。归而求为报秦王者，国小，力不能。其后秦日出兵山东以伐齐、楚、三晋[49]，稍蚕食诸侯，且至于燕，燕君臣皆恐祸之至。太子丹患之，问其傅鞠武[50]。武对曰："秦地遍天下，威胁韩、魏、赵氏，北有甘泉、谷口[51]之固，南有泾、渭[52]之沃，擅巴、汉[53]之饶，右陇、蜀[54]之山，左关、殽[55]之险，民众而士厉，兵革有余。意有所出，则长城[56]之南，易水[57]以北，未有所定也。奈何以见陵之怨，欲批其逆鳞[58]哉！”丹曰：“然则何由？”对曰：“请入图之。”

居有间，秦将樊于期得罪于秦王，亡之燕，太子受而舍之。鞠武谏曰：“不可。夫以秦王之暴而积怒于燕，足为寒心，又况闻樊将军之所在乎？是谓‘委肉当饿虎之蹊’也，祸必不振矣！虽有管、晏[59]，不能为之谋也。愿太子疾遣樊将军入匈奴[60]以灭口。请西约三晋，南连齐、楚，北购[61]于单于[62]，其后乃可图也。”

太子曰：“太傅之计，旷日弥久，心惛然，恐不能须臾。且非独于此也，夫樊将军穷困于天下，归身于丹，丹终不以迫于强秦而弃所哀怜之交，置之匈奴，是固丹命卒之时也。愿太傅更虑之。”

鞠武曰：“夫行危欲求安，造祸而求福，计浅而怨深，连结一人之后交，不顾国家之大害，此所谓‘资怨而助祸’矣。夫以鸿毛燎于炉炭之上，必无事矣。且以雕鸷之秦，行怨暴之怒，岂足道哉！燕有田光先生，其为人智深而勇沉，可与谋。”太子曰：“愿因太傅而得交于田先生，可乎？”鞠武曰：“敬诺。”出见田先生，道“太子愿图国事于先生也”。田光曰：“敬奉教。”乃造焉。

太子逢迎，却行为导，跪而褫席[63]。田光坐定，左右无人，太子避席而请曰：“燕秦不两立，愿先生留意也。”田光曰：“臣闻骐骥盛壮之时，一日而驰千里；至其衰老，驽马先之。今太子闻光盛壮之时，不知臣精已消亡矣。虽然，光不敢以图国事，所善荆卿可使也。”太子曰：“愿因先生得结交于荆卿，可乎？”田光曰：“敬诺。”即起，趋出。太子送至门，戒曰：“丹所报，先生所言者，国之大事也，愿先生勿泄也！”田光俯而笑曰：“诺。”

偻行[64]见荆卿，曰：“光与子相善，燕国莫不知。今太子闻光壮盛之时，不知吾形已不逮也，幸而教之曰‘燕、秦不两立，愿先生留意也’。光窃不自外，言足下于太子也，愿足下过太子于宫。”荆轲曰：“谨奉教。”田光曰：“吾闻之，长者为行，不使人疑之。今太子告光曰‘所言者，国之大事也，愿先生勿泄’，是太子疑光也。夫为行而使人疑之，非节侠也。”欲自杀以激荆卿，曰：“愿足下急过太子，言光已死，明不言也。”因遂自刎而死。

荆轲遂见太子，言田光已死，致光之言。太子再拜而跪，膝行流涕，有顷而后言曰：“丹所以诫田先生毋言者，欲以成大事之谋也。今田先生以死明不言，岂丹之心哉！”荆轲坐定，太子避席顿首曰：“田先生不知丹之不肖，使得至前，敢有所道，此天之所以哀燕而不弃其孤[65]也。今秦有贪利之心，而欲不可足也。非尽天下之地，臣海内之王者，其意不厌。今秦已虏韩王，尽纳其地。又举兵南伐楚，北临赵；王翦[66]将数十万之众距漳、邺[67]，而李信[68]出太原、云中[69]。赵不能支秦，必入臣，入臣则祸至燕。燕小弱，数困于兵，今计举国不足以当秦。诸侯服秦，莫敢合从。丹之私计愚，以为诚得天下之勇士使于秦，窥以重利；秦王贪，其势必得所愿矣。诚得劫秦王，使悉反诸侯侵地，若曹沫之与齐桓公[70]，则大善矣；则不可，因而刺杀之。彼秦大将擅兵于外而内有乱，则君臣相疑，以其间诸侯得合从，其破秦必矣。此丹之上愿，而不知所委命，唯荆卿留意焉。”

久之，荆轲曰：“此国之大事也，臣驽下[71]，恐不足任使。”太子前顿首，固请毋让，然后许诺。于是尊荆卿为上卿，舍上舍。太子日造门下，供太牢[72]具，异物间进，车骑美女恣[73]荆轲所欲，以顺适其意。

久之，荆轲未有行意。秦将王翦破赵，虏赵王，尽收入其地，进兵北略地至燕南界。太子丹恐惧，乃请荆轲曰：“秦兵旦暮渡易水，则虽欲长侍足下，岂可得哉！”荆轲曰：“微太子言，臣愿谒之。今行而毋信，则秦未可亲也。夫樊将军，秦王购之金千斤，邑万家。诚得樊将军首与燕督亢[74]之地图，奉献秦王，秦王必说见臣，臣乃得有以报。”太子曰：“樊将军穷困来归丹，丹不忍以己之私而伤长者之意，愿足下更虑之[75]。”

荆轲知太子不忍，乃遂私见樊于期曰：“秦之遇将军可谓深矣，父母宗族皆为戮没。今闻购将军首金千斤，邑万家，将奈何？”于期仰天太息流涕曰：“于期每念之，常痛于骨髓，顾计不知所出耳！”荆轲曰：“今有一言可以解燕国之患，报将军之仇者，何如？”于期乃前曰：“为之奈何？”荆轲曰：“愿得将军之首以献秦王，秦王必喜而见臣，臣左手把其袖，右手揕[76]其胸，然则将军之仇报而燕见陵[77]之愧除矣。将军岂有意乎？”樊于期偏袒搤捥[78]而进曰：“此臣之日夜切齿腐心也，乃今得闻教！”遂自刭。

太子闻之，驰往，伏尸而哭，极哀。既已不可奈何，乃遂盛樊于期首函封之。于是太子豫求天下之利匕首，得赵人徐夫人[79]匕首，取之百金，使工以药焠之[80]，以试人，血濡缕[81]，人无不立死者。乃装为遣荆卿。燕国有勇士秦舞阳，年十三，杀人，人不敢忤视[82]。乃令秦舞阳为副。

荆轲有所待，欲与俱；其人居远未来，而为治行。顷之，未发，太子迟之，疑其改悔，乃复请曰：“日已尽矣！荆卿岂有意哉？丹请得先遣秦舞阳。”荆轲怒，叱太子曰：“何太子之遣？往而不返者，竖子也！且提一匕首入不测之强秦，仆所以留者，待吾客与俱。今太子迟之，请辞决矣！”遂发。

太子及宾客知其事者，皆白衣冠以送之。至易水之上，既祖[83]，取道，高渐离击筑，荆轲和而歌，为变徵[84]之声，士皆垂泪涕泣。又前而为歌曰：“风萧萧兮易水寒，壮士一去兮不复还[85]！”复为羽声慷慨，士皆瞋目，发尽上指冠。于是荆轲就车而去，终已不顾。

遂至秦，持千金之资币物，厚遗秦王宠臣中庶子蒙嘉。嘉为先言于秦王曰：“燕王诚振怖大王之威，不敢举兵以逆军吏，愿举国为内臣，比诸侯之列，给贡职如郡县，而得奉守先王之宗庙。恐惧不敢自陈，谨斩樊于期之头，及献燕督亢之地图，函封，燕王拜送于庭，使使以闻大王，唯大王命之。”

秦王闻之，大喜。乃朝服，设九宾[86]，见燕使者咸阳宫[87]。荆轲奉樊于期头函，而秦舞阳奉地图柙，以次进。至陛，秦舞阳色变振恐，群臣怪之。荆轲顾笑舞阳，前谢曰：“北蕃蛮夷之鄙人[88]，未尝见天子，故振慑[89]。愿大王少假借之，使得毕使于前。”秦王谓轲曰：“取舞阳所持地图。”轲既取图奏之，秦王发图，图穷而匕首见。因左手把秦王之袖，而右手持匕首揕之。未至身，秦王惊，自引而起，袖绝。拔剑，剑长，操其室[90]。时惶急，剑坚，故不可立拔。荆轲逐秦王，秦王环柱而走。群臣皆愕，卒起不意，尽失其度。而秦法，群臣侍殿上者不得持尺寸之兵；诸郎中执兵皆陈殿下，非有诏召不得上。方急时，不及召下兵，以故荆轲乃逐秦王。而卒惶急，无以击轲，而以手共搏之。是时侍医夏无且[91]以其所奉药囊提[92]荆轲也。秦王方环柱走，卒惶急，不知所为，左右乃曰：“王负剑！”负剑，遂拔以击荆轲，断其左股。荆轲废，乃引其匕首以擿[93]秦王，不中，中桐柱。秦王复击轲，轲被八创。轲自知事不就，倚柱而笑，箕倨[94]以骂曰：“事所以不成者，以欲生劫之，必得约契以报太子也。”于是左右既前杀轲，秦王不怡者良久。已而论功，赏群臣及当坐者各有差，而赐夏无且黄金二百镒，曰：“无且爱我，乃以药囊提荆轲也。”

于是秦王大怒，益发兵诣赵，诏王翦军以伐燕。十月而拔蓟城[95]。燕王喜、太子丹等尽率其精兵东保于辽东。秦将李信追击燕王急，代王嘉[96]乃遗燕王喜书曰：“秦所以尤追燕急者，以太子丹故也。今王诚杀丹献之秦王，秦王必解，而社稷幸得血食[97]。”其后李信追丹，丹匿衍水[98]中，燕王乃使使斩太子丹，欲献之秦。秦复进兵攻之。后五年，秦卒灭燕，虏燕王喜。

其明年，秦并天下，立号为皇帝。于是秦逐太子丹、荆轲之客，皆亡。

高渐离变名姓为人庸保，匿作于宋子[99]。久之，作苦，闻其家堂上客击筑，傍偟不能去。每出言曰：“彼有善有不善。”从者以告其主，曰：“彼庸乃知音，窃言是非。”家丈人召使前击筑，一坐称善，赐酒。而高渐离念久隐畏约无穷时，乃退，出其装匣中筑与其善衣，更容貌而前。举坐客皆惊，下与抗礼，以为上客。使击筑而歌，客无不流涕而去者。

宋子传客之，闻于秦始皇。秦始皇召见，人有识者，乃曰：“高渐离也。”秦皇帝惜其善击筑，重赦之，乃矐其目[100]。使击筑，未尝不称善。稍益近之，高渐离乃以铅置筑中，复进得近，举筑扑秦皇帝，不中。于是遂诛高渐离，终身不复近诸侯之人。

鲁勾践已闻荆轲之刺秦王，私曰：“嗟乎，惜哉其不讲于刺剑之术也！甚矣吾不知人也！曩者吾叱之，彼乃以我为非人也！”

太史公曰：世言荆轲，其称太子丹之命，“天雨粟，马生角”也[101]，太过。又言荆轲伤秦王，皆非也。始公孙季功、董生与夏无且游，具知其事，为余道之如是。自曹沫至荆轲五人，此其义或成或不成，然其立意较然[102]，不欺其志，名垂后世，岂妄也哉！

---

[1]沫（mò）：《左传》有曹刿，即《史记》之曹沫。 [2]鲁庄公：名同，桓公子。 [3]三败北，《志疑》云：“庄公自九年败乾时后，至十三年盟柯，中间有长勺之胜。是鲁只一战而一胜，安得有三败之事。” [4]遂邑：地名。在山东宁阳西北。《志疑》云：“遂人不至，故灭之。遂非鲁地，何烦鲁献。此皆妄也。” [5]柯：齐地名。 [6]倍（bèi）：背也。 [7]管仲：名夷吾，春秋时人。相齐桓公，而霸天下。 [8]堂邑：故城在山东聊城境。 [9]吴王僚：吴王余眛之子。 [10]公子光：吴王诸樊之子。 [11]伍员父兄，皆死于楚。伍员之父名奢，兄名尚，为楚平王所杀。 [12]適：与“嫡”同。適嗣：长子也。 [13]《索隐》云：“据《年表》及《左传》，合在僚之十一年。” [14]延陵：今江苏常州市。吴季札居此，称延陵季子。 [15]窟室：掘地为室也。 [16]铍（pī）：两刃小刀也。 [17]炙（zhì）：烤肉也。 [18]擘（bò）：剖裂。 [19]七十余年，《志疑》云：“七乃六字之误。” [20]智伯：晋六卿之一。赵、韩、魏、智、范、中行

为晋六卿。 [21]赵襄子：名无恤。 [22]合谋灭智伯，《通鉴》：周贞定王十有六年，晋赵无恤约魏驹、韩虎、攻智伯，灭之，三分其地。 [23]厉（lài）：与“癞”同，恶疮也。 [24]质（zhì）：与“贽”通，初次拜见长辈所送的礼物。 [25]焉字属下文，作“于是”二字解。 [26]轵：战国魏邑。在今河南济源市东南。 [27]深井：轵县之里名。 [28]严仲子：姓严，名遂。仲子其字也。 [29]韩哀侯：韩文侯子。 [30]侠累：姓侠。《战国策》作“侠傀”。 [31]畅：《战国策》作“觞”。 [32]毳（cuì）：与“脆”通。甘毳：犹言脆嫩也。 [33]《志疑》云：“大人，《韩策》作‘丈人’。注云：一本作夫人，或作大人。盖丈人是。”粗粝：粗米也，脱粟也。 [34]市井：古因井为市故曰市井。 [35]鼓刀以屠：谓操刀营屠牲畜之业。 [36]睚眦（yá zì）：发怒时瞪眼睛。 [37]决眼：谓剜出其眼睛也。 [38]县：与“悬”同。谓悬金以购求也。 [39]于邑：烦冤愁苦貌。 [40]重：复也。从：与“纵”同。谓复自刑其身，以绝踪迹也。 [41]濡忍：犹言含忍也。 [42]重：惜也。言不惜暴骸之为难也。 [43]僇：与“戮”同。 [44]东郡：战国魏地名。今山东济南长清区。 [45]野王：战国晋邑，今河南沁阳。 [46]榆次：地名，在山西省。 [47]盖：姓也。聂：名也。 [48]鲁勾践：姓鲁，名勾践。 [49]赵、魏、韩为三晋。 [50]鞠（jū）：姓，武：名也。 [51]甘泉：西魏置，陕西礼泉县境。谷口：古邑名。在今陕西礼泉县境西北。 [52]泾、渭：二水名。泾水：出甘肃化平西南大关山麓。渭水：出甘肃省渭源西北鸟鼠山。 [53]巴：今四川。汉：今陕西省。　[54]陇：今甘肃省。蜀：今四川省。[55]关：函谷关也。殽（yáo）：山名。亦作“崤”，在河南洛宁北。　[56]长城：起嘉峪关，迄山海关。　[57]易水：水名。出河北易县。　[58]批：触击之也。《韩非子》云：“夫龙为虫也，柔可狎而骑也。然其喉下有逆鳞，径尺；若人有婴之者，则必杀人。”　[59]管：管仲也。晏：晏婴也。[60]匈奴：秦汉时北方种族名。　[61]购：与“媾”同，媾和也。　[62]单（chán）于：匈奴称其君曰单于。　[63]襒（bié）：拂也。　[64]偻行：偻，脊背弯曲。谓田光年老，行走时腰背弯曲。　[65]孤：王侯之谦称。太子丹似不应称孤。[66]王翦：秦将军。　[67]漳：水名。在河北。邺：河南临漳。[68]李信：秦将军。　[69]太原：今山西太原。云中：今山西大同市。　[70]曹沫事见本篇。　[71]驽（nú）下：最下之马。谓贱劣也。　[72]太牢：古代帝王祭祀或宴会时为用牛、羊、豕三牲，为太牢。　[73]恣：纵性也。　[74]督亢：地名。战国时燕膏腴地。今河北涿州市东。　[75]虑：计虑也。[76]揕（zhèn），《索隐》云：“谓以剑刺其胸也。”《读书杂志》谓：“揕当作扰。扰，深击也。”　[77]陵：侮辱也。[78]捥（wān）：谓勇者奋厉，先以手扼右腕也。　[79]徐夫人：姓徐，名夫人。男子也。　[80]焠（cuì）：将匕首先以炉火烧红，投入毒水中。　[81]血濡缕：谓以匕首试人，人血出，足以沾濡丝缕，便立死也。　[82]忤：逆也。不敢逆视，言人畏之甚也。　[83]祖：饯行也。　[84]变徵：七音之一。徵之发声也。七音，宫、商、角、徵、羽、变宫、变徵。　[85]还：

读如旋。 [86]九宾，《正义》曰："设交物大备，即谓九宾。" [87]咸阳宫：秦始皇兼并天下，都咸阳；营宫殿，名为咸阳宫。 [88]鄙人：谦称。即低下为人。 [89]振：与"震"同。慑：惧也。 [90]室：谓剑鞘也。 [91]夏无且（zū）：人名。 [92]提：古"掷"字。 [93]㧾：古"掷"字。 [94]箕倨：曲两脚而坐，形如箕也。倨，又作"踞"。[95]蓟城：周代蓟国及燕国都城。在今北京西南部。 [96]嘉：代王之名也。 [97]血食：享祭也。 [98]衍：水名。在辽东。 [99]宋子：战国赵邑。在今河北赵县境。 [100]矐（huò）其目：以马屎燻其目，令失明也。 [101]马生角：燕丹求归，秦王曰："乌头白，马生角，乃许耳。"故云。[102]较然：明也。

李斯列传

李斯者，楚上蔡[1]人也。年少时，为郡小吏[2]，见吏舍厕中鼠食不洁，近人犬，数惊恐之。斯入仓，观仓中鼠，食积粟，居大庑之下，不见人犬之忧。于是李斯乃叹曰："人之贤不肖譬如鼠矣，在所自处耳！"乃从荀卿学帝王之术[3]。

学已成，度[4]楚王不足事，而六国皆弱，无可为建功者，欲西入秦。辞于荀卿曰："斯闻得时无怠，今万乘方争时，游者主事[5]。今秦王欲吞天下，称帝而治，此布衣驰骛之时而游说者之秋也。处卑贱之位而计不为者，此禽鹿视肉，人面而能强行者耳[6]。故诟莫大于卑贱，而悲莫甚于穷困。久处卑贱之位，困苦之地，非世而恶利，自托于无为，此非士之情也。故斯将西说秦王矣。"

至秦，会庄襄王[7]卒，李斯乃求为秦相文信侯吕不韦[8]舍人；不韦贤之，任以为郎。李斯因以得说。

秦王乃拜斯为长史[9]，听其计，阴遣谋士赍持金玉以游说诸侯。诸侯名士可下以财者，厚遗结之；不肯者，利剑刺之。离其君臣之计，秦王乃使其良将随其后。

秦王拜斯为客卿[10]。

会韩人郑国来间秦。以作注溉渠[11]，已而觉。秦宗室大臣皆言秦王曰："诸侯人来事秦者，大抵为其主游间于秦耳，请一切逐客。"李斯议亦在逐中。斯乃上书。

始皇下其议丞相。丞相谬[12]其说，绌[13]其辞，乃上书曰："古者天下散乱，莫能相一，是以诸侯并作，语皆道古以害今，饰虚言以乱实，人善其所私学，以非上所建立。今陛下并有天下，别白黑而定一尊；而私学乃相与非法教之制，闻令下，即各以其私学议之，入则心非，出则巷议，非主以为名，异趣以为高，率群下以造谤。如此不禁，则主势降乎上，党与成乎下。禁之便。臣请诸有文学《诗》《书》百家语者，蠲除去之[14]。令到满三十日弗去，黥为城旦[15]。所不去者，医药卜筮种树之书。若有欲学者，以吏为师。"

始皇可其议，收去《诗》《书》百家之语以愚百姓，使天下无以古非今。明法度，定律令，皆以始皇起。同文书。治离宫别馆，周遍天下。明年，又巡狩，外攘四夷，斯皆有力焉。

斯长男由为三川[16]守，诸男皆尚秦公主[17]，女悉嫁秦诸公子。三川守李由告归咸阳，李斯置酒于家，百官长皆前为寿，门廷车骑以千数。李斯喟然而叹曰："嗟乎！吾闻之荀卿曰'物禁大盛'。夫斯乃上蔡布衣，闾巷之黔首[18]，上不知其驽下，遂擢至此。当今人臣之位无居臣上者，可谓富贵极矣。物极则衰，吾未知所税驾也[19]！"

始皇三十七年十月，行出游会稽，并海上，北抵琅邪。丞相斯、中车府令[20]赵高兼行符玺令事，皆从。

始皇有二十余子，长子扶苏以数直谏上，上使监兵上郡[21]，蒙恬[22]为将。少子胡亥爱，请从，上许之。余子莫从。

其年七月，始皇帝至沙丘[23]，病甚，令赵高为书赐公子扶苏曰："以兵属蒙恬，与丧会咸阳而葬。"书已封，未授使者，始皇崩。书及玺皆在赵高所，独子胡亥、丞相李斯、赵高及幸宦者五六人知始皇崩，余群臣皆莫知也。李斯以为上在外崩，无真太子，故秘之。置始皇居辒辌车中，百官奏事上食如故，宦者辄从辒辌车中可诸奏事。

高乃谓丞相斯曰："上崩，赐长子书，与丧会咸阳而立为嗣。书未行，今上崩，未有知者也。所赐长子书及符玺皆在胡亥所，定太子在君侯与高之口耳。事将何如？"斯曰："安得亡国之言！此非人臣所当议也！"高曰："君侯自料能孰与蒙恬？功高孰与蒙恬？谋远不失孰与蒙恬？无怨于天下孰与蒙恬？长子旧而信之孰与蒙恬？"斯曰："此五者皆不及蒙恬，而君责之何深也？"高曰："高固内官[24]之厮役也，幸得以刀笔[25]之文进入秦宫，管事二十余年，未尝见秦免罢丞相功臣有封及二世者也，卒皆以诛亡。皇帝二十余子，皆君之所知。长子刚毅而武勇，信人而奋士，即位必用蒙恬为丞相，君侯终不怀通侯[26]之印归于乡里，明矣。高受诏教习胡亥，使学以法事数年矣，未尝见过失。慈仁笃厚，轻财重士，辩于心而诎于口，尽礼敬士，秦之诸子未有及此者，可以为嗣。君计而定之。”

于是乃相与谋，诈为受始皇诏丞相，立子胡亥为太子。更为书赐长子扶苏曰：“朕巡天下，祷祠名山诸神以延寿命。今扶苏与将军蒙恬将师数十万以屯边，十有余年矣，不能进而前，士卒多耗，无尺寸之功，乃反数上书，直言诽谤我所为，以不得罢归为太子，日夜怨望。扶苏为人子不孝，其赐剑以自裁！将军恬与扶苏居外，不匡正[27]，宜知其谋。为人臣不忠，其赐死，以兵属裨将[28]王离。”封其书以皇帝玺，遣胡亥客奉书赐扶苏于上郡。

使者至，发书，扶苏泣，入内舍，欲自杀。蒙恬止扶苏曰：“陛下居外，未立太子，使臣将三十万众守边，公子为监，此天下重任也。今一使者来，即自杀，安知其非诈。请复请，复请而后死，未暮也。”使者数趣之。扶苏为人仁，谓蒙恬曰：“父而赐子死，尚安复请？”即自杀。蒙恬不肯死，使者即以属吏，系于阳周[29]。

使者还报，胡亥、斯、高大喜。至咸阳，发丧，太子立为二世皇帝。以赵高为郎中令[30]，常侍中用事。

二世燕居[31]，乃召高与谋事，谓曰：“夫人生居世间也，譬犹骋六骥过决隙也[32]。吾既已临天下矣，欲悉耳目之所好，穷心志之所乐，以安宗庙而乐万姓，长有天下，终吾年寿，其道可乎？”高曰：“此贤主之所能行也，而昏乱主之所禁也。臣请言之，不敢避斧钺之诛，愿陛下少留意焉。夫沙丘之谋，诸公子及大臣皆疑焉，而诸公子尽帝兄，大臣又先帝之所置也。今陛下初立，此其属意怏怏皆不服，恐为变。且蒙恬已死，蒙毅将兵居外，臣战战栗栗，唯恐不终。且陛下安得为此乐乎？”二世曰：“为之奈何？”赵高曰：“严法而刻刑，令有罪者相坐诛，至收族，灭大臣而远骨肉；贫者富之，贱者贵之。尽除去先帝之故臣，更置陛下之所亲信者近之。此则阴德归陛下，害除而奸谋塞，群臣莫不被润泽，蒙厚德，陛下则高枕肆志[33]宠乐矣。计莫出于此。”

二世然高之言，乃更为法律。于是群臣诸公子有罪，辄下高，令鞫治之[34]。杀大臣蒙毅等，公子十二人僇[35]死咸阳市，十公主矺[36]死于杜，财物入于县官，相连坐者，不可胜数。

公子高欲奔，恐收族，乃上书曰：“先帝无恙[37]时，臣入则赐食，出则乘舆。御府之衣，臣得赐之；中厩之宝马，臣得赐之。臣当从死而不能，为人子不孝，为人臣不忠。不忠者无名以立于世，臣请从死，愿葬郦山之足。唯上幸哀怜之。”书上，胡亥大说，召赵高而示之曰：“此可谓急乎？”赵高曰：“人臣当忧死而不暇，何变之得谋！”胡亥可其书，赐钱十万以葬。

法令诛罚日益刻深，群臣人人自危，欲畔者众。

又作阿房之宫[38]，治直道、驰道[39]，赋敛愈重，戍徭无已。于是楚戍卒陈胜、吴广等乃作乱，起于山东，杰俊相立，自置为侯王，叛秦，兵至鸿门[40]而却。

李斯数欲请间谏，二世不许。而二世责问李斯曰："吾有私议而有所闻于韩子也，曰'尧之有天下也，堂高三尺，采椽不斫[41]，茅茨不翦[42]，虽逆旅之宿不勤于此矣。冬日鹿裘，夏日葛衣，粢粝之食[43]，藜藿之羹[44]，饭土匦[45]，啜土铏[46]，虽监门之养不觳于此矣[47]。禹凿龙门[48]，通大夏[49]，疏九河，曲九防[50]，决渟水致之海[51]，而股无胈[52]，胫无毛，手足胼胝[53]，面目黎黑[54]，遂以死于外，葬于会稽，臣虏之劳不烈于此矣。'然则夫所贵于有天下者，岂欲苦形劳神，身处逆旅之宿，口食监门之养，手持臣虏之作哉？此不肖人之所勉也，非贤者之所务也。彼贤人之有天下也，专用天下适己而已矣，此所以贵于有天下也。夫所谓贤人者，必能安天下而治万民，今身且不能利，将恶能治天下哉！故吾愿肆志广欲，长享天下而无害，为之奈何？"

李斯子由为三川守，群盗吴广等西略地，过去弗能禁。章邯[55]以破逐广等兵，使者覆案三川相属，诮让斯居三公位，如何令盗如此。李斯恐惧，重爵禄，不知所出，乃阿[56]二世意，欲求容，以书对。

书奏，二世悦，于是行督责益严，税民深者为明吏。二世曰："若此则可谓能督责矣。"刑者相半于道，而死人日成积于市。杀人众者为忠臣。二世曰："若此则可谓能督责矣。”

初，赵高为郎中令，所杀及报私怨众多，恐大臣入朝奏事毁恶之，乃说二世曰：“天子所以贵者，但以闻声，群臣莫得见其面，故号曰‘朕’。且陛下富于春秋，未必尽通诸事，今坐朝廷，谴举[57]有不当者，则见短于大臣，非所以示神明于天下也。且陛下深拱禁中，与臣及侍中习法者待事，事来有以揆之[58]。如此则大臣不敢奏疑事，天下称圣主矣。”二世用其计，乃不坐朝廷见大臣，居禁中。赵高常侍中用事，事皆决于赵高。

高闻李斯以为言，乃见丞相曰：“关东[59]群盗多，今上急益发繇治阿房宫，聚狗马无用之物。臣欲谏，为位贱。此真君侯之事，君何不谏？”李斯曰：“固也，吾欲言之久矣。今时上不坐朝廷，上居深宫，吾有所言者，不可传也，欲见无间。”赵高谓曰：“君诚能谏，请为君候上闲语君。”

于是赵高待二世方燕乐，妇女居前，使人告丞相：“上方闲，可奏事。”丞相至宫门上谒，如此者三。二世怒曰：“吾尝多闲日，丞相不来。吾方燕私[60]，丞相辄来请事。丞相岂少我哉？且固我哉[61]？”赵高因曰：“如此殆矣！夫沙丘之谋，丞相与焉。今陛下已立为帝，而丞相贵不益，此其意亦望裂地而王矣。且陛下不问臣，臣不敢言。丞相长男李由为三川守，楚盗陈胜等皆丞相傍县之子，以故楚盗公行，过三川，城守不肯击。高闻其文书相往来，未得其审，故未敢以闻。且丞相居外，权重于陛下。”

二世以为然。欲案[62]丞相，恐其不审，乃使人案验三川守与盗通状。李斯闻之。

是时二世在甘泉，方作觳抵优俳之观[63]。李斯不得见，因上书言赵高之短。

二世曰：“何哉？夫高，故宦人也，然不为安肆志，不以危易心，洁行修善，自使至此，以忠得进，以信守位，朕实贤之，而君疑之，何也？且朕少失先人，无所识知，不习治民，而君又老，恐与天下绝矣。朕非属赵君，当谁任哉？且赵君为人精廉强力，下知人情，上能适朕，君其勿疑。”李斯曰：“不然。夫高，故贱人也，无识于理，贪欲无厌，求利不止，列势次主，求欲无穷，臣故曰殆。”

二世已前信赵高，恐李斯杀之，乃私告赵高。高曰：“丞相所患者，独高，高已死，丞相即欲为田常所为。”于是二世曰：“其以李斯属郎中令！”

赵高案治李斯。李斯拘执束缚，居囹圄[64]中，仰天而叹曰：“嗟乎，悲夫！不道之君，何可为计哉！昔者桀杀关龙逢[65]，纣杀王子比干[66]，吴王夫差杀伍子胥[67]。此三臣者，岂不忠哉，然而不免于死，身死而所忠者非也。今吾智不及三子，而二世之无道过于桀、纣、夫差，吾以忠死，宜矣。且二世之治岂不乱哉！日者夷[68]其兄弟而自立也，杀忠臣而贵贱人，作为阿房之宫，赋敛天下。吾非不谏也，而不吾听也。凡古圣王，饮食有节，车器有数，宫室有度，出令造事，加费而无益于民利者禁，故能长久治安。今行逆于昆弟，不顾其咎；侵杀忠臣，不思其殃；大为宫室，厚赋天下，不爱其费：三者已行，天下不听。今反者已有天下之半矣，而心尚未寤也，而以赵高为佐，吾必见寇至咸阳，麋鹿游于朝也。”

于是二世乃使高案丞相狱，治罪，责斯与子由谋反状，皆收捕宗族宾客。赵高治斯，榜掠[69]千余，不胜痛，自诬服。斯所以不死者，自负其辩，有功，实无反心，幸得上书自陈，幸二世之寤而赦之。李斯乃从狱中上书。

书上，赵高使吏弃去不奏，曰：“囚安得上书！”赵高使其客十余辈诈为御史、谒者、侍中，更往覆[70]讯斯。斯更以其实对，辄使人复榜之。后二世使人验斯，斯以为如前，终不敢更言，辞服。奏当上，二世喜曰：“微赵君，几为丞相所卖[71]。”及二世所使案三川之守至，则项梁已击杀之。使者来，会丞相下吏，赵高皆妄为反辞。

二世二年七月，具斯五刑[72]，论腰斩咸阳市。斯出狱，与其中子俱执，顾谓其中子曰：“吾欲与若复牵黄犬俱出上蔡东门逐狡兔，岂可得乎！”遂父子相哭，而夷三族[73]。

李斯已死，二世拜赵高为中丞相，事无大小，辄决于高。高自知权重，乃献鹿，谓之马。二世问左右：“此乃鹿也？”左右皆曰“马也。”二世惊，自以为惑。乃召太卜，令卦之。太卜曰："陛下春秋郊祀。奉宗庙鬼神，斋戒[74]不明，故至于此。可依盛德而明斋戒。"于是乃入上林[75]齐戒。日游弋猎。有行人入上林中，二世自射杀之。赵高教其女婿咸阳令阎乐劾不知何人贼杀人移上林。高乃谏二世曰："天子无故贼杀不辜人，此上帝之禁也。鬼神不享，天且降殃。当远避宫以禳之[76]。"二世乃出居望夷之宫[77]。

留三日，赵高诈诏卫士，令士皆素服，持兵内乡[78]，入告二世曰："山东群盗兵大至。"二世上观而见之，恐惧。高即因劫令自杀。引玺而佩之，左右百官莫从；上殿，殿欲坏者三。高自知天弗与，群臣弗许，乃召始皇弟，授之玺。

子婴即位，患之，乃称疾不听事，与宦者韩谈及其子谋杀高。高上谒，请病，因召入，令韩谈刺杀之，夷其三族。

子婴立三月，沛公[79]兵从武关入，至咸阳，群臣百官皆畔，不适。子婴与妻子自系其颈以组，降轵道旁。沛公因以属吏。项王至而斩之。遂以亡天下。

太史公曰：李斯以闾阎[80]历诸侯，入事秦，因以瑕衅[81]，以辅始皇，卒成帝业，斯为三公[82]，可谓尊用矣。斯知六艺[83]之归，不务明政以补主上之缺，持爵禄之重，阿顺苟合，严威酷刑，听高邪说，废適立庶。诸侯已畔，斯乃欲谏争，不亦末乎！人皆以斯极忠而被五刑死，察其本，乃与俗议之异。不然，斯之功且与周、召列矣。

[1]上蔡：河南上蔡。 [2]郡小吏：掌文书之小官。郡，一作“乡”。 [3]帝王之术：佐帝王治天下之道也。 [4]度（duó）：估计。 [5]主事：主持事务也。 [6]禽鹿视肉：如禽兽，但知视肉而食之。全句谓：不假游说取荣贵，即如禽兽，徒有人面而能强行也。 [7]庄襄王：名子楚。 [8]吕不韦：阳翟大贾，仕秦，为丞相，封文信侯。 [9]长史：官名。[10]客卿：以他国之人为官也。 [11]韩苦秦兵，故郑国间作注溉渠，令费人工，不东伐也。《志疑》云：逐客之议，不在郑国。郑国事在始皇初年。 [12]谬：妄也。 [13]绌：摈去也。 [14]蠲（juān）除：除去之。 [15]黥：古墨刑。即刺面也。秦时徒刑罚作苦工，昼伺寇，夜筑城，故谓之城旦。[16]三川：秦郡名。详见《秦始皇本纪》注。 [17]公主：战国时为诸侯女之称。后世称帝王女为公主。娶公主谓之“尚”。[18]黔首：谓百姓。 [19]税驾：犹解驾，言休止也。
[20]中车府令：官名。 [21]上郡：秦郡名。详见《秦始皇本纪》三十六郡注。 [22]蒙恬：秦将军。 [23]沙丘：地名。在今河北平乡县东北。 [24]内官：禁卫内之官，即宦官。[25]刀笔：书吏之掌案牍者也。 [26]通侯：秦废五等爵，惟留侯爵，以赏功劳之最多者，曰彻侯。彻，通也。汉避武帝刘彻讳，改曰通侯。 [27]匡：辅助也。匡正：纠正之也。 [28]裨将：偏将也。 [29]阳周：地名。在今陕西子长。 [30]郎中令：秦官名。掌宫殿门户统属诸郎官。 [31]燕居：犹闲居也。[32]六骥过决隙：喻光阴之迅速也。 [33]肆志：放任其志也。

[34]鞠治：问罪也。　[35]僇：与“戮”同。　[36]矺（zhé）：与“磔”同。谓裂其肢体而杀之也。　[37]无恙：无疾也。此言先帝生时。　[38]阿房宫，秦始皇所筑宫名。故址在陕西西安西北。　[39]据《读书杂志》加“道”字。驰道：天子所行道也。直道，见《六国表》曰：“为直道，道九原通甘泉。”直道与驰道不同。　[40]鸿门：在陕西临潼东。　[41]采：木名，即栎木也。采椽不斫：谓以栎木为椽，而不加雕斫也。　[42]茅茨不翦：以茅盖屋，而不加剪裁也。　[43]粢（zī）：稷也。粝（lì）：粗粟饭也。　[44]藜（lí）藿：均草名。藜藿之羹：以藜藿为羹也。　[45]匦（guǐ）：匣也。饭土匦：谓以土匦盛食也。　[46]啜：尝也。铏（xíng）：羹器也。　[47]觳（hú）：因恐惧而发抖。监门之养不觳于此矣：言监门之养，犹不尽此也。　[48]龙门：山名。在河南洛阳南。禹治水，曾凿此山。　[49]大夏：水名。在甘肃临洮西北。　[50]疏九河曲九防：疏通九河之流，因其曲而为之堤防也。　[51]决：除去水之壅塞也。渟水：不流之水也。致：放也。　[52]胈（bá）：股上小毛也。　[53]胼胝（pián zhī）：近骨之皮久受压迫而生之硬块也。　[54]黎：亦黑也。　[55]章邯：秦将军。　[56]阿：顺也。　[57]谴（qiǎn）举：官吏谪降曰“谴”，推荐曰“举”。　[58]揆：度也。　[59]关东：函谷关以东，古称关东。今山东、河南等地。　[60]燕私：犹言燕乐。　[61]固我：谓以我幼，故轻我也。固：一解作固陋之固。　[62]案：考也，验也。　[63]觳抵：与“角觝”同。两两相当，角力。盖当时有此戏。优俳：杂戏也。　[64]囹圄：狱也。　[65]关龙

逢：夏桀时之贤臣。　[66]比干：殷纣时之贤臣。　[67]伍子胥：详见《伍子胥传》。　[68]夷：诛灭也。　[69]榜：笞也。[70]往覆：反覆也。　[71]为丞相所卖：犹言为丞相所欺也。[72]五刑：古以墨、劓、剕、宫、大辟为五刑。　[73]三族：父之族，母之族，妻之族也。　[74]斋戒：古人于祭祀之前，必先沐浴，更衣，不饮酒，不茹荤，所以一其心志，以接鬼神也。[75]上林：秦苑名。故址在陕西西安西。　[76]禳（ráng）：祭鬼神以求远害也。　[77]望夷宫，秦宫名。　[78]乡：与“向”通。　[79]沛公：汉高帝初封于沛，故称沛公。　[80]闾阎：里中门也。后通称民间曰闾阎。　[81]瑕衅：过失也。[82]三公：古以太师、太傅、太保为三公。　[83]六艺：礼、乐、射、艺、书、数也。

淮阴侯列传

淮阴侯韩信者，淮阴人[1]也。始为布衣时，贫无行，不得推择为吏[2]，又不能治生商贾，常从人寄食饮，人多厌之者。常数从其下乡[3]南昌亭长[4]寄食，数月，亭长妻患之，乃晨炊蓐食[5]。食时信往，不为具食。信亦知其意，怒，竟绝去。

信钓于城下[6]，诸母漂[7]，有一母见信饥，饭信，竟漂数十日。信喜，谓漂母曰："吾必有以重报母。"母怒曰："大丈夫不能自食，吾哀王孙[8]而进食，岂望报乎！"

淮阴屠中少年有侮信者，曰："若虽长大，好带刀剑，中情怯耳。"众辱之曰："信能死，刺我；不能死，出我袴[9]下。"于是信孰视之，俯出袴下，蒲伏[10]。一市人皆笑信，以为怯。

及项梁[11]渡淮，信杖剑从之，居戏下[12]，无所知名。项梁败，又属项羽，羽以为郎中。数以策干项羽，羽不用。

汉王之入蜀，信亡楚归汉，未得知名，为连敖[13]。坐法当斩，其辈十三人皆已斩，次至信，信乃仰视，适见滕公，曰："上不欲就天下乎？何为斩壮士！"滕公奇其言，壮其貌，释而不斩。与语，大说之。言于上，上拜以为治粟都尉[14]，上未之奇也。

信数与萧何语，何奇之。至南郑[15]，诸将行道亡者数十人，信度何等已数言上，上不我用，即亡。何闻信亡，不及以闻，自追之。人有言上曰："丞相何亡。"上大怒，如失左右手。居一二日，何来谒上，上且怒且喜，骂何曰："若亡，何也？"何曰："臣不敢亡也，臣追亡者。"上曰："若所追者谁何？"曰："韩信也。"上复骂曰："诸将亡者以十数，公无所追；追信，诈也。"何曰："诸将易得耳。至如信者，国士无双。王必欲长王汉中，无所事信；必欲争天下，非信无所与计事者。顾王策安所决耳。"王曰："吾亦欲东耳，安能郁郁久居此乎？"何曰："王计必欲东，能用信，信即留；不能用，信终亡耳。"王曰："吾为公以为将。"何曰："虽为将，信必不留。"王曰："以为大将。"何曰："幸甚。"于是王欲召信拜之。何曰："王素慢无礼，今拜大将如呼小儿耳，此乃信所以去也。王必欲拜之，择良日，斋戒，设坛场，具礼，乃可耳。"王许之。诸将皆喜，人人各自以为得大将。至拜大将，乃韩信也，一军皆惊。

信拜礼毕，上坐。王曰："丞相数言将军，将军何以教寡人计策？"信谢，因问王曰："今东乡争权天下，岂非项王邪？"汉王曰："然。"曰："大王自料勇悍仁强孰与项王？"汉王默然良久，曰："不如也。"信再拜贺曰："惟[16]信亦为大王不如也。然臣尝事之，请言项王之为人也。项王喑噁叱咤[17]，千人皆废[18]，然不能任属贤将，此特匹夫之勇耳。项王见人恭敬慈爱，言语呕呕[19]，人有疾病，涕泣分食饮，至使人有功当封爵者，印刓弊[20]，忍不能予[21]，此所谓妇人之仁也。项王虽霸天下而臣诸侯，不居关中而都彭城。有背义帝之约，而以亲爱王，诸侯不平。诸侯之见项王迁逐义帝置江南，亦皆归逐其主而自王善地。项王所过无不残灭者，天下多怨，百姓不亲附，特劫于威强[服]耳[22]。名虽为霸，实失天下心。故曰其强易弱。今大王诚能反其道：任天下武勇，何所不诛！以天下城邑封功臣，何所不服！以义兵从思东归之士，何所不散[23]！且三秦王[24]为秦将，将秦子弟数岁矣，所杀亡不可胜计，又欺其众降诸侯，至新安，项王诈坑秦降卒二十余万，唯独邯、欣、翳得脱，秦父兄怨此三人，痛入骨髓。今楚强以威王此三人，秦民莫爱也。大王之入武关，秋毫无所害，除秦苛法，与秦民约，法三章耳，秦民无不欲得大王王秦者。于诸侯之约，大王当王关中，关中民咸知之。大王失职入汉中，秦民无不恨者。今大王举而东，三秦可传檄而定也。”于是汉王大喜，自以为得信晚。遂听信计，部署诸将所击。

[汉三年][25]，信与张耳以兵数万，欲东下井陉[26]击赵。赵王、成安君陈余闻汉且袭之也，聚兵井陉口[27]，号称二十万。广武君李左车说成安君曰：“闻汉将韩信涉西河，虏魏王，禽夏说，新喋血阏与[28]，今乃辅以张耳，议欲下赵，此

乘胜而去国远斗，其锋不可当。臣闻千里馈粮，士有饥色，樵苏后爨[29]，师不宿饱。今井陉之道，车不得方轨，骑不得成列，行数百里，其势粮食必在其后。愿足下假臣奇兵三万人，从间道绝其辎重；足下深沟高垒，坚营勿与战。彼前不得斗，退不得还，吾奇兵绝其后，使野无所掠，不至十日，而两将之头可致于戏下。愿君留意臣之计。否，必为二子所禽矣。”成安君，儒者也，常称义兵不用诈谋奇计，曰：“吾闻兵法十则围之，倍则战之[30]。今韩信兵号数万，其实不过数千。能[31]千里而袭我，亦以罢极。今如此避而不击，后有大者，何以加之！则诸侯谓吾怯，而轻来伐我。”不听广武君策，广武君策不用。

韩信使人间视，知其不用，还报，则大喜，乃敢引兵遂下。未至井陉口三十里，止舍。夜半传发[32]，选轻骑二千人，人持一赤帜，从间道萆山[33]而望赵军，诫曰：“赵见我走，必空壁逐我，若疾入赵壁，拔赵帜，立汉赤帜。”令其裨将传飧，曰：“今日破赵会食！”诸将皆莫信，详应曰：“诺。”谓军吏曰：“赵已先据便地为壁，且彼未见吾大将旗鼓，未肯击前行，恐吾至阻险而还。”信乃使万人先行，出，背水陈。赵军望见而大笑。平旦，信建大将之旗鼓，鼓行出井陉口，赵开壁击之，大战良久。于是信、张耳详弃鼓旗，走水上军。水上军开入之，复疾战[34]。赵果空壁争汉鼓旗，逐韩信、张耳。韩信、张耳已入水上军，军皆殊死战，不可败。信所出奇兵二千骑，共候赵空壁逐利，则驰入赵壁，皆拔赵旗，立汉赤帜二千。赵军已不胜，不能得信等，欲还归壁，壁皆汉赤帜，而大惊，以为汉皆已得赵王将矣，兵遂乱，遁走，赵将虽斩之，不能禁也。于是汉兵夹击，大破虏赵军，斩成安君泜水[35]上，禽赵王歇。

信乃令军中毋杀广武君，有能生得者购千金。于是有缚广武君而致戏下者，信乃解其缚，东乡坐，西乡对，师事之。

诸将效首虏，休毕贺[36]，因问信曰："兵法右倍山陵，前左水泽，今者将军令臣等反背水陈，曰破赵会食，臣等不服。然竟以胜，此何术也？"信曰："此在兵法，顾诸君不察耳。兵法不曰'陷之死地而后生，置之亡地而后存'？且信非得素拊循士大夫也，此所谓'驱市人而战之'，其势非置之死地，使人人自为战；今予之生地，皆走，宁尚可得而用之乎！"诸将皆服曰："善。非臣所及也。"

乃遣使报汉，因请立张耳为赵王，以镇抚其国。汉王许之，乃立张耳为赵王。

楚数使奇兵渡河击赵，赵王耳、韩信往来救赵，因行定赵城邑，发兵诣汉。楚方急围汉王于荥阳，汉王南出，之宛、叶间[37]，得黥布[38]，走入成皋[39]，楚又复急围之。六月，汉王出成皋，东渡河，独与滕公俱，从张耳军修武[40]。至，宿传舍。晨自称汉使，驰入赵壁。张耳、韩信未起，即其卧内上夺其印符，发麾召诸将，易置之。信、耳起，乃知汉王来，大惊。汉王夺两人军，即令张耳备守赵地，拜韩信为相国，收赵兵未发者击齐。

汉四年[41]，信引兵东，未渡平原[42]，闻汉王使郦食其已说下齐，韩信欲止。范阳辩士蒯通说信曰："将军受诏击齐，而汉独发间使下齐，宁有诏止将军乎？何以得毋行也！且郦生一士，伏轼掉三寸之舌，下齐七十余城，将军将数万众，岁余乃下赵五十余城，为将数岁，反不如一竖儒之功乎？"于是信然之，从其计，遂渡河。齐已听郦生，即留纵酒，罢备汉守御。信因袭齐历下[43]军，遂至临菑[44]。齐王田广以郦生卖己，乃亨之，而走高密[45]，使使之楚请救。韩信已定临菑，遂东追广至高密西。楚亦使龙且将，号称二十万，救齐。

齐王广、龙且并军与信战，未合。人或说龙且曰："汉兵远斗穷战，其锋不可当。齐、楚自居其地战，兵易败散。不如深壁，令齐王使其信臣招所亡城，亡城闻其王在，楚来救，必反汉。汉兵二千里客居，齐城皆反之，其势无所得食，可无战而降也。"龙且曰："吾平生知韩信为人，易与耳。且夫救齐不战而降之，吾何功？今战而胜之，齐之半可得，何为止！"遂战，与信夹潍水[46]陈。韩信乃夜令人为万余囊，满盛沙，壅水上流，引军半渡，击龙且，详不胜，还走。龙且果喜曰："固知信怯也。"遂追信渡水。信使人决壅囊，水大至。龙且军大半不得渡，即急击，杀龙且。龙且水东军散走，齐王广亡去[47]。信遂追北至城阳[48]，皆虏楚卒。

汉四年，遂皆降平齐。使人言汉王曰：“齐伪诈多变，反覆之国也，南边楚，不为假王以镇之，其势不定。愿为假王便。”当是时，楚方急围汉王于荥阳[49]，韩信使者至，发书，汉王大怒，骂曰：“吾困于此，旦暮望若来佐我，乃欲自立为王！”张良、陈平蹑汉王足，因附耳语曰：“汉方不利，宁能禁信之王乎？不如因而立，善遇之，使自为守。不然，变生。”汉王亦悟，因复骂曰：“大丈夫定诸侯，即为真王耳，何以假为！”乃遣张良往立信为齐王，征其兵击楚。

楚已亡龙且，项王恐，使盱眙人武涉往说齐王信曰：“天下共苦秦久矣，相与戮力击秦。秦已破，计功割地，分土而王之，以休士卒。今汉王复兴兵而东，侵人之分，夺人之地，已破三秦，引兵出关，收诸侯之兵以东击楚，其意非尽吞天下者不休，其不知厌足如是甚也。且汉王不可必，身居项王掌握中数矣，项王怜而活之，然得脱，辄倍约，复击项王，其不可亲信如此。今足下虽自以与汉王为厚交，为之尽力用兵，终为之所禽矣。足下所以得须臾至今者，以项王尚存也[50]。当今二王之事，权在足下。足下右投则汉王胜，左投则项王胜。项王今日亡，则次取足下。足下与项王有故，何不反汉与楚连和，三分天下王之？今释此时，而自必于汉以击楚，且为智者固若此乎！”

韩信谢曰：“臣事项王，官不过郎中，位不过执戟[51]，言不听，画不用，故倍楚而归汉。汉王授我上将军印，予我数万众，解衣衣我，推食食我，言听计用，故吾得以至于此。夫人深亲信我，我倍之不祥，虽死不易。幸为信谢项王！”

武涉已去，齐人蒯通知天下权在韩信，欲为奇策而感动之，以相人说韩信曰：“仆尝受相人之术。”韩信曰：“先生相人何如？”对曰：“贵贱在于骨法，忧喜在于容色，成败在于决断，以此参之，万不失一。”韩信曰：“善。先生相寡人何如？”对曰：“愿少间。”信曰：“左右去矣。”通曰：“相君之面，不过封侯，又危不安。相君之背，贵乃不可言。”韩信曰：“何谓也？”蒯通曰：“天下初发难也，俊雄豪桀建号壹呼，天下之士云合雾集，鱼鳞杂遝[52]，熛[53]至风起。当此之时，忧在亡秦而已。今楚汉分争，使天下无罪之人肝胆涂地，父子暴骸骨于中野，不可胜数。楚人起彭城，转斗逐北，至于荥阳，乘利席卷，威震天下。然兵困于京、索之间，迫西山而不能进者，三年于此矣。汉王将数十万之众，距巩、洛[54]，阻山河之险，一日数战，无尺寸之功，折北不救，败荥阳，伤成皋，遂走宛、叶之间，此所谓智勇俱困者也。夫锐气挫于险塞，而粮食竭于内府，百姓罢极怨望，容容无所倚。以臣料之，其势非天下之贤圣固不能息天下之祸。当今两主之命县于足下。足下为汉则汉胜，与楚则楚胜。臣愿披腹心，输肝胆，效愚计，恐足下不能用也。诚能听臣之计，莫若两利而俱存之，三分天下，鼎足而居，其势莫敢先动。夫以足下之贤圣，有甲兵之众，据强齐，从燕、赵，出空虚之地而制其后，因民之欲，西乡[55]为百姓请命，则天下风走而响应矣，孰敢不听！割大弱强，以立诸侯，诸侯已立，天下服听而归德于齐。案齐之故，有胶、泗[56]之地，怀诸侯以德，深拱揖让，则天下之君王相率而朝于齐矣。盖闻天与弗取，反受其咎；时至不行，反受其殃。愿足下孰虑之。”

韩信曰：“汉王遇我甚厚，载我以其车，衣我以其衣，食我以其食。吾闻之，乘人之车者载人之患，衣人之衣者怀人之忧，食人之食者死人之事，吾岂可以乡利倍义乎！”蒯生曰：“足下自以为善汉王，欲建万世之业，臣窃以为误矣。始常山王[57]、成安君[58]为布衣时，相与为刎颈之交，后争张黡、陈泽[59]之事，二人相怨。常山王背项王，奉项婴头而窜，逃归于汉王。汉王借兵而东下，杀成安君泜水之南，头足异处，卒为天下笑。此二人相与，天下至驩也。然而卒相禽者，何也？患生于多欲而人心难测也。今足下欲行忠信以交于汉王，必不能固于二君之相与也，而事多大于张黡、陈泽。故臣以为足下必汉王之不危己，亦误矣。大夫种、范蠡存亡越，霸勾践，立功成名而身死亡[60]。野兽已尽而猎狗亨。夫以交友言之，则不如张耳之与成安君者也；以忠信言之，则不过大夫种、范蠡之于勾践也。此二人者，足以观矣。愿足下深虑之。且臣闻勇略震主者身危，而功盖天下者不赏。臣请言大王功略：足下涉西河，虏魏王，禽夏说，引兵下井陉，诛成安君，徇赵，胁燕，定齐，南摧楚人之兵二十万，东杀龙且，西乡以报，此所谓功无二于天下，而略不世出者也。今足下戴震主之威，挟不赏之功，归楚，楚人不信；归汉，汉人震恐：足下欲持是安归乎？夫势在人臣之位而有震主之威，名高天下，窃为足下危之。”韩信谢曰：“先生且休矣，吾将念之。”

后数日，蒯通复说曰：“夫听者事之候也，计者事之机也，听过计失而能久安者，鲜矣。听不失一二者，不可乱以言；计不失本末者，不可纷以辞。夫随厮养之役者，失万乘之权；守儋石之禄[61]者，阙卿相之位。故知者决之断也[62]，疑者事之害也，审毫氂之小计，遗天下之大数，智诚知之，决弗敢行者，百事之祸也。故曰‘猛虎之犹豫，不若蜂虿之致螫；骐骥之跼躅，不如驽马之安步；孟贲[63]之狐疑，不如庸夫之必至也；虽有舜禹之智，吟而不言，不如喑[64]聋之指麾也’。此言贵能行之。夫功者难成而易败，时者难得而易失也。时乎时，不再来。愿足下详察之。”韩信犹豫不忍倍汉，又自以为功多，汉终不夺我齐，遂谢蒯通。蒯通说不听，已详狂为巫。

汉王之困固陵[65]，用张良计，召齐王信，遂将兵会垓下。项羽已破，高祖袭夺齐王军。汉五年正月，徙齐王信为楚王，都下邳[66]。

信至国，召所从食漂母，赐千金。及下乡南昌亭长，赐百钱，曰：“公，小人也，为德不卒。”召辱己之少年令出胯下者以为楚中尉。告诸将相曰："此壮士也。方辱我时，我宁不能杀之邪？杀之无名，故忍而就于此。"

项王亡将钟离眛家在伊庐[67]，素与信善。项王死后，亡归信。汉王怨眛，闻其在楚，诏楚捕眛。信初之国，行县邑，陈兵出入。

汉六年，人有上书告楚王信反。高帝以陈平计，天子巡狩会诸侯，南方有云梦，发使告诸侯会陈[68]："吾将游云梦。"实欲袭信，信弗知。高祖且至楚，信欲发兵反，自度无罪，欲谒上，恐见禽。人或说信曰："斩眛谒上，上必喜，无患。"信见眛计事。眛曰："汉所以不击取楚，以眛在公所。若欲捕我以自媚于汉，吾今日死，公亦随手亡矣。"乃骂信曰："公非长者！"卒自刭。信持其首，谒高祖于陈。上令武士缚信，载后车。信曰："果若人言：'狡兔死，良狗亨；高鸟尽，良弓藏；敌国破，谋臣亡。'天下已定，我固当亨！"上曰："人告公反。"遂械系信。至洛阳，赦信罪，以为淮阴侯。

信知汉王畏恶其能，常称病不朝从。信由此日夜怨望，居常鞅鞅[69]，羞与绛、灌[70]等列。信尝过樊将军哙，哙跪拜送迎，言称臣，曰："大王乃肯临臣！"信出门，笑曰："生乃与哙等为伍！"上常从容与信言诸将能不，各有差。上问曰："如我能将几何？"信曰："陛下不过能将十万。"上曰："于君何如？"曰："臣多多而益善耳。"上笑曰："多多益善，何为为我禽？"信曰："陛下不能将兵，而善将将，此乃信之所以为陛下禽也。且陛下所谓天授，非人力也。”

陈豨拜为巨鹿守[71]，辞于淮阴侯。淮阴侯挈[72]其手，辟左右与之步于庭，仰天叹曰：“子可与言乎？欲与子有言也。”豨曰：“唯将军令之。”淮阴侯曰：“公之所居，天下精兵处也；而公，陛下之信幸臣也。人言公之畔，陛下必不信；再至，陛下乃疑矣；三至，必怒而自将。吾为公从中起，天下可图也。”陈豨素知其能也，信之，曰：“谨奉教！”

汉十年，陈豨果反[73]。上自将而往。信病不从。阴使人至豨所，曰：“弟举兵，吾从此助公。”信乃谋与家臣夜诈诏赦诸官徒奴，欲发以袭吕后、太子。部署已定，待豨报。其舍人得罪于信，信囚，欲杀之。舍人弟上变，告信欲反状于吕后。吕后欲召，恐其党不就，乃与萧相国[74]谋，诈令人从上所来，言豨已得死，列侯群臣皆贺。相国绐信曰：“虽疾，强入贺。”信入，吕后使武士缚信，斩之长乐钟室[75]。信方斩，曰：“吾悔不用蒯通之计，乃为儿女子所诈，岂非天哉！”遂夷信三族。

高祖已从豨军[76]来，至，见信死，且喜且怜之，问：“信死亦何言？”吕后曰：“信言恨不用蒯通计。”高祖曰：“是齐辩士也。”乃诏齐捕蒯通。蒯通至，上曰：“若教淮阴侯反乎？”对曰：“然，臣固教之。竖子不用臣之策，故令自夷于此。如彼竖子用臣之计，陛下安得而夷之乎！”上怒曰：“亨之。”通曰：“嗟乎，冤哉亨也！”上曰：“若教韩信反，何冤？”对曰：“秦之纲绝而维弛，山东大扰，异姓并起，英俊乌集。秦失其鹿[77]，天下共逐之，于是高材疾足者先得焉。跖[78]之狗吠尧，尧非不仁，狗因吠非其主。当是时，臣唯独知韩信，非知陛下也。且天下锐精持锋欲为陛下所为者甚众，顾力不能耳。又可尽亨之邪？”高帝曰：“置之。”乃释通之罪。

太史公曰：吾如[79]淮阴，淮阴人为余言，韩信虽为布衣时，其志与众异。其母死，贫无以葬，然乃行营高敞地，令其旁可置万家。余视其母冢，良然。假令韩信学道谦让，不伐己功，不矜其能，则庶几哉，于汉家勋可以比周、召、太公[80]之徒，后世血食矣。不务出此，而天下已集，乃谋畔逆，夷灭宗族，不亦宜乎！

---

[1]淮阴：今江苏淮阴。　[2]推：推举也。择：选择也。古之官吏，多由推举与选择。　[3]下乡：地名。旧属淮阴。[4]南昌：一作新昌。亭：道路设舍，所以停息行人也。汉制，十里一亭，十亭一乡。亭长者，主亭之吏也。　[5]蓐（rù）食：未起而在床蓐上食也。　[6]钓于城下：淮阴临淮水，故云钓于城下。　[7]母：老妇之通称。以水击絮为漂。　[8]王孙：贵人之子弟也，如云公子。　[9]袴：与“胯”同音，股也。[10]蒲伏：与“匍匐”同。　[11]项梁：详见《项羽本纪》。

[12]戏：与“麾”同。戏下：犹言部下也。　[13]连敖：楚官名，司马也。　[14]治粟都尉：官名。秦官有治粟内史，高帝因之。　[15]南郑：地名。今陕西汉中市。　[16]据《志疑》，惟，应作“唯”。应词。　[17]喑噁（yīn è）：口不能言，怀怒气也。叱咤（chì zhà）：发怒声也。　[18]废：偃也。[19]呕：一作“姁”。姁，和好貌。　[20]印刓弊：谓其印刓削无镰锷也。　[21]予：给与也。不能予：不忍给与。谓项羽之吝于赏也。　[22]谓劫于威而强服也。“强”读勉强之强。据《读书杂志》加“服”字。　[23]散：败而溃散也。今据《读书杂志》删去三“所”字。　[24]三秦王者，项羽入关，三分关中王。秦降将章邯为雍王，司马欣为塞王，董翳为翟王，是为三秦。　[25]据《志疑》加“汉三年”。　[26]井陉：今河北井陉。　[27]井陉口：即井陉关。在河北获鹿西。[28]喋（dié）血：血流貌。阏（è）与：战国时韩邑名，后属赵。在山西顺和西。　[29]樵：取薪也。苏：取草也。爨：炊食也。[30]十则围之：谓有十倍于敌兵之众，则围之。倍则战之：谓若有两倍之众，则与之战也。《读书杂志》谓：战字下不应有“之”字。窃不以为然。　[31]能：非才能之能。乃也。[32]传发：传令军中使出发也。　[33]萆（bì）山：依山自覆蔽也。[34]《志疑》云：“复疾战”三字衍文。　[35]泜水：出今河北元氏西群山下。　[36]效：致也，献也。此句谓献敌首而贺也。[37]宛：河南淮阳。叶：河南叶县。　[38]黥布：姓英，名布。因坐法黥，故称黥布。初属项羽，后归汉。　[39]成皋：故城在河南汜水。　[40]修武：故城在河南获嘉。　[41]据《志

疑》移下文“汉四年”三字于此。　[42]平原：谓平原津。在山东平原。　[43]历下：山东济南历城区。　[44]临菑：山东临淄。　[45]高密：山东高密。　[46]潍水：山东莒县西北。　[47]《志疑》云：广与龙且，同时见杀。此言亡去。误也。　[48]城阳：在山东莒县。　[49]荥阳：今河南荥阳。　[50]须臾：应为暂且之意。句谓足下所以能暂且活到今天，是以项王尚存也。　[51]执戟：郎中宿卫执戟之人也。　[52]遝（tà）：杂沓。此谓犹鱼鳞多而杂乱也。　[53]熛（biāo）：火飞也。　[54]巩洛：二地名。巩，河南巩县；洛，河南洛阳。　[55]乡：与“向”同。齐国在东，故云西乡。　[56]胶、泗：胶，山东胶州；泗，安徽泗县。　[57]项羽立张耳为常山王。　[58]成安君：即陈余。　[59]秦王离围张耳于巨鹿，时陈余军巨鹿北，自度兵少，不敢前。耳使张黡、陈泽让余。余以五千兵使二人先行。败于秦军。后围解，耳疑余，杀之。　[60]按范蠡不与文种同死亡。今言文种而连及也。　[61]儋：罂也。石：斗也。禄：官俸也。　[62]据《读书杂志》改。如此，正与下文“疑者事之害也”相反。　[63]孟贲：古之勇士。　[64]喑（yīn）：哑也。　[65]固陵：河南淮阳西北。　[66]下邳（pī）：江苏邳州。　[67]钟离：复姓，昧名。伊庐：乡名。　[68]陈：在河南淮阳。　[69]鞅鞅：不乐貌。今作“怏怏”。　[70]绛、灌：汉高帝将。　[71]巨鹿：河北巨鹿。表云：“陈豨为赵相国，将兵守代。”是也。　[72]挈（jié）：携也。　[73]《志疑》云：“陈豨反在十年九月。此误。”　[74]萧相国：萧何，时为相国。　[75]长乐钟室：长乐宫悬钟之室也。

[76]高祖已从豨军来：谓已从灭陈豨之军中来也。　[77]秦失其鹿：以鹿喻其帝位也。　[78]跖：人名。古之大盗。　[79]如：至也。　[80]周：谓周公旦；召：谓召公奭；太公：姓吕，名尚。三人均周武王之贤臣。

郦生陆贾列传

郦生食其者[1]，陈留高阳人[2]也。好读书，家贫落魄，无以为衣食业，为里监门吏[3]。然县中贤豪不敢役[4]，县中皆谓之狂生。

及陈胜、项梁[5]等起，诸将徇地过高阳者数十人，郦生闻其将皆握齱好苛礼自用[6]，不能听大度之言，郦生乃深自藏匿。

后闻沛公将兵略地陈留郊，沛公麾下骑士适郦生里中子也，沛公时时问邑中贤士豪俊。骑士归，郦生见谓之曰："吾闻沛公慢而易人，多大略，此真吾所愿从游，莫为我先[7]。若见沛公，谓曰'臣里中有郦生，年六十余，长八尺，人皆谓之狂生，生自谓我非狂生'。"骑士曰："沛公不好儒，诸客冠儒冠来者，沛公辄解其冠，溲溺其中。与人言，常大骂。未可以儒生说也。"郦生曰："弟言之[8]。"骑士从容言如郦生所诫者。

沛公至高阳传舍，使人召郦生。郦生至，入谒，沛公方倨床使两女子洗足，而见郦生。郦生入，则长揖不拜，曰："足下欲助秦攻诸侯乎？且欲率诸侯破秦也？"沛公骂曰："竖儒[9]！夫天下同苦秦久矣，故诸侯相率而攻秦，何谓助秦攻诸侯乎？”郦生曰：“必聚徒合义兵诛无道秦，不宜倨见长者。”于是沛公辍洗，起摄衣[10]，延郦生上坐，谢之。

郦生因言六国从横时。沛公喜，赐郦生食，问曰：“计将安出？”郦生曰：“足下起纠合之众[11]，收散乱之兵，不满万人，欲以径入强秦，此所谓探虎口者也。夫陈留，天下之冲，四通五达之郊也，今其城又多积粟。臣善其令[12]，请得使之，令下足下。即不听，足下举兵攻之，臣为内应。”于是遣郦生行，沛公引兵随之，遂下陈留。号郦食其为广野君。郦生言其弟郦商，使将数千人从沛公西南略地。郦生常为说客，驰使诸侯。

汉三年秋，项羽击汉，拔荥阳，汉兵遁保巩、洛[13]。楚人闻淮阴侯破赵，彭越数反梁地，则分兵救之。淮阴方东击齐，汉王数困荥阳、成皋，计欲捐成皋以东，屯巩、洛以拒楚。郦生因曰：“臣闻知天之天者，王事可成；不知天之天者，王事不可成。王者以民人为天，而民人以食为天[14]。夫敖仓[15]，天下转输久矣，臣闻其下乃有藏粟甚多，楚人拔荥阳，不坚守敖仓，乃引而东，令适卒分守成皋，此乃天所以资汉也。方今楚易取而汉反却，自夺其便，臣窃以为过矣。且两雄不俱立，楚汉久相持不决，百姓骚动，海内摇荡，农夫释耒，工女下机，天下之心未有所定也。愿足下急复进兵，收取荥阳，据敖仓之粟，塞成皋之险，杜大行之道[16]，距蜚狐之口[17]，守白马之津[18]，以示诸侯效实形制之势，则天下知所归矣。方今燕、赵已定，唯齐未下。今田广[19]据千里之齐，田间[20]将二十万之众，军于历城，诸田宗强，负海阻河济，南近楚，人多变诈，足下虽遣数十万师，未可以岁月破也。臣请得奉明诏说齐王，使为汉而称东籓。”上曰：“善。”乃从其画[21]，复守敖仓，而使郦生说齐王。

田广以为然，乃听郦生，罢历下兵守战备，与郦生日纵酒。

淮阴侯闻郦生伏轼下齐七十余城，乃夜度兵平原袭齐。齐王田广闻汉兵至，以为郦生卖己，乃曰：“汝能止汉军，我活汝；不然，我将亨汝！”郦生曰：“举大事不细谨，盛德不辞让。而公不为若更言！”齐王遂烹郦生，引兵东走。

陆贾者，楚人也。以客从高祖定天下，名为有口辩士。居左右，常使诸侯。

及高祖时，中国初定，尉他平南越[22]，因王之。高祖使陆贾赐尉他印为南越王。陆生至，尉他魋结箕倨见陆生[23]。陆生因进说他曰：“足下中国人，亲戚昆弟坟墓在真定[24]。今足下反天性，弃冠带，欲以区区之越与天子抗衡为敌国，祸且及身矣。且夫秦失其政，诸侯豪桀并起，唯汉王先入关，据咸阳。项羽倍约，自立为西楚霸王，诸侯皆属，可谓至强。然汉王起巴蜀，鞭笞天下，劫略诸侯，遂诛项羽灭之。五年之间，海内平定，此非人力，天之所建也。天子闻君王王南越，不助天下诛暴逆，将相欲移兵而诛王，天子怜百姓新劳苦，故且休之，遣臣授君王印，剖符通使。君王宜郊迎，北面称臣，乃欲以新造未集之越，屈强于此。汉诚闻之，掘烧王先人冢，夷灭宗族，使一偏将将十万众临越，则越杀王降汉，如反覆手耳。”

于是尉他乃蹶然[25]起坐，谢陆生曰：“居蛮夷中久，殊失礼义。”因问陆生曰：“我孰与萧何、曹参、韩信贤？”陆生曰：“王似贤。”复曰：“我孰与皇帝贤？”陆生曰：“皇帝起丰沛，讨暴秦，诛强楚，为天下兴利除害，继五帝三皇[26]之业，统理中国。中国之人以亿[27]计，地方万里，居天下之膏腴，人众车舉[28]，万物殷富，政由一家，自天地剖泮[29]未始有也。今王众不过数十万，皆蛮夷，崎岖山海间，譬若汉一郡，王何乃比于汉！”

尉他大笑曰：“吾不起中国，故王此。使我居中国，何渠不若汉？”乃大说陆生，留与饮数月。曰：“越中无足与语，至生来，令我日闻所不闻。”赐陆生橐中装直千金，他送亦千金[30]。陆生卒拜尉他为南越王，令称臣奉汉约。归报，高祖大悦。拜贾为太中大夫。

陆生时时前说称《诗》《书》。高帝骂之曰：“乃公居马上而得之，安事《诗》《书》！”陆生曰：“居马上得之，宁可以马上治之乎？且汤武逆取而以顺守之，文武并用，长久之术也。昔者吴王夫差、智伯[31]极武而亡；秦任刑法不变，卒灭赵氏[32]。乡使秦已并天下，行仁义，法先圣，陛下安得而有之？”高帝不怿而有惭色，乃谓陆生曰：“试为我著秦所以失天下，吾所以得之者何，及古成败之国。”陆生乃粗述存亡之征，凡著十二篇[33]。每奏一篇，高帝未尝不称善，左右呼万岁，号其书曰《新语》。

孝惠帝时，吕太后用事，欲王诸吕，畏大臣有口者，陆生自度不能争之，乃病免家居。以好畤[34]田地善，可以家焉。有五男，乃出所使越得橐中装卖千金，分其子，子二百金，令为生产。陆生常安车驷马，从歌舞鼓琴瑟侍者十人，宝剑直百金，谓其子曰：“与汝约：过汝，汝给吾人马酒食，极欲，十日而更。所死家，得宝剑车骑侍从者。一岁中往来过他客，率不过再三过[35]，数见不鲜[36]，无久慁公为也[37]。”

吕太后时，王诸吕，诸吕擅权，欲劫少主，危刘氏。右丞相陈平患之，力不能争，恐祸及己，常燕居深念。陆生往请，直入坐，而陈丞相方深念，不时见陆生。陆生曰：“何念之深也？”陈平曰：“生揣[38]我何念？”陆生曰：“足下位为上相，食三万户侯，可谓极富贵无欲矣。然有忧念，不过患诸吕、少主耳。”陈平曰：“然。为之奈何？”陆生曰：“天下安，注意相；天下危，注意将。将相和调，则士务附；士务附，天下虽有变，即权不分。为社稷计，在两君掌握耳。臣常欲谓太尉绛侯[39]，绛侯与我戏，易吾言。君何不交驩太尉，深相结？”为陈平画吕氏数事。陈平用其计，乃以五百金为绛侯寿，厚具乐饮；太尉亦报如之。此两人深相结，则吕氏谋益衰。陈平乃以奴婢百人，车马五十乘，钱五百万，遗陆生为饮食费。陆生以此游汉廷公卿间，名声藉盛[40]。

及诛诸吕，立孝文帝，陆生颇有力焉。孝文帝即位，欲使人之南越。陈丞相等乃言陆生为太中大夫，往使尉他，令尉他去黄屋[41]称制，令比诸侯，皆如意旨。语在《南越》语中[42]。陆生竟以寿终。

---

[1]郦生食其：“郦”读dī，“食”读yǐ，“其”读jī。 [2]陈留：在今河南开封境。高阳：为陈留之乡名。 [3]里监门吏：乡里之守门吏也。 [4]役：差遣也。 [5]陈胜：见《陈涉世家》。项梁：见《项羽本纪》。 [6]握齱（zhū）：急促也。苛礼：苛细之礼仪也。 [7]先：谓无人先为我介绍也。 [8]弟：与“第”同。弟言之：犹谓且言之也。 [9]竖：童仆之称。呼为竖儒，以童仆相比喻，而轻视之也。 [10]摄：引持也。 [11]纠合：聚合也。 [12]臣善其令：谓与其县令相善也。 [13]巩：河南巩县；洛：河南洛阳。 [14]《汉书》无“人”字。《志疑》谓：系唐人避讳，改民为人；而后遂误并入之也。 [15]敖：山名。在今河南郑州西北。山上有城，秦时置仓其中，故城曰敖仓。 [16]大：读如“太”。大行：山名。连亘河南河北，山西冀宁，及河北界。 [17]蜚狐：岭名。今名黑石岭。在河北涞源县北。 [18]津：河水之济渡处也。白马津：在河南滑县北。旧为河水分流处，后已湮塞。 [19]田广：秦末齐王田荣之子。 [20]田间：齐将军。《志疑》谓：

田间已奔赵。据《田儋傅宽列传》，当是田解。　[21]画：计划也。　[22]他：音驼。南越尉赵驼也。南越：广东、广西两省之地。　[23]魋结（tuí jié）：谓为髻一撮，以椎而结之也。箕倨：曲两腿而倨坐，其形如箕也。　[24]真定：赵地名。今河北正定。　[25]蹶：起貌。　[26]三皇，《读书杂志》云：于五帝之后，则应作三王。　[27]亿：一说十万为亿。一说万万为亿。　[28]轝：与“舆”同。竹轿也。　[29]泮（pàn）：义与“判”同。分也。相传，上古混沌，自盘古氏出，天地始剖判。[30]他送亦千金：谓除上述所赠送者外，其他赠送者，亦值千金也。[31]智伯：春秋时晋六卿之一。后为赵、韩、魏三家所灭。[32]赵氏：即秦也。秦一姓赵氏。　[33]陆贾撰《新书》凡十二篇。《汉志》谓二十三篇。　[34]好畤：在陕西乾县。　[35]率（lǜ）：此句谓一岁中不再三至也。　[36]数见：谓时时来见汝也。新杀曰鲜。不鲜：言不必令具鲜美之食也。　[37]慁：犹言侮辱也。又，患也。公，《汉书》作“汝”。甚是。犹言毋久为汝患。《索隐》谓公系陆贾自谓，非是。　[38]揣（chuǎi）：度也。　[39]绛侯：周勃。时封绛侯，官太尉。　[40]名声藉盛：言名声甚盛也。　[41]黄屋：天子之车也。以黄缯为里，故名黄屋。　[42]《南越语》：即《南越列传》。为《史记》之一篇。

李将军列传

李将军广者，陇西成纪[1]人也。其先曰李信，秦时为将，逐得燕太子丹者也。故槐里，徙成纪[2]。广家世世受射[3]。

孝文帝十四年，匈奴大入萧关[4]，而广以良家子[5]从军击胡，用善骑射，杀首虏多，为汉中郎。

广从弟李蔡亦为郎，皆为武骑常侍，秩八百石。尝从行，有所冲陷折关及格猛兽，而文帝曰："惜乎，子不遇时！如令子当高帝时，万户侯岂足道哉！"

及孝景初立，广为陇西都尉，徙为骑郎将。吴楚[6]军时，广为骁骑都尉，从太尉亚夫[7]击吴楚军，取旗，显功名昌邑下[8]。以梁王[9]授广将军印，还，赏不行[10]。徙为上谷[11]太守，匈奴日以合战。典属国公孙昆邪为上泣曰[12]："李广才气，天下无双，自负其能，数与虏敌战，恐亡之。"于是乃徙为上郡[13]太守。后广转为边郡太守，徙上郡。尝为陇西、北地、雁门、代郡、云中[14]太守，皆以力战为名。

匈奴大入上郡，天子使中贵人从广勒习兵击匈奴。中贵人[15]将骑数十纵，见匈奴三人，与战。三人还射，伤中贵人，杀其骑且尽。中贵人走广。广曰："是必射雕者也。"

广乃遂从百骑往驰三人。三人亡马步行，行数十里。广令其骑张左右翼，而广身自射彼三人者，杀其二人，生得一人，果匈奴射雕者也。已缚之上马，望匈奴有数千骑，见广，以为诱骑，皆惊，上山陈。广之百骑皆大恐，欲驰还走。广曰："吾去大军数十里，今如此以百骑走，匈奴追射我立尽。今我留，匈奴必以我为大军诱之，必不敢击我。"广令诸骑曰："前！"前未到匈奴陈二里所，止，令曰："皆下马解鞍！"其骑曰："虏多且近，即有急，奈何？"广曰："彼虏以我为走，今皆解鞍以示不走，用坚其意。"于是胡骑遂不敢击。有白马将出护其兵，李广上马与十余骑奔，射杀胡白马将，而复还至其骑中，解鞍，令士皆纵马卧。是时会暮，胡兵终怪之，不敢击。夜半时，胡兵亦以为汉有伏军于旁欲夜取之，胡皆引兵而去。平旦，李广乃归其大军。大军不知广所之，故弗从。

居久之，孝景崩，武帝立，左右以为广名将也，于是广以上郡太守为未央卫尉[16]，而程不识[17]亦为长乐卫尉[18]。程不识故与李广俱以边太守将军屯。及出击胡，而广行无部伍行陈，就善水草屯，舍止，人人自便，不击刀斗以自卫[19]，莫府省约文书籍事[20]，然亦远斥候[21]，未尝遇害。程不识正部曲行伍营陈，击刀斗，士吏治军簿至明，军不得休息，然亦未尝遇害。不识曰："李广军极简易，然虏卒犯之，无以禁也；而其士卒亦佚乐，咸乐为之死。我军虽烦扰，然虏亦不得犯我。"是时汉边郡李广、程不识皆为名将，然匈奴畏李广之略，士卒亦多乐从李广而苦程不识。

程不识孝景时以数直谏为太中大夫。为人廉，谨于文法。

后汉以马邑[22]城诱单于，使大军伏马邑旁谷，而广为骁骑将军，领属护军将军。是时单于觉之，去，汉军皆无功。其后四岁，广以卫尉为将军，出雁门击匈奴。匈奴兵多，破败广军，生得广。单于素闻广贤，令曰："得李广必生致之。"胡骑得广，广时伤病，置广两马间，络而盛卧广。行十余里，广详死，睨其旁有一胡儿骑善马，广暂腾而上胡儿马，因推堕儿，取其弓，鞭马南驰数十里，复得其余军，因引而入塞。匈奴捕者骑数百追之，广行取胡儿弓，射杀追骑，以故得脱。于是至汉，汉下广吏。吏当广所失亡多，为虏所生得，当斩，赎为庶人。

顷之，家居数岁。广家与故颍阴侯孙[23]屏野居蓝田[24]南山中射猎。尝夜从一骑出，从人田间饮。还至霸陵亭[25]，霸陵尉醉，呵止广。广骑曰："故李将军。"尉曰："今将军尚不得夜行，何乃故也！"止广宿亭下。

居无何，匈奴入杀辽西[26]太守，败韩将军[27]，后韩将军徙右北平[28]。于是天子乃召拜广为右北平太守。广即请霸陵尉与俱，至军而斩之。广居右北平，匈奴闻之，号曰"汉之飞将军"，避之数岁，不敢入右北平。

广出猎，见草中石，以为虎而射之，中石没镞[29]，视之石也。因复更射之，终不能复入石矣[30]。

广所居郡闻有虎，尝自射之。及居右北平射虎，虎腾伤广，广亦竟射杀之。

广廉，得赏赐，辄分其麾下，饮食与士共之。终广之身，为二千石四十余年，家无余财，终不言家产事。广为人长，猿臂[31]，其善射亦天性也，虽其子孙他人学者，莫能及广。广讷口少言，与人居则画地为军陈，射阔狭以饮[32]。专以射为戏，竟死[33]。

广之将兵，乏绝之处，见水，士卒不尽饮，广不近水，士卒不尽食，广不尝食。宽缓不苛，士以此爱乐为用。其射，见敌急，非在数十步之内，度不中不发，发即应弦而倒。用此，其将兵数困辱，其射猛兽亦为所伤云。

初，广之从弟李蔡与广俱事孝文帝。景帝时，蔡积功劳至二千石。孝武帝时，至代相。以元朔五年为轻车将军，从大将军击右贤王，有功中率，封为乐安侯。元狩二年中，代公孙弘[34]为丞相。蔡为人在下中，名声出广下甚远，然广不得爵邑，官不过九卿，而蔡为列侯，位至三公。诸广之军吏及士卒或取封侯。广尝与望气王朔燕语[35]，曰："自汉击匈奴而广未尝不在其中，而诸部校尉以下，才能不及中人，然以击胡军功取侯者数十人，而广不为后人，然无尺寸之功以得封邑者，何也？岂吾相不当侯邪？且固命也？"朔曰："将军自念，岂尝有所恨乎？"广曰："吾尝为陇西守，羌[36]尝反，吾诱而降，降者八百余人，吾诈而同日杀之。至今大恨独此耳。”朔曰：“祸莫大于杀已降，此乃将军所以不得侯者也。”

后二岁，大将军、骠骑将军[37]大出击匈奴，广数自请行。天子以为老，弗许；良久乃许之，以为前将军。是岁，元狩四年也。

广既从大将军青[38]击匈奴，既出塞，青捕虏知单于所居，乃自以精兵走之，而令广并于右将军军[39]，出东道。东道少回远[40]，而大军行水草少，其势不屯行[41]。广自请曰：“臣部为前将军，今大将军乃徙令臣出东道，且臣结发而与匈奴战，今乃一得当单于，臣愿居前，先死单于。”大将军青亦阴受上诫，以为李广老，数[42]奇，毋令当单于，恐不得所欲。而是时公孙敖新失侯，为中将军从大将军，大将军亦欲使敖与俱当单于，故徙前将军广。广时知之，固自辞于大将军。大将军不听，令长史封书与广之莫府，曰：“急诣部，如书[43]。”广不谢大将军而起行，意甚愠怒而就部，引兵与右将军食其[44]合军出东道。军亡导，或失道[45]，后大将军。大将军与单于接战，单于遁走，弗能得而还。南绝幕[46]，遇前将军、右将军。广已见大将军，还入军。大将军使长史持糒醪[47]遗广，因问广、食其失道状。

青欲上书报天子军曲折[48]。广未对，大将军使长史急责广之幕府对簿[49]。广曰：“诸校尉无罪，乃我自失道。吾今自上簿。”

至莫府，广谓其麾下曰："广结发与匈奴大小七十余战，今幸从大将军出接单于兵，而大将军又徙广部行回远，而又迷失道，岂非天哉！且广年六十余矣，终不能复对刀笔之吏。"遂引刀自刭。广军士大夫一军皆哭。百姓闻之，知与不知，无老壮皆为垂涕。而右将军独下吏，当死，赎为庶人。

---

[1]陇西：战国秦置郡，治所在今甘肃临洮县南。成纪：甘肃天水。　[2]故槐里，徙成纪，《志疑》谓：似应作"从狄道徙成纪"。　[3]世世受射：言世世习射法。　[4]萧关：在甘肃固原东南。　[5]良家子：谓身家清白之子弟。　[6]吴楚：汉宗室吴王戊，于景帝时，与胶西、胶东、淄川、济南、赵举兵起事，以讨晁错为名，时称七国之乱。　[7]亚夫：汉太尉周勃之子。　[8]昌邑：在山东金乡西北。　[9]梁王：汉文帝之子梁孝王武也。　[10]赏不行：谓以其私受梁印，故不赏也。[11]上谷：今河北怀来。　[12]典属国：汉官名，掌蛮夷之降者。公孙昆邪：人名。公孙，复姓；昆邪，名也。　[13]上郡：秦郡名。陕西榆林及内蒙古鄂尔多斯一带。　[14]陇西、北地、雁门、代郡、云中：均秦郡名。见《秦始皇本纪》三十六郡注。[15]中贵人：在禁中而贵幸者。即宦官也。　[16]卫尉：官名。此谓未央宫之禁卫尉也。《志疑》谓：上文言，广为上郡太守，后转陇西云云，今言上郡非是。　[17]程不识：汉名将。与李广齐名。　[18]长乐卫尉：长乐宫之禁卫尉也。　[19]刀斗：古时行军用具，夜鸣之以警众报时者。　[20]莫：与"幕"同。

兵门施帷帐，称莫府。文书籍事：公文也。 [21]斥：度也；候：视也，望也。犹今言侦探。 [22]马邑：在今山西朔州。 [23]颍阴侯孙：灌婴之孙，名强。 [24]蓝田：陕西蓝田。 [25]霸陵：在陕西西安。 [26]辽西：秦郡名。 [27]韩将军：名安国。 [28]右北平：汉郡名。《汉书》，北平下有“死”字。 [29]镞（zú）：箭头也。没镞：亦作没羽。 [30]射石一事，《吕氏春秋·精通篇》谓养由基。《韩诗外传》六，《新序》杂事四，谓楚熊渠子。今谓李广。主名不审，恐皆非事实也。 [31]猿臂：言臂长如猿也。 [32]谓以射为戏，比赛远近，持酒以饮不胜者。 [33]竟死：谓至死以为恒也。 [34]公孙，复姓；弘名。 [35]燕语：犹今言闲谈。 [36]羌：汉时西北种族名。 [37]汉武帝以卫青为大将军，霍去病为骠骑将军。 [38]青：卫青。 [39]右将军军：右将军之军中也。时主爵赵食其为右将军。 [40]回远：路回转而远也。 [41]不屯行：不能屯兵而行军也。 [42]数（shuò）：多次。 [43]急诣部，如书：谓令广如其文牒，急引兵徙东道也。 [44]右将军食其：赵食其也。 [45]亡：与“无”通。此谓无人引导，故失道也。 [46]绝：度也。幕：同“漠”。此谓南归度沙漠也。 [47]糒（bèi）：干饭也。醪（láo）：浊酒也。 [48]军曲折，《正义》云：“言委曲而行回折，使军后大将也。”此言不甚明白。《读书杂志》谓：“军曲折者，军事委曲之情形也。”甚是。又谓：“军”字上有“失”字。谓失军之委曲形状。或以为无“失”字亦可。 [49]对簿：受审问、质对也。

卫将军骠骑列传

大将军卫青者，平阳[1]人也。其父郑季，为吏，给事平阳侯[2]家，与侯妾卫媪[3]通，生青。青同母兄卫长子，而姊卫子夫自平阳公主[4]家得幸天子，故冒姓为卫氏。字仲卿。长子更字长君。长君母号为卫媪。媪长女卫孺[5]，次女少儿，次女卫子夫。后子夫男弟步[6]、广皆冒卫氏。

青为侯家人，少时归其父，其父使牧羊。先母之子皆奴畜之，不以为兄弟数。青尝从入至甘泉居室[7]，有一钳徒[8]相青曰："贵人也，官至封侯。"青笑曰："人奴之生，得毋笞骂即足矣，安得封侯事乎！"

青壮，为侯家骑，从平阳主。建元[9]二年春，青姊子夫得入宫幸上。皇后，堂邑大长公主[10]女也，无子，妒。大长公主闻卫子夫幸，有身，妒之，乃使人捕青。青时给事建章[11]，未知名。大长公主执囚青，欲杀之。其友骑郎公孙敖[12]与壮士往篡[13]取之，以故得不死。上闻，乃召青为建章监，侍中，及同母昆弟贵，赏赐数日间累千金。孺为太仆公孙贺[14]妻。少儿故与陈掌通[15]，上召贵掌。公孙敖由此益贵。子夫为夫人。青为大中大夫。

元光[16]五年，青为车骑将军，击匈奴，出上谷[17]；太仆公孙贺为轻车将军，出云中[18]；大中大夫公孙敖为骑将军，出代郡；卫尉李广为骁骑将军，出雁门[19]。军各万骑。青至茏城[20]，斩首虏数百。骑将军敖亡七千骑，卫尉李广为虏所得，得脱归：皆当斩，赎为庶人。贺亦无功。

元朔[21]之五年春，汉令车骑将军青将三万骑，出高阙[22]；卫尉苏建[23]为游击将军，左内史李沮[24]为强弩将军，太仆公孙贺为骑将军，代相李蔡为轻车将军，皆领属车骑将军，俱出朔方[25]；大行李息、岸头侯张次公[26]为将军，出右北平[27]：咸击匈奴。匈奴右贤王[28]当卫青等兵，以为汉兵不能至此，饮醉。汉兵夜至，围右贤王，右贤王惊，夜逃，独与其爱妾一人壮骑数百驰，溃围北去。汉轻骑校尉郭成等逐数百里，不及，得右贤裨王[29]十余人，众男女万五千余人，畜数千百万，于是引兵而还。至塞，天子使使者持大将军印，即军中拜车骑将军青为大将军，诸将皆以兵属大将军，大将军立号而归。

大将军姊子霍去病[30]年十八，幸，为天子侍中。善骑射，再从大将军，受诏与壮士，为剽姚校尉[31]，与轻勇骑八百直弃大军数百里赴利，斩捕首虏过当[32]。于是天子曰："剽姚校尉去病斩首虏二千二十八级，及相国、当户[33]，斩单于大父行籍若侯产[34]，生捕季父罗姑比，再冠军，以千六百户封去病为冠军侯。上谷太守郝贤四从大将军，捕斩首虏二千余人，以千一百户封贤为众利侯。”

元狩二年春，以冠军侯去病为骠骑将军，将万骑出陇西，有功。

元狩四年春，上令大将军青、骠骑将军去病将各五万骑，步兵转者踵军数十万[35]，而敢力战深入之士皆属骠骑。骠骑始为出定襄[36]，当单于。捕虏言单于东，乃更令骠骑出代郡，令大将军出定襄。郎中令为前将军，太仆为左将军，主爵赵食其[37]为右将军，平阳侯襄[38]为后将军，皆属大将军。兵即度幕，人马凡五万骑，与骠骑等咸击匈奴单于。

赵信为单于谋曰："汉兵既度幕，人马罢，匈奴可坐收虏耳。"乃悉远北其辎重，皆以精兵待幕北。而适值大将军军出塞千余里，见单于兵陈而待，于是大将军令武刚车[39]自环为营，而纵五千骑往当匈奴。匈奴亦纵可万骑。会日且入，大风起，沙砾击面，两军不相见，汉益纵左右翼绕单于。单于视汉兵多，而士马尚强，战而匈奴不利，薄暮，单于遂乘六羸[40]，壮骑可数百，直冒汉围西北驰去。时已昏，汉匈奴相纷挐[41]，杀伤大当[42]。汉军左校捕虏言单于未昏而去，汉军因发轻骑夜追之，大将军军因随其后。匈奴兵亦散走。

迟明，行二百余里，不得单于，颇捕斩首虏万余级，遂至窴颜山赵信城[43]，得匈奴积粟食军。军留一日而还，悉烧其城余粟以归。

大将军之与单于会也，而前将军广，右将军食其军别从东道，或失道，后击单于。大将军引还过幕南，乃得前将军、右将军。大将军欲使使归报，令长史簿责前将军广，广自杀。右将军至，下吏，赎为庶人。大将军军入塞，凡斩捕首虏万九千级。

是时匈奴众失单于十余日。右谷蠡王[44]闻之，自立为单于。单于后得其众，右王乃去单于之号。

骠骑将军亦将五万骑，车重与大将军军等，而无裨将。悉以李敢等为大校，当裨将，出代、右北平千余里，直左方兵，所斩捕功已多大将军。

军既还，天子曰："骠骑将军去病率师，躬将所获荤粥[45]之士，约轻赍，绝大幕，涉获章渠[46]，以诛比车耆[47]，转击左大将[48]，斩获旗鼓，历涉离侯[49]。济弓闾[50]，获屯头王[51]、韩王[52]等三人，将军、相国、当户、都尉八十三人，封狼居胥山[53]，禅于姑衍[54]，登临翰海[55]。执卤获丑[56]七万有四百四十三级，师率减什三，取食于敌，逴[57]行殊远而粮不绝，以五千八百户益封骠骑将军。"右北平太守路博德属骠骑将军，会与城，不失期，从至梼余山[58]，斩首捕虏二千七百级，以千六百户封博德为符离侯[59]。北地都尉邢山[60]从骠骑将军获王，以千二百户封山为义阳侯。故归义因淳王复陆支[61]、楼专王伊即靬皆从骠骑将军有功[62]，以千三百户封复陆支为壮侯，以千八百户封伊即靬为众利侯。从骠侯破奴、昌武侯安稽[63]从骠骑有功，益封各三百户。校尉敢得旗鼓，为关内侯，食邑二百户。校尉自为爵大庶长。军吏卒为官，赏赐甚多。而大将军不得益封，军吏卒皆无封侯者。

两军之出塞，塞阅官及私马凡十四万匹，而复入塞者，不满三万匹。乃益置大司马位，大将军、骠骑将军皆为大司马。定令，令骠骑将军秩禄与大将军等。自是之后，大将军青日退，而骠骑日益贵。举大将军故人门下多去事骠骑，辄得官爵，唯任安不肯。

骠骑将军为人少言不泄[64]，有气敢任[65]。天子尝欲教之孙吴兵法[66]，对曰："顾方略何如耳，不至学古兵法。"天子为治第，令骠骑视之，对曰："匈奴未灭，无以家为也。"由此上益重爱之。然少而侍中，贵，不省士。其从军，天子为遣太官赍数十乘，既还，重车余弃粱肉，而士有饥者。其在塞外，卒乏粮，或不能自振，而骠骑尚穿域蹋鞠[67]。事多此类。大将军为人仁善退让，以和柔自媚于上，然天下未有称也。

---

[1]平阳：在河南临漳西。 [2]平阳侯：姓曹，名时。汉相国曹参之曾孙。 [3]媪（ǎo）：妇人老少之通称。卫：姓也。通：谓淫乱也。 [4]平阳公主：汉武帝之姊，曹时之妻也。[5]卫孺：《汉书》云君孺。 [6]步：《集解》谓，步亦作"少"。 [7]甘泉居室：甘泉宫之署也。 [8]钳徒：罪人之被钳刑者。古刑法以铁束颈也。 [9]建元：汉武帝年号。

[10]堂邑大长公主：汉景帝之姊，堂邑安侯陈婴孙夷侯午之妻。[11]建章：上林中之宫名。　[12]骑郎：官名。公孙：复姓；敖：名。　[13]篡：夺也，劫也。　[14]太仆：官名，为九卿之一。公孙，复姓。贺，名。　[15]陈掌：陈平之曾孙。[16]元光：汉武帝年号。五年：《志疑》谓当作六年。　[17]上谷：河北怀来等地。　[18]云中：古县名。在内蒙和山西之间的地区，自秦至汉，多有变迁。　[19]雁门：战国赵置郡。在山西。　[20]茏城：《汉书·匈奴传》作龙城。在漠北。为匈奴诸长大会祭天之处。　[21]元朔：汉武帝年号。　[22]高阙：塞名。在今内蒙古阴山西。　[23]苏建：汉杜定人。击匈奴有功，封平陵侯。　[24]内史：官名。汉分左右内史，掌治京师。沮：音 jū：　[25]朔方：汉郡名。内蒙古鄂尔多斯地。[26]岸头侯：张次公之封号。岸头，或曰亭名，或曰乡名。[27]右北平：郡名，战国燕置。相当于内蒙的古宁城、河北承德、天津蓟县以东、辽宁大凌河上游地区。　[28]右贤王：匈奴贵族封号。　[29]右贤裨王：匈奴小王也。　[30]姊子：即少儿。　[31]剽姚（piāo yáo）校尉：汉武时官名。《志疑》谓当作“骠鹞”。　[32]斩捕首虏过当：计其所将之人数，则捕首虏为多，过于所当斩捕之数也。　[33]当户：匈奴官制，有“左当户”“右当户”之名。　[34]大父行者，祖父之行辈也。籍若侯：其封号。产：名也。　[35]步兵转者踵军数十万：言转军之士及步兵接后，又数十万人。　[36]定襄：汉郡名。山西右玉以及内蒙古和林格尔。　[37]赵食其：见《李将军传》。[38]平阳侯襄：曹时之子，平阳公主所生。　[39]武刚车：有

巾，有盖，谓之“武刚车”。 [40]驘（duō），《说文》：驴父，马母所生为驘。今作“骡”。 [41]纷拏：相牵也。 [42]杀伤大当：言所杀伤，彼此大略相等也。 [43]窴（tián）颜山：匈奴山名。在今蒙古国。赵信城：按，匈奴无城郭，不当云城。[44]右谷蠡王：匈奴王爵名。蠡，音禄。 [45]荤粥：北方种族名。尧时曰荤粥，秦曰匈奴。 [46]涉获章渠：涉水而获章渠也。章渠：匈奴之近臣。 [47]比车耆：匈奴王号。《汉书》“比”作“北”。 [48]左大将：匈奴官制，有左右大将。[49]涉：度也。离侯：山名。《汉书》作“难侯”。 [50]弓闾：水名。闾，《汉书》作“庐”。 [51]屯头王：匈奴王号。[52]韩王：亦匈奴王号。 [53]封：祭天也。狼居胥山：山名。在内蒙古鄂尔多斯黄河西北。 [54]禅：祭地也。姑衍：山名。在漠北。 [55]翰海：即今蒙古高原大沙漠也。 [56]卤：与“虏”通。丑：虏也。 [57]逴：与“卓”同。远也。 [58]梼（táo）余：山名。 [59]符离：《志疑》谓当作“邳离”。[60]邢山：《志疑》谓应作“卫山”。 [61]归义：犹言投诚。谓降汉也。因淳王：为封号。复（fú）陆支：人名。[62]楼专王：为封号。伊即靬（jiàn）：人名。复陆支、伊即靬皆匈奴降王。 [63]安稽：故匈奴王。 [64]少言不泄：谓质重少言也。 [65]有气敢任：谓果敢任气也。 [66]孙吴兵法：谓孙武、吴起所著兵书。 [67]蹋鞠（tà jú）：习武之戏也。即今之踢毬。

游侠列传

韩子[1]曰："儒以文乱法[2]，而侠以武犯禁。"二者皆讥，而学士多称于世云。至如以术取宰相卿大夫，辅翼其世主，功名俱著于春秋[3]，固无可言者。及若季次、原宪[4]，闾巷人也，读书怀独行君子之德，义不苟合当世，当世亦笑之。故季次、原宪终身空室蓬户，褐衣疏食不厌[5]。死而已四百余年[6]，而弟子志之不倦。今游侠，其行虽不轨于正义，然其言必信，其行必果，已诺必诚，不爱其躯，赴士之厄困，既已存亡死生矣，而不矜其能，羞伐其德，盖亦有足多者焉。且缓急，人之所时有也。

太史公曰：昔者虞舜窘于井廪[7]，伊尹负于鼎俎，傅说匿于傅险[8]，吕尚困于棘津[9]，夷吾桎梏[10]，百里饭牛[11]，仲尼畏匡[12]，菜色陈、蔡[13]。此皆学士所谓有道仁人也，犹然遭此菑[14]，况以中材而涉乱世之末流乎？其遇害何可胜道哉！

鄙人有言曰："何知仁义，已飨其利者为有德[15]。"故伯夷丑周，饿死首阳山，而文武不以其故贬王[16]；跖、蹻[17]暴戾，其徒诵义无穷。由此观之，"窃钩者诛，窃国者侯[18]，侯之门，仁义存"[19]，非虚言也。

今拘学或抱咫尺之义，久孤于世，岂若卑论侪俗，与世沉浮而取荣名哉[20]！而布衣之徒，设取予然诺，千里诵义，为死不顾世，此亦有所长，非苟而已也。故士穷窘而得委命，此岂非人之所谓贤豪间者邪？诚使乡曲之侠，予季次、原宪比权量力，效功于当世，不同日而论矣。要以功见言信，侠客之义又曷可少哉！

古布衣之侠，靡得而闻已。近世延陵[21]、孟尝、春申、平原、信陵之徒，皆因王者亲属，藉于有土卿相之富厚，招天下贤者，显名诸侯，不可谓不贤者矣。比如顺风而呼，声非加疾，其势激也。至如闾巷之侠，修行砥名，声施于天下，莫不称贤，是为难耳。然儒、墨皆排摈不载。自秦以前，匹夫之侠，湮灭不见，余甚恨之。以余所闻，汉兴有朱家、田仲、王公、剧孟、郭解之徒，虽时扞[22]当世之文罔[23]，然其私义廉洁退让，有足称者。名不虚立，士不虚附。至如朋党宗强比周[24]，设财役贫，豪暴侵凌孤弱，恣欲自快，游侠亦丑之。余悲世俗不察其意，而猥以朱家、郭解等令与暴豪之徒同类而共笑之也。

鲁朱家者，与高祖同时。鲁人皆以儒教，而朱家用侠闻。所藏活豪士以百数，其余庸人不可胜言。然终不伐其能，歆其德，诸所尝施，唯恐见之。振人不赡，先从贫贱始。家无余财，衣不完采，食不重味，乘不过軥牛[25]。专趋人之急，甚己之私。既阴脱季布将军[26]之厄，及布尊贵，终身不见也。自关[27]以东，莫不延颈愿交焉。

楚田仲以侠闻，喜剑，父事朱家，自以为行弗及。田仲已死，而洛阳有剧孟。周人以商贾为资，而剧孟以任侠显诸侯。吴楚[28]反时，条侯[29]为太尉，乘传车[30]将至河南，得剧孟，喜曰："吴楚举大事而不求孟，吾知其无能为已矣。"天下骚动，宰相得之若得一敌国云。

剧孟行大类朱家，而好博，多少年之戏。然剧孟母死，自远方送丧盖千乘。及剧孟死，家无余十金之财。而符离人王孟亦以侠称江淮之间。

是时济南瞯氏[31]、陈周庸[32]亦以豪闻，景帝闻之，使使尽诛此属。其后代诸白、梁韩无辟、阳翟薛况[33]、陕韩孺[34]纷纷复出焉。

郭解，轵[35]人也，字翁伯，善相人者许负外孙也。解父以任侠，孝文时诛死。解为人短小精悍，不饮酒。少时阴贼，慨不快意，身所杀甚众。以躯借交报仇，藏命作奸剽攻，休铸钱掘冢[36]，固不可胜数。适有天幸，窘急常得脱，若遇赦。及解年长，更折节为俭，以德报怨，厚施而薄望。然其自喜为侠益甚。既已振人之命，不矜其功，其阴贼著于心，卒发于睚眦如故云。而少年慕其行，亦辄为报仇，不使知也。

解姊子负[37]解之势，与人饮，使之嚼[38]。非其任，强必灌之。人怒，拔刀刺杀解姊子，亡去。解姊怒曰："以翁伯之义，人杀吾子，贼不得。"弃其尸于道，弗葬，欲以辱解。解使人微知贼处。贼窘自归，具以实告解。解曰："公杀之固当，吾儿不直[39]。”遂去其贼[40]，罪其姊子，乃收而葬之。诸公闻之，皆多解之义，益附焉。

解出入，人皆避之。有一人独箕倨视之，解遣人问其名姓。客欲杀之。解曰：“居邑屋至不见敬，是吾德不修也，彼何罪！”乃阴属尉史曰：“是人，吾所急也，至践更时脱之。”每至践更[41]，数过，吏弗求。怪之，问其故，乃解使脱之。箕踞者乃肉袒谢罪。少年闻之，愈益慕解之行。

洛阳人有相仇者，邑中贤豪居间者以十数，终不听。客乃见郭解。解夜见仇家，仇家曲听解[42]。解乃谓仇家曰：“吾闻洛阳诸公在此间，多不听者。今子幸而听解，解奈何乃从他县夺人邑中贤大夫权乎！”乃夜去，不使人知，曰：“且无用待我，待我去，令洛阳豪居其间[43]，乃听之。”

解执恭敬，不敢乘车入其县廷。之旁郡国，为人请求事，事可出，出之；不可者，各厌其意，然后乃敢尝酒食。诸公以故严重之，争为用。邑中少年及旁近县贤豪，夜半过门常十余车，请得解客舍养之[44]。及徙豪富茂陵也[45]，解家贫，不中訾[46]，吏恐，不敢不徙。卫将军为言：“郭解家贫不中徙。”上曰：“布衣权至使将军为言，此其家不贫。”解家遂徙。诸公送者出千余万。

轵人杨季主子为县掾，举徙解。解兄子断杨掾头。由此杨氏与郭氏为仇。解入关，关中贤豪知与不知，闻其声，争交驩解。解为人短小，不饮酒，出未尝有骑[47]。已，又杀杨季主。杨季主家上书，人又杀之阙下。上闻，乃下吏捕解。

解亡，置其母家室夏阳[48]，身至临晋[49]。临晋籍少公素不知解，解冒，因求出关。籍少公已出解，解转入太原[50]，所过辄告主人家。吏逐之，迹至籍少公。少公自杀，口绝。久之，乃得解。穷治所犯，为解所杀，皆在赦前。

轵有儒生侍使者坐，客誉郭解，生曰："郭解专以奸犯公法，何谓贤！"解客闻，杀此生，断其舌。吏以此责解，解实不知杀者。杀者亦竟绝，莫知为谁。吏奏解无罪。御史大夫公孙弘[51]议曰："解布衣为任侠行权，以睚眦杀人，解虽弗知，此罪甚于解杀之。当大逆无道。"遂族郭解翁伯[52]。

自是之后，为侠者极众，敖[53]而无足数者。然关中长安樊仲子，槐里赵王孙，长陵高公子，西河郭公仲，太原卤公孺[54]，临淮兒长卿，东阳田君孺[55]，虽为侠而逡逡有退让君子之风。至若北道姚氏[56]，西道诸杜，南道仇景，东道赵他羽公子[57]，南阳赵调之徒，此盗跖居民间者耳，曷足道哉！此乃乡者朱家之羞也！

太史公曰：吾视郭解，状貌不及中人，言语不足采者。然天下无贤与不肖，知与不知，皆慕其声，言侠者皆引以为名。谚曰："人貌荣名，岂有既乎[58]！"於戏[59]，惜哉！

---

[1]韩子：即韩非。战国时韩之公子，喜刑法术之学，撰有《韩非子》二十卷。 [2]儒以文乱法：谓儒者能以文字混乱法术也。 [3]春秋：谓国史也。此句谓人臣有功，则名见于国史

也。　[4]季次、原宪：均孔子弟子。　[5]厌（yàn）：饱也。　[6]死而已四百余年：七字为一句。　[7]舜父母使舜涂廪，瞽瞍焚廪，不得死。使浚井，瞽瞍以土实井，舜旁出，又不得死。　[8]傅说：殷高宗贤相。初版筑于傅严之下。　[9]吕尚：太公望也。《尉缭子》云：太公望行年七十，卖食于棘津。[10]夷吾：管仲名。桎梏：刑具，所以拘罪人者。在足曰“桎”，在手曰“梏”。鲍叔事齐公子小白，管仲事公子纠。及小白立为桓公，公子纠死，管仲囚焉，鲍叔进管仲。　[11]百里：谓百里奚也。春秋时人。初事虞公，知其将亡而去，为人养牛。后为秦穆公贤相。　[12]仲尼：孔子字。匡：地名。匡人以孔子貌似阳货，围之。孔子有戒心焉。　[13]菜色：饥色也。陈、蔡：春秋二国名。孔子周游列国，在陈、蔡尝绝粮。　[14]菑：与“灾”同。　[15]飨：受也。言已受其利，则为有德，何必知仁义也。　[16]周武王伐纣，伯夷叩马而谏，武王不听。伯夷耻食周粟，饿死首阳山。此谓伯夷，贤者也；然文、武亦不失为圣人。　[17]跖、跻：二人名。盗跖、庄跻也。　[18]“窃钩者诛，窃国者侯”二句并下文“侯之门，仁义存”二句，皆出《庄子·胠箧》篇。言是非赏罚，因名位而不同也。　[19]侯之门，仁义存：言诸侯之门，仁义于是乎存也。《庄子》原文作“仁义，存焉”。焉，于是也。王引之说。　[20]言不若卑鄙之语言，同乎流俗，与世相沉浮。　[21]延陵：或谓为吴季子，然不当云近世，不当与四公子同称。徐广谓为赵延陵生。然《国策》作延陵君。又不得称王者亲属。《志疑》谓“延陵”二字衍文。[22]扞（hàn）：与“捍”同，抵御也。　[23]罔：与“网”

同。文罔：犹言法律禁令也。　[24]比周：犹亲厚也。　[25]犅（gōu）牛：小牛也。　[26]季布：项羽将，数窘高帝。羽灭，汉悬千金购之。朱家以布髡钳为奴而脱。　[27]关：函谷关也。在今河南灵宝县南。　[28]吴楚：汉景帝时，吴、楚、与赵、胶西、济南、淄川、胶东等七国，以诛晁错为名，同时作乱。　[29]条侯：周亚夫也。　[30]乘传车：谓驿置之车也。《汉书》作“乘传东将”。　[31]瞯（xiān）：济南瞯氏：为汉酷吏郅都所诛。　[32]陈周庸：陈国人，姓周，名庸。《汉书》作周肤。　[33]代：代郡也。诸白：白姓诸豪杰。梁：梁国。韩：姓；无辟：名也。阳翟：地名。薛况：人名。《读书杂志》谓：况本作“兄”。　[34]陕：地名。徐广谓，当作平郏。非是。韩孺：人名。《汉书》“韩”作“寒”。古通用。　[35]轵：地名。今河南济源。　[36]藏命：藏匿亡命者也。下文据《读书杂志》改。谓解借交报仇云云，及不为此等事乃铸钱穿冢也。　[37]负：恃也。　[38]嚼：饮酒尽也。　[39]不直：曲也。　[40]遂去其贼：谓遣之使去也。　[41]践更：汉时更赋之一，《汉书》注云：古者正卒无常，人皆当更迭为之。贫者欲得顾更钱者，次直者出钱顾之。是为践更。　[42]曲听解：谓屈曲听郭解言也。　[43]事成，解不自居其功，归功于洛阳豪也。　[44]客舍养之：为设寓而养食之也。　[45]茂陵：今陕西兴平县。　[46]訾（zī）：与“赀”同。《索隐》云：訾不满三百万已上，为不中。　[47]为人短小，不饮酒，七字重出。《志疑》谓为衍文。然去此七字，则下文“出未尝有骑”亦不宜独存。　[48]夏阳：今陕西韩城。　[49]临晋：今山西大荔。　[50]太原：山西太原。　　[51]公孙：复姓，名弘。　　[52]翁伯：《志疑》谓此处不必再言其字，是衍文。　　[53]敖：傲慢也。　　[54]卤公孺：《汉书》作鲁公孺。徐广谓卤为地名，非是。高公子郭公仲：《汉书》作郭公子、高翁中，是传写讹误也。　　[55]田君孺：《汉书》作陈君孺。　　[56]北道：犹言北方也。　　[57]赵他羽公子：姓赵，名他羽，字公子也。　　[58]言人之容貌有衰落，惟用荣名为饰表，则称誉无极也。　　[59]於戏：与“呜呼”同。

滑稽列传

孔子曰：“六艺于治一也[1]。《礼》以节人，《乐》以发和，《书》以道事，《诗》以达意，《易》以神化，《春秋》以义。”太史公曰：天道恢恢，岂不大哉！谈言微中，亦可以解纷。

淳于髡[2]者，齐之赘婿[3]也。长不满七尺，滑稽多辩，数使诸侯，未尝屈辱。

齐威王之时喜隐[4]，好为淫乐长夜之饮，沉湎不治，委政卿大夫。百官荒乱，诸侯并侵，国且危亡，在于旦暮。左右莫敢谏。淳于髡说之以隐曰：“国中有大鸟，止王之庭，三年不蜚[5]又不鸣，不知此鸟何也？”王曰：“此鸟不飞则已，一飞冲天；不鸣则已，一鸣惊人。”于是乃朝诸县令长七十二人，赏一人，诛一人，奋兵而出。诸侯振惊，皆还齐侵地。威行三十六年。语在《田完世家》中[6]。

威王八年，楚大发兵加齐[7]。齐王使淳于髡之赵请救兵，赍金百斤，车马十驷。淳于髡仰天大笑，冠缨索绝[8]。王曰：“先生少之乎？”髡曰：“何敢！”王曰：“笑岂有说乎？”髡曰：“今者臣从东方来，见道傍有禳田者[9]，操一豚蹄，酒一盂，祝曰：‘瓯窭满篝[10]，污邪满车[11]，五谷蕃熟，穰穰满家[12]。’臣见其所持者狭而所欲者奢，故笑之。”于是齐威王乃益赍黄金千镒，白璧十双，车马百驷。髡辞而行，至赵。赵王与之精兵十万，革车千乘。楚闻之，夜引兵而去。

威王大悦，置酒后宫，召髡，赐之酒。问曰：“先生能饮几何而醉？”对曰：“臣饮一斗亦醉，一石亦醉。”威王曰：“先生饮一斗而醉，恶能饮一石哉！其说可得闻乎？”髡曰：“赐酒大王之前，执法在傍，御史在后，髡恐惧俯伏而饮，不过一斗径醉矣。若亲有严客，髡帣鞲鞠䩭[13]，侍酒于前，时赐余沥，奉觞上寿，数起，饮不过二斗径醉矣。若朋友交游，久不相见，卒然相睹，欢然道故，私情相语，饮可五六斗径醉矣。若乃州闾之会，男女杂坐，行酒稽留[14]，六博投壶[15]，相引为曹[16]，握手无罚，目眙[17]不禁，前有堕珥，后有遗簪，髡窃乐此，饮可八斗而醉二参[18]。日暮酒阑，合尊促坐，男女同席，履舄[19]交错，杯盘狼藉，堂上烛灭，主人留髡而送客，罗襦襟解，微闻芗[20]泽，当此之时，髡心最欢，能饮一石。故曰酒极则乱，乐极则悲；万事尽然。”言不可极，极之而衰。以讽谏焉。齐王曰：“善。”乃罢长夜之饮，以髡为诸侯主客。宗室置酒，髡尝在侧。其后百余年，楚有优孟[21]。

优孟者，故楚之乐人也[22]。长八尺，多辩，常以谈笑讽谏。楚庄王之时，有所爱马，衣以文绣，置之华屋之下，席以露床，啖[23]以枣脯。马病肥死，使群臣丧之，欲以棺椁大夫礼葬之。左右争之，以为不可。王下令曰："有敢以马谏者，罪至死。"优孟闻之，入殿门。仰天大哭。王惊而问其故。优孟曰："马者王之所爱也，以楚国堂堂之大，何求不得，而以大夫礼葬之，薄，请以人君礼葬之。"王曰："何如？"对曰："臣请以雕玉为棺，文梓为椁，楩枫豫章为题凑[24]，发甲卒为穿圹，老弱负土，齐赵陪位于前，韩魏翼卫其后[25]，庙食太牢，奉以万户之邑。诸侯闻之，皆知大王贱人而贵马也。"王曰："寡人之过一至此乎！为之奈何？"优孟曰："请为大王六畜葬之。以垄灶为椁，铜历[26]为棺，赍以姜枣[27]，荐以木兰[28]，祭以粮稻，衣以火光，葬之于人腹肠。"于是王乃使以马属太官，无令天下久闻也。

楚相孙叔敖知其贤人也，善待之。病且死，属其子曰："我死，汝必贫困。若往见优孟，言我孙叔敖之子也。"居数年，其子穷困负薪，逢优孟，与言曰："我，孙叔敖子也。父且死时，属我贫困往见优孟。"优孟曰："若无远有所之[29]。"即为孙叔敖衣冠，抵掌[30]谈语。岁余，像孙叔敖，楚王及左右不能别也。庄王置酒，优孟前为寿。庄王大惊，以为孙叔敖复生也，欲以为相。优孟曰："请归与妇计之，三日而为相。"庄王许之。三日后，优孟复来。王曰："妇言谓何？"孟曰："妇言慎无为，楚相不足为也。如孙叔敖之为楚相，尽忠为廉以治楚，楚王得以霸。今死，其子无立锥之地，贫困负薪以自饮食。必如孙叔敖，不如自杀。”因歌曰：“山居耕田苦，难以得食。起而为吏，身贪鄙者余财，不顾耻辱。身死家室富，又恐受赇枉法，为奸触大罪，身死而家灭。贪吏安可为也！念为廉吏，奉法守职，竟死不敢为非。廉吏安可为也！楚相孙叔敖持廉至死，方今妻子穷困负薪而食，不足为也！”于是庄王谢优孟，乃召孙叔敖子，封之寝丘四百户，以奉其祀。后十世不绝。此知可以言时矣。其后二百余年，秦有优旃[31]。

优旃者，秦倡侏儒也。善为笑言，然合于大道，秦始皇时，置酒而天雨，陛楯者[32]皆沾寒。优旃见而哀之，谓之曰：“汝欲休乎？”陛楯者皆曰：“幸甚。”优旃曰：“我即呼汝，汝疾应曰诺。”居有顷，殿上上寿呼万岁。优旃临槛大呼曰：“陛楯郎！”郎曰：“诺。”优旃曰：“汝虽长，何益，幸雨立。我虽短也，幸休居。”于是始皇使陛楯者得半相代。

始皇尝议欲大苑囿，东至函谷关，西至雍、陈仓[33]。优旃曰：“善。多纵禽兽于其中，寇从东方来，令麋鹿触之足矣。”始皇以故辍止。

二世立，又欲漆其城。优旃曰：“善。主上虽无言，臣固将请之。漆城虽于百姓愁费，然佳哉！漆城荡荡，寇来不能上。即欲就之，易为漆耳，顾难为荫室。”于是二世笑之，以其故止。居无何，二世杀死，优旃归汉，数年而卒。

太史公曰：淳于髡仰天大笑，齐威王横行。优孟摇头而歌，负薪者以封。优旃临槛疾呼，陛楯得以半更[34]。岂不亦伟哉！

---

[1]六艺于治一也：言六艺之文虽异，而其于治道则一也。 [2]淳于髡：战国时齐人。姓淳于，名髡。 [3]赘婿：男附女家，谓之赘婿。 [4]喜隐：喜作隐语也。 [5]蜚：与“飞”同。 [6]按，《田完世家》中无此事。 [7]据《志疑》，威王八年并无此事。此系误叙。 [8]索：尽也。此谓冠王上之缨尽绝也。 [9]穰（ráng）田：谓向神灵祝祷，为田除灾害，求丰收也。 [10]瓯窭（jù）：高地狭小之区也。篝（gōu）：笼也。此谓高地狭小之区，丰年收获，可盈笼也。 [11]污邪：低下之田也。此谓低下之田有薪可满车也。 [12]穰穰：丰盛貌。 [13]帣（juǎn）：收袖也；鞲（gōu）：臂衣也；鞠：曲也；䠆：与“跽”同，小跪也。 [14]行酒：酌酒奉客也。又行酒令，亦曰行酒。稽留：流连也。 [15]六博：古游戏之事，一作陆博。投壶：古游戏之事。设壶一，使宾主以次投矢于其中。胜者酌不胜者酒。 [16]曹：在此处之义项，伍也。
[17]眙：直视也。 [18]参：同三。二参：谓十有二三醉也。
[19]舄（xì）：履也。 [20]芗：与“香”通。 [21]优：优伶也。孟：字也。《志疑》谓：髡在齐威王时，孟在楚庄元年，至齐威末年，为二百七十一年，不当云百余年。 [22]乐人：犹言伶人也。 [23]啖（dàn）：食也。 [24]楩（pián）：大

木也。豫章：木名。大木也。题凑：谓举棺木也。 [25]《集解》云："楚庄王时，未有赵、韩、魏三国。"《索隐》云："后人增饰。" [26]历：釜也。 [27]古人食肉，多佐以姜枣。此谓以姜枣赠马，即以姜枣调马肉而食也。 [28]荐：祭也。木兰：木名，亦名杜兰。此谓以木兰祭马，即以木兰为薪以烹马也。 [29]若：汝也。此句犹谓汝无远去他所也。 [30]抵掌：犹鼓掌也。 [31]优：优伶也。旃：人名。旃在秦始皇时，自楚庄王元年至秦灭，为四百八年。不当云二百余年。[32]陛（bì）：阶也。楯（dùn）：盾也。陛楯者，即陛楯郎，秦官名。执楯立于陛侧者。 [33]雍：古雍州。在陕西甘肃一带地。陈仓：故城在陕西宝鸡东。 [34]半更：分全组为两半，互相更代也。

货殖列传[1]

老子曰："至治之极，邻国相望，鸡狗之声相闻，民各甘其食，美其服，安其俗，乐其业，至老死不相往来。"必用此为务。輓[2]近世途民耳目，则几无行矣。

太史公曰：夫神农以前，吾不知已。至若《诗》《书》所述虞夏以来，耳目欲极声色之好，口欲穷刍豢[3]之味，身安逸乐，而心夸矜势能之荣。使俗之渐民久矣，虽户说以眇论[4]，终不能化。故善者因之，其次利道[5]之，其次教诲之，其次整齐之，最下者与之争。

夫山西饶材、竹、谷、纑[6]、旄[7]、玉、石；山东多鱼、盐、漆、丝、声色；江南出楠、梓[8]、姜、桂、金、锡、连[9]、丹沙、犀[10]、玳瑁、珠玑、齿革；龙门、碣石[11]北多马、牛、羊、旃[12]裘、筋角；铜、铁则千里往往山出棋置[13]：此其大较也[14]。皆中国人民所喜好，谣俗被服饮食奉生送死之具也。故待农而食之，虞[15]而出之，工而成之，商而通之。此宁有政教发征期会哉？人各任其能，竭其力，以得所欲。故物贱之征贵[16]，贵之征贱，各劝其业，乐其事，若水之趋下，日夜无休时，不召而自来，不求而民出之。岂非道之所符，而自然之验邪[17]？

《周书》曰："农不出则乏其食，工不出则乏其事，商不出则三宝绝，虞不出则财匮少。"财匮少而山泽不辟[18]矣。此四者，民所衣食之原也。原大则饶，原小则鲜。上则富国，下则富家。贫富之道，莫之夺予[19]，而巧者有余，拙者不足。故太公望封于营丘[20]，地泻卤[21]，人民寡，于是太公劝其女功，极技巧，通鱼盐，则人物归之，镪至而辐凑[22]。故齐冠带衣履天下，海岱[23]之间敛袂而往朝焉。其后齐中衰，管子[24]修之，设轻重九府[25]，则桓公以霸，九合诸侯，一匡天下；而管氏亦有三归[26]，位在陪臣，富于列国之君。是以齐富强至于威、宣也。

故曰："仓廪实而知礼节，衣食足而知荣辱。"[27]礼生于有而废于无。故君子富，好行其德；小人富，以适其力。渊深而鱼生之，山深而兽往之，人富而仁义附焉。富者得势益彰，失势则客无所之，以而不乐。夷狄益甚。谚曰："千金之子，不死于市。"此非空言也。故曰："天下熙熙，皆为利来；天下壤壤，皆为利往。"夫千乘之王，万家之侯，百室之君，尚犹患贫，而况匹夫编户之民乎！

昔者越王勾践[28]困于会稽之上，乃用范蠡、计然[29]。计然曰："知斗则修备，时用则知物[30]，二者形则万货之情可得而观已。故岁在金，穰；水，毁；木，饥；火，旱[31]。旱则资舟，水则资车[32]，物之理也。六岁穰，六岁旱，十二岁一大饥。夫粜，二十病农，九十病末[33]。末病则财不出，农病则草不辟矣。上不过八十，下不减三十，则农末俱利，平粜齐物，关市不乏，治国之道也。积著之理，务完物，无息币[34]。以物相贸，易腐败而食之货勿留，无敢居贵。论其有余不足，则知贵贱。贵上极则反贱，贱下极则反贵。贵出如粪土，贱取如珠玉。财币欲其行如流水。”修之十年，国富，厚赂战士，士赴矢石，如渴得饮，遂报强吴，观兵中国，称号“五霸”。

范蠡既雪会稽之耻，乃喟然而叹曰：“计然之策七，越用其五而得意。既已施于国，吾欲用之家。”乃乘扁舟[35]浮于江湖，变名易姓，适齐为鸱夷子皮，之陶为朱公。朱公以为陶天下之中，诸侯四通，货物所交易也。乃治产积居，与时逐而不责于人[36]。故善治生者，能择人而任时。十九年之中三致千金，再分散与贫交疏昆弟。此所谓富好行其德者也。后年衰老而听子孙，子孙修业而息之，遂至巨万[37]。故言富者皆称陶朱公。

子赣[38]既学于仲尼，退而仕于卫，废著鬻财于曹、鲁[39]之间，七十子之徒，赐[40]最为饶益。原宪[41]不厌糟糠，匿于穷巷。子贡结驷连骑，束帛之币以聘享诸侯，所至，国君无不分庭与之抗礼。夫使孔子名布扬于天下者，子贡先后之也。此所谓得势而益彰者乎！

白圭，周人也。当魏文侯时，李克务尽地力[42]，而白圭乐观时变，故人弃我取，人取我与。夫岁孰取谷，予之丝漆；茧出取帛絮，予之食[43]。太阴在卯，穰[44]；明岁衰恶。

至午，旱；明岁美。至酉，穰；明岁衰恶。至子，大旱；明岁美，有水。至卯，积著率岁倍。欲长钱，取下谷；长石斗，取上种。能薄饮食，忍嗜欲，节衣服，与用事童仆同苦乐，趋时若猛兽挚鸟之发。故曰："吾治生产，犹伊尹、吕尚之谋，孙吴用兵，商鞅行法[45]是也。是故其智不足与权变，勇不足以决断，仁不能以取予，强不能有所守，虽欲学吾术，终不告之矣。"盖天下言治生祖白圭。白圭其有所试矣，能试有所长，非苟而已也。

猗顿[46]，用盬盐起[47]。而邯郸[48]郭纵以铁冶成业，与王者埒[49]富。

乌氏倮[50]畜牧，及众，斥卖，求奇缯物，间献遗戎王[51]。戎王什倍其偿[52]，与之畜[53]，畜至用谷量马牛[54]。秦始皇帝令倮比封君，以时与列臣朝请。而巴蜀寡妇清[55]，其先得丹穴[56]，而擅其利数世，家亦不訾[57]。清，寡妇也，能守其业，用财自卫，不见侵犯。秦皇帝以为贞妇而客之，为筑女怀清台[58]。夫倮鄙人牧长，清穷乡寡妇，礼抗万乘，名显天下，岂非以富邪？

夫天下物所鲜所多，人民谣俗，山东食海盐，山西食盐卤[59]，领南、沙北[60]固往往出盐，大体如此矣。

总之，楚越之地，地广人希[61]，饭稻羹鱼，或火耕而水耨[62]，果隋蠃蛤[63]，不待贾而足，地势饶食，无饥馑之患，以故呰窳[64]偷生，无积聚[65]而多贫。是故江、淮以南，无冻饿之人，亦无千金之家。沂、泗[66]水以北，宜五谷桑麻六畜，地小人众，数被水旱之害，民好畜藏，故秦、夏、梁、鲁[67]好农而重民。三河、宛、陈[68]亦然，加以商贾。齐、赵设智巧，仰机利。燕、代[69]田畜而事蚕。

由此观之，贤人深谋于廊庙，论议朝廷，守信死节隐居岩穴之士设为名高者安归乎？归于富厚也。是以廉吏久，久更富，廉贾归富。富者，人之情性，所不学而俱欲者也。故壮士在军，攻城先登，陷阵却敌，斩将搴[70]旗，前蒙矢石，不避汤火之难者，为重赏使也。其在闾巷少年，攻剽椎埋，劫人作奸，掘冢铸币，任侠并兼，借交报仇，篡逐幽隐，不避法禁，走死地如骛[71]者，其实皆为财用耳。今夫赵女郑姬，设形容[72]，揳鸣琴[73]，揄长袂[74]，蹑利屣[75]，目挑心招，出不远千里，不择老少者，奔富厚也。游闲公子，饰冠剑，连车骑，亦为富贵容也。弋射渔猎，犯晨夜，冒霜雪，驰坑谷，不避猛兽之害，为得味也。博戏驰逐，斗鸡走狗，作色相矜，必争胜者，重失负也。医方诸食技术之人，焦神极能，为重糈[76]也。吏士舞文弄法，刻章伪书，不避刀锯之诛者，没于赂遗也。农工商贾畜长，固求富益货也。此有知尽能索耳，终不余力而让财矣。

谚曰："百里不贩樵，千里不贩籴。"居之一岁，种之以谷；十岁，树之以木；百岁，来之以德。德者，人物之谓也。今有无秩禄之奉，爵邑之入，而乐与之比者。命曰"素封[77]"。封者食租税，岁率户二百。千户之君则二十万，朝觐聘享出其中。庶民农工商贾，率亦岁万息二千户[78]，百万之家则二十万，而更徭租赋出其中。衣食之欲，恣所好美矣。

故曰：陆地牧马二百蹄[79]，牛蹄角千[80]，千足羊[81]，泽中千足彘[82]，水居千石鱼陂[83]，山居千章之材[84]。安邑[85]千树枣；燕、秦千树栗；蜀、汉、江陵千树橘；淮北、常山已南，河济之间千树萩[86]；陈、夏[87]千亩漆；齐、鲁千亩桑麻；渭川[88]千亩竹；及名国万家之城，带郭千亩亩钟之田，若千亩卮茜[89]，千畦姜韭：此其人皆与千户侯等。然是富给之资也，不窥市井，不行异邑，坐而待收，身有处士之义而取给焉。若至家贫亲老，妻子软弱，岁时无以祭祀进醵[90]，饮食被服不足以自通，如此不惭耻，则无所比矣。是以无财作力，少有斗智[91]，既饶争时[92]，此其大经也。今治生不待危身取给，则贤人勉焉。是故本富为上，末富次之，奸富最下。无岩处奇士之行，而长贫贱，好语仁义，亦足羞也。

蜀卓氏[93]之先，赵人也，用铁冶富。秦破赵，迁卓氏。卓氏见虏略，独夫妻推辇，行诣迁处。诸迁虏少有余财，争与吏，求近处，处葭萌[94]。唯卓氏曰："此地狭薄。吾闻汶山之下[95]，沃野，下有蹲鸱[96]，至死不饥。民工于市，易贾。"乃求远迁。致之临邛[97]，大喜，即铁山鼓铸，运筹策，倾滇蜀[98]之民，富至童千人。田池射猎之乐，拟于人君。

程郑，山东迁虏也，亦冶铸，贾椎髻之民[99]，富埒卓氏，俱居临邛。

宛[100]孔氏之先，梁人也，用铁冶为业。秦伐魏，迁孔氏南阳[101]。大鼓铸，规陂池，连车骑，游诸侯，因通商贾之利，有游闲公子之赐与[102]名。然其赢得过当，愈于纤啬[103]，家致富数千金，故南阳行贾尽法孔氏之雍容。

鲁人俗俭啬，而曹邴氏[104]尤甚，以铁冶起，富至巨万。然家自父兄子孙约，俯有拾，仰有取，贳贷行贾遍郡国。邹、鲁以其故多去文学而趋利者，以曹邴氏也。

齐俗贱奴虏，而刀间[105]独爱贵之。桀黠奴，人之所患也，唯刀间收取，使之逐渔盐商贾之利，或连车骑，交守相，然愈益任之。终得其力，起富数千万。故曰“宁爵毋刀[106]”，言其能使豪奴自饶而尽其力。

周人既纤[107]，而师史[108]尤甚，转毂以百数，贾郡国，无所不至。洛阳街居在齐秦楚赵之中，贫人学事富家，相矜以久贾[109]，数过邑不入门，设任此等，故师史能致七千万。

宣曲[110]任氏之先，为督道仓吏[111]。秦之败也，豪杰皆争取金玉，而任氏独窖仓粟[112]。楚汉相距荥阳也，民不得耕种，米石至万，而豪杰金玉尽归任氏，任氏以此起富。富人争奢侈，而任氏折节为俭，力田畜。田畜人争取贱贾[113]，任氏独取贵善[114]。富者数世。然任公家约，非田畜所出弗衣食，公事不毕则身不得饮酒食肉。以此为闾里率，故富而主上重之。

塞之斥也[115]，唯桥姚[116]已致马千匹，牛倍之，羊万头，粟以万钟计。

吴楚七国兵起时，长安中列侯封君行从军旅，赍贷子钱[117]，子钱家以为侯邑国在关东，关东成败未决，莫肯与。唯无盐氏出捐千金贷，其息什之[118]。三月，吴楚平。一岁之中，则无盐氏之息什倍，用此富埒关中。

关中富商大贾，大抵尽诸田，田啬、田兰。韦家栗氏，安陵、杜杜氏[119]，亦巨万。此其章章尤异者也。皆非有爵邑奉禄弄法犯奸而富，尽椎埋[120]去就，与时俯仰，获其赢利，以末致财，用本守之，以武一切，用文持之，变化有概，故足术也。若至力农畜，工虞商贾，为权利以成富，大者倾郡，中者倾县，下者倾乡里者，不可胜数。

夫纤啬筋力，治生之正道也，而富者必用奇胜。田农，掘业[121]，而秦阳以盖一州[122]。掘冢，奸事也，而曲叔[123]以起。博戏，恶业也，而桓发用之富[124]。行贾，丈夫贱行也，而雍乐成以饶[125]。贩脂[126]，辱处也，而雍伯千金[127]。卖浆[128]，小业也，而张氏千万。洒削[129]，薄技也，而郅氏鼎食[130]。胃脯[131]，简微耳，浊氏连骑[132]。马医，浅方，张里击钟[133]。此皆诚壹之所致。

由是观之，富无经业，则货无常主，能者辐凑[134]，不肖者瓦解[135]。千金之家比一都之君，巨万者乃与王者同乐。岂所谓“素封”者邪？非也？

---

[1]货：财利也。殖：生也。 [2]稅：与“晚”同。 [3]刍豢（chú huàn）：兽类草食曰刍，牛羊是也。谷食曰豢，犬豕是也。 [4]眇（miǎo）论：微妙之论也。 [5]道：与“导”同，引导也。 [6]纑（lú）：纻属，可以为布。 [7]旄（máo）：犛牛尾也。 [8]梓：乔木。 [9]连：铅之未炼者。 [10]犀（xī）：兽名。角极坚厚，可为器。《通志》“犀”下有“象”字。 [11]龙门：山名，在河北龙关。碣石：山名，在河北昌黎。 [12]旃（zhān）：与“毡”同。 [13]棋置：犹言如棋之布置也。 [14]大较（jiǎo）：大略也。 [15]虞：虞人也。主苑囿田猎之人。 [16]征：兆也。谓物贱则人争买，必将贵，是贱为贵之兆也。下句与此相反。 [17]谓道理符合，自然相应验也。 [18]辟（pì）：开也。 [19]予：言贫富自由，无夺与也。 [20]太公望：姓吕，名尚。周文王时人。营丘：在山东淄博市临淄北，周武王始封太公望于营丘，国号齐。 [21]泻卤：碱地也。 [22]镪（qiǎng）：钱贯也。辐（fú）：车轮中直木，内辏于毂，外入于牙者。凑（còu）：聚也。辐凑：言人物之聚集，如车辐之聚于毂也。 [23]海：东海也。岱：岱宗，即泰山也。 [24]管子：姓管，名夷吾，字仲。春秋时齐相。 [25]轻重：谓钱也。九府：周时掌财币之官有九，即大府、玉府、内府、外府、泉府、天府、职内、职金、职币也。 [26]三归：管仲尝筑三归之台。 [27]语出《管子·牧民》篇。

[28]勾践：见《越王勾践世家》。 [29]计然：范蠡之师。 [30]言知时所用之物。 [31]谓岁在金则穰；水则毁；木则饥；火则旱。 [32]旱资舟，水资车：谓先事预备以待也。 [33]末：谓商贾。以其遂末利也。 [34]久停息，货物则无利也。 [35]扁（piān）舟：小舟也。 [36]与时逐：犹言随时逐利也。而不责于人：谓择人而与也。 [37]巨万：万万也。 [38]子赣：亦作子贡。姓端木，名赐。孔子弟子。 [39]废著：犹言闲居。鬻财：犹言经商。曹、鲁：均为今山东地。 [40]赐：子赣名。 [41]原宪：亦孔子弟子。 [42]李克：应作“李悝”。务尽地力：务欲尽地力，谓重农业也。 [43]食：谷也。 [44]穰（ráng）：丰饶。 [45]《史记考异》云：“白圭当魏文侯时，而商鞅佐秦孝公。孝公即位，距文侯薨已二十五年。不得如史所言。” [46]猗顿：春秋时鲁国富人。 [47]监（jiān）：监理盐务。用监盐起：谓以盐而致富也。 [48]邯郸：今河北邯郸。 [49]埒（liè）：等也。 [50]乌：姓也。倮（guǒ）：人名。 [51]间献：犹私献也。遗：与也。 [52]偿：又作“当”。当者，直也。谓十倍其所献之值也。 [53]畜：牛羊也。 [54]用谷量马牛：谓马牛众多，至不能数，乃以谷壑量度之也。 [55]巴蜀：今四川、重庆。清：巴蜀寡妇之名也。 [56]丹穴：产丹砂之穴也。 [57]家亦不訾：言资财众多不可度量也。 [58]女怀清台：在今四川长寿县西南。 [59]卤（lǔ）：盐池也。 [60]领南：大庾岭之南，今广东。沙北：沙漠之北。 [61]希：与“稀”同。 [62]烧草，下水种稻。草与稻并生，高七八寸；因悉芟去，复下水灌之。草死，独稻长。所谓火耕水耨

是也。 [63]隋：今为摇，音同。果隋：犹言摇叠包裹也。蠃：与“螺”同。蛤（gé）：俗谓之蛤蜊。 [64]呰（zǐ）：弱也。窳（yǔ）：病也。《正义》云：食螺蛤等物，多蠃弱而足病也。 [65]积聚：储蓄也。 [66]沂、泗：水名。沂水在山东境内，泗水亦出于山东。 [67]秦：今陕西；夏：今甘肃；梁：今河南；鲁：今山东省地。 [68]三河：即京兆。宛、陈：均今河南地。 [69]燕、代：均今河北。 [70]搴（qiān）：取也。 [71]骛（wù）：奔驰也，此谓速。 [72]设形容：谓修饰容貌也。 [73]揳（jiā）：与“戛”同。谓铄之也。 [74]揄（yú）：引也。长袂：长袖也。 [75]蹑（niè）：踩也。利屣：舞履也。 [76]糈（xǔ）：精米也。祀神用之。 [77]素封：谓不仕而富也。 [78]《志疑》谓：“户”字为衍文。 [79]一马有四足，二百蹄，五十匹马也。 [80]牛蹄角千：牛之蹄、角，共有千数。按，百六十七牛，其蹄、角共得一千零二。 [81]千足羊：一羊四足，计二百五十头羊也。 [82]泽中：草泽间也。千足彘者，每彘四足，计二百五十彘也。 [83]陂（bēi）：泽障也。蓄水曰陂。此言陂泽养鱼，一岁收得千石鱼。石：衡名。[84]章：方也。言任方章者千枚也。材：应作“秋”。同“楸”，木名。 [85]安邑：今山西夏县。 [86]萩（qiū）：与“楸”同，木名。 [87]陈、夏：二地名，注见上。 [88]渭川：水名。源出甘肃渭源西北鸟鼠山。 [89]卮（zhì）：如胭脂也。茜（qiàn）：一名红蓝。其花可染缯作赤黄色。 [90]醵（jù）：谓合钱饮酒也。 [91]少有斗智：言少有钱财，则斗智巧而求胜也。 [92]既饶争时：谓既饶足钱财，乃逐时争利也。

[93]卓氏：秦时人。其先赵人，用铁冶致富。秦破赵，迁卓氏至临邛。卓氏即铁山鼓铸，富拟人君。　[94]葭萌：地名。今四川广元。　[95]汶山：四川西北部之岷山。　[96]蹲鸱：大芋也。根如蹲鸱，故云。　[97]临邛：今四川邛崃。　[98]倾：倾倒也。　[99]椎髻：谓一摄之髻，其形如椎也。《读书杂志》谓以作“魋结”为是。　[100]宛：今河南淮阳。　[101]南阳：今河南泌阳。　[102]游闲：优游闲暇也。“赐与”二字，《汉书》无。　[103]啬（sè）：吝也。纤啬：犹言悭吝。　[104]曹：曹州府。今山东西南部。邴（bǐng）：姓也。　[105]刀间：姓刀，名间。　[106]宁爵毋刀，《汉书音义》云，奴自相谓曰：“宁欲免去作民有爵邪？将止刀氏作奴乎？”　[107]纤：俭啬也。　[108]师史：姓师，名史。　[109]相矜以久贾：相夸耀久贾于此也。　[110]宣曲：地名。今陕西西安西南。　[111]督道：或曰秦时边县名。或曰督租谷使上道，而输至仓所也。　[112]窖（jiào）：藏物的地洞或坑。　[113]争取贱贾：谓争取价贱而买也。　[114]独取贵善：谓买物必取贵而善者，不争贱价也。　[115]斥塞，开边也。　[116]桥姚：姓桥，名姚。　[117]子钱：谓利息也。　[118]其息什之：谓十倍之利息也。　[119]安陵：关中地名。杜：亦地名。安陵、杜杜氏：谓二地之杜姓也。　[120]椎埋：为“推理”二字之误。推理，言推测物理也。　[121]掘业：据《集解》及《读书杂志》改。　[122]以盖一州：犹言其富为州中第一也。　[123]曲叔：人姓名。　[124]桓发：姓桓，名发。本句《汉书》作“桓稽用之富”，用博戏以致富也。　[125]雍：

疑是地名。乐成：疑是人姓名。或谓雍乐成姓雍名乐成。

[126]膏之凝者为脂。贩：贸易也。 [127]雍伯：《汉书》作“翁伯”。 [128]卖浆：《汉书》“浆”作“酱”。 [129]洒削：磨刀业也。 [130]郅（zhì）氏：《汉书》作“质氏”。鼎食：列鼎而食也。 [131]脯（fǔ）：干肉也。此谓煮羊肚为脯之业也。 [132]连骑：谓其富而多马也。 [133]击钟：谓鸣钟而佐食也。 [134]辐凑：与“辐辏”同。此言能者为之，如车辐之集于毂也。 [135]不肖者瓦解：言不肖者为之，如瓦之解散也。

太史公自序

太史公[1]既掌天官[2]，不治民。有子曰迁[3]。迁生龙门[4]，耕牧河山之阳[5]。年十岁则诵古文[6]。二十而南游江、淮[7]，上会稽，探禹穴[8]，窥九疑[9]，浮于沅、湘[10]；北涉汶、泗[11]，讲业齐、鲁之都[12]，观孔子之遗风，乡射邹、峄[13]；厄困鄱、薛、彭城[14]，过梁、楚以归[15]。于是迁仕为郎中，奉使西征巴、蜀以南[16]，南略邛、笮、昆明[17]，还报命。

是岁天子始建汉家之封[18]，而太史公留滞周南[19]，不得与从事[20]，故发愤且卒。而子迁适使反，见父于河洛[21]之间。太史公执迁手而泣曰："余先周室之太史也。自上世尝显功名于虞夏，典天官事。后世中衰，绝于予乎？汝复为太史，则续吾祖矣。今天子接千岁之统，封泰山，而余不得从行，是命也夫，命也夫！余死，汝必为太史；为太史，无忘吾所欲论著矣。且夫孝始于事亲，中于事君，终于立身。扬名于后世，以显父母，此孝之大者。夫天下称诵周公，言其能论歌文武之德，宣周召[22]之风，达太王王季[23]之思虑，爰及公刘[24]，以尊后稷[25]也。幽厉[26]之后，王道缺，礼乐衰，孔子修旧起废，论《诗》《书》，作《春秋》，则学者至今则之。自获麟以来四百有余岁[27]，而诸侯相兼，史记放绝。今汉兴，海内一统，明主贤君忠臣死义之士，余为太史而弗论载，废天下之史文，余甚惧焉，汝其念哉！”

迁俯首流涕曰：“小子不敏，请悉论先人所次旧闻，弗敢阙。”卒三岁而迁为太史令[28]，紬史记石室金匮之书[29]。五年而当太初元年，十一月甲子朔旦冬至，天历始改，建于明堂诸神受纪[30]。

太史公曰：“先人[31]有言：‘自周公卒五百岁而有孔子。孔子卒后至于今五百岁[32]，有能绍明世，正《易传》，继《春秋》，本《诗》《书》《礼》《乐》之际？’意在斯乎！意在斯乎！小子何敢让焉。”

上大夫壶遂曰：“昔孔子何为而作《春秋》哉？”太史公曰：“余闻董生[33]曰：‘周道衰废，孔子为鲁司寇，诸侯害之，大夫壅之。孔子知言之不用，道之不行也，是非二百四十二年之中，以为天下仪表，贬天子，退诸侯，讨大夫，以达王事而已矣。’子曰：‘我欲载之空言，不如见之于行事之深切著明也。’夫《春秋》，上明三王之道，下辨人事之纪，别嫌疑，明是非，定犹豫，善善恶恶，贤贤贱不肖，存亡国，继绝世，补敝起废，王道之大者也。《易》著天地阴阳四时五行，故长于变；《礼》经纪人伦，故长于行；《书》记先王之事，故长于政；《诗》记山川溪谷禽兽草木牝牡雌雄，故长于风；《乐》乐所以立，故长于和；《春秋》辩是非，故长于治人。是故《礼》以节人，《乐》

以发和，《书》以道事，《诗》以达意，《易》以道化，《春秋》以道义。拨乱世反之正，莫近于《春秋》。《春秋》文成数万[34]，其指数千。万物之散聚皆在《春秋》。《春秋》之中，弑君三十六[35]，亡国五十二[36]，诸侯奔走不得保其社稷者不可胜数。察其所以，皆失其本已。故《易》曰‘失之毫厘，差以千里[37]’。故曰‘臣弑君，子弑父，非一旦一夕之故也，其渐久矣’。故有国者不可以不知《春秋》，前有谗而弗见，后有贼而不知。为人臣者不可以不知《春秋》，守经事而不知其宜，遭变事而不知其权。为人君父而不通于《春秋》之义者，必蒙首恶之名。为人臣子而不通于《春秋》之义者，必陷篡弑之诛，死罪之名[38]。其实皆以为善，为之不知其义[39]，被之空言而不敢辞[40]。夫不通礼义之旨，至于君不君，臣不臣，父不父，子不子。夫君不君则犯，臣不臣则诛，父不父则无道，子不子则不孝。此四行者，天下之大过也。以天下之大过予之，则受而弗敢辞。故《春秋》者，礼义之大宗也。夫礼禁未然之前，法施已然之后；法之所为用者易见，而礼之所为禁者难知。”

壶遂曰：“孔子之时，上无明君，下不得任用，故作《春秋》，垂空文以断礼义，当一王之法。今夫子上遇明天子，下得守职，万事既具，咸各序其宜，夫子所论，欲以何明？”太史公曰：“唯唯，否否[41]，不然。余闻之先人曰：‘伏羲至纯厚，作《易·八卦》。尧舜之盛，《尚书》载之，礼乐作焉。汤武之隆，诗人歌之。《春秋》采善贬恶，推三代之德，褒周室，非独刺讥而已也。’汉兴以来，至明天子，获符瑞，封禅，改正朔，易服色，受命于穆清[42]，泽流罔极，海外殊俗，重译款塞[43]，请来献见者，不可胜道。臣下百官力诵圣德，犹不能宣尽其意。且士贤能而不用，有国者之耻；主上明圣而德不布闻，有司之过也。且余尝掌其官，废明圣盛德不载，灭功臣世家贤大夫之业不述，堕先人所言，罪莫大焉。余所谓述故事，整齐其世传，非所谓作也，而君比之于《春秋》，谬矣。”

于是论次其文。七年[44]而太史公遭李陵之祸[45]，幽于缧绁[46]。乃喟然而叹曰：“是余之罪也夫！是余之罪也夫！身毁不用矣。”退而深惟曰：“夫《诗》《书》隐约者[47]，欲遂其志之思也。昔西伯拘羑里，演《周易》[48]；孔子厄陈、蔡，作《春秋》[49]；屈原放逐，著《离骚》；左丘失明，厥有《国语》[50]；孙子膑脚，而论《兵法》[51]；不韦迁蜀，世传《吕览》[52]；韩非囚秦，《说难》《孤愤》[53]；《诗》三百篇，大抵贤圣发愤之所为作也。此人皆意有所郁结，不得通其道也，故述往事，思来者。”于是卒述陶唐以来，至于麟止[54]，自黄帝始[55]。

---

[1]太史公：汉太史令。掌天文及国史，称太史公。司马迁之父，名谈，为太史令。此迁称其父也。　[2]天官：掌天文之官。　[3]迁：姓司马，字子长。迁，其名也。汉武帝时人。[4]龙门：地名。因龙门山而得名。在今山西河津。　[5]河山之

阳：谓黄河之北，龙门山之南。 [6]古文：犹云古书。如《左传》《国语》等。或谓古文《尚书》，非是。 [7]江、淮：二水名。江：长江也；淮：淮河也。 [8]禹穴：禹陵也。在今浙江会稽山。然系附会，不确。 [9]九疑：山名。在今湖南宁远南。 [10]沅、湘：二水名。在湖南境内，即沅江、湘江。 [11]汶、泗：二水名。在山东境内。涉：渡也。 [12]齐都：今山东临淄。鲁都：今山东曲阜。讲业：就学也。 [13]邹（zōu）：汉县名。今山东邹县。峄（yì）：山名。在邹县。乡射：古者州长于春秋以礼会民而射于州，曰乡射。 [14]鄱、薛、彭城：三地名。均在山东省境内。厄：艰苦也。鄱，《汉书》作“蕃”。 [15]梁：今河南；楚：今湖南、湖北。言经梁、楚以归也。 [16]巴蜀：今四川、重庆。 [17]略：经略也。邛、笮：汉西南夷二国名。其俗以竹索渡水，故名。昆明：亦古西南地名。今云南境。 [18]封：封禅也。泰山上筑土为坛，以祭天，报天之功，曰封。泰山下，小山上，除地，报地之功，曰禅。天子：谓汉武帝也。按，汉武帝于元封元年封禅于泰山。 [19]周南：自陕西以东，为周南之地。留滞：居留也。 [20]不得与从事：谓不得参与封禅之事也。 [21]河、洛：二水名。在河南境内。 [22]周、召：周之二贤相也。周公，名旦。召公，名奭。 [23]太王：名亶父，周文王之祖。王季：名季历，周文王之父。 [24]公刘：周后稷之孙，不窋之子。 [25]后稷：周始祖。 [26]幽厉：周之二王。为政无道。 [27]《志疑》云：鲁哀公十四年，获麟，至汉元封元年，封泰山，凡三百七十二年。

[28]《志疑》云：“令”为“公”之讹。 [29]紬（chōu）：缀集之也。史记：谓古史书。石室金匮：皆汉时国家藏书之处。 [30]诸神受纪：告于百神，与天下更始，着纪于是也。 [31]先人：司马迁称其父谈也。一说，谓先代贤人。 [32]至于今五百岁：其年数亦不确。 [33]董生：名仲舒。汉文帝时人。 [34]张晏曰：“《春秋》万八千字。”《志疑》云：“此史公述董生之言。仲舒治《公羊》经传凡四万四千余字。故云数万。” [35]弑君三十六：经只三十四，连传数之，则三十七。 [36]亡国五十二：亦兼传数之，然止四十一。 [37]失之毫厘，差以千里：语见《易·纬》。 [38]死罪之名：谓恶名也。 [39]其心实善，为之不知其义理，则陷于罪咎也。 [40]犹言被人加以恶名，而不敢辩白也。 [41]唯唯、否否：答应语词。唯唯，恭应之也；否否，不然也。 [42]于（wū）：欢辞也。穆：美也。言受天明清和之气也。 [43]重（chóng）译：更译其言也。款：叩也。塞：关也。款塞：言叩塞来服从也。 [44]七年，《正义》云：从太初元年，至天汉三年，乃七年。 [45]李陵降匈奴，汉武帝怒。司马迁极言李陵之忠，武帝下迁腐刑。 [46]缧绁（léi xiè）：系罪人之索也，引申为服刑之意。 [47]《诗》《书》隐约：谓《诗》《书》之义隐，而言约也。 [48]商纣怒周文王，囚于羑里；文王乃于狱中演《易》。演：演绎其义也。 [49]《孔子世家》云：“乃因史记作《春秋》，上自隐公，下至哀公十四年。”按：史记，为古者史书之通称。 [50]《国语》：相传为左邱明作。不确。 [51]孙膑：春秋时齐人，孙武之后也。与其友庞涓，俱学兵法。涓妒之，以法刑断其

两足。 [52]《吕览》：一作《吕氏春秋》，秦吕不韦撰。按《吕览》，非在迁蜀后所撰。 [53]《说难》《孤愤》：战国时韩非所著书之篇名。按韩非著书在入秦之前。 [54]汉武帝元狩之年，获麟；司马迁作《史记》，叙事止于是年，盖窃比孔子作《春秋》止于获麟之意。 [55]自黄帝始：谓《史记》第一篇，《五帝本纪》，首叙黄帝。